国际航空货物运输知识问答

魏振中　名誉主编
江太利　刘东生　主　编
李瑞林　副主编

人民交通出版社

内 容 提 要

本书共分十四章，以问答的形式，从国际航空运输相关法律法规，货物运输凭证，货物运输基本条件，活体动物运输基础知识，危险品运输基础知识，国际货物运输运价和运费，集运货物，航空货物运单的填写要求，货物的装舱、装板、装箱、垫材和捆绑要求，货物托运人的权利，货物的交付以及航空公司之间运输费用的结算，承运人的责任，索赔人索赔和承运人赔偿，托运人、收货人和货主的责任等方面进行详细的阐述。

本书对从事航空国际货运人员、货运代理公司、托运人、收货人和货主以及代理人、物流公司、国际货物进出口贸易公司等有一定的使用价值和参考价值，是解决实际问题必备的参考书，也是大中专院校的教学参考书，对国内航空货物运输有一定的借鉴意义。

图书在版编目（CIP）数据

国际航空货物运输知识问答 / 江太利等主编 .—北京：人民交通出版社，2009.8

ISBN 978-7-114-07874-3

Ⅰ. 国…　Ⅱ. 江…　Ⅲ. 国际运输－航空运输－货物运输－问答 Ⅳ. F560.84-44

中国版本图书馆 CIP 数据核字（2009）第 143216 号

书　　名： 国际航空货物运输知识问答
名誉主编： 魏振中
主　　编： 江太利　刘东生
副 主 编： 李瑞林
责任编辑： 薛　民
出版发行： 人民交通出版社
地　　址：（100011）北京市朝阳区安定门外外馆斜街3号
网　　址： http：//www.ccpress.com.cn
销售电话：（010）59757969，59757973
总 经 销： 北京中交盛世书刊有限公司
经　　销： 各地新华书店
印　　刷： 北京交通印务实业公司
开　　本： 787 × 1092　1/16
印　　张： 15.75
字　　数： 375千
版　　次： 2010 年 1 月第 1 版
印　　次： 2010 年 1 月第 1 次印刷
书　　号： ISBN 978-7-114-07874-3
印　　数： 0001 ~ 3000册
定　　价： 30.00元

融航空货运法规
业务知识于一体；
促航空货运规范
健康持续的发展。

二〇〇九年九月 李虎晓

《国际航空货物运输知识问答》编写领导小组

组　　长　刘绍勇

副 组 长　罗朝庚　王世翔　王全华

成　　员　马须伦　王刘幸　刘剑平　李虎晓　朱益民
　　　　　阳广华　吴桐水　顾佳丹　浦照洲　魏振中

名誉主编　魏振中

主　　编　江太利　刘东生

副 主 编　李瑞林

序

货物运输是物质生产和贸易的组成部分，而国际航空货物运输技术与地面服务质量的保障又是航空器运行安全管理的重要内容，同时又是综合性的科学技术及管理科学，且运输业本身又具有国际性和系统性。《国际民用航空公约》中的第三十七条及联合国国际民航组织的《航空安全系统管理》(ICAO SMS)建议并要求各缔约国的国内运输标准及管理规章与国际标准对接，以减少运输成本和保证航空运输的服务质量以及货物的时效性和安全性。

江太利、刘东生二位先生是中国民用航空货物运输的开拓者，他们为中国民航货物运输行业早期的科学化、规范化及国际标准化管理做了大量的基础工作。退休后耕耘不止，继续发挥余热。本书编写历时近两年，总结了他们大半生的学习和实践经验（刘东生先生曾与本人于20世纪80年代初一同在中国民航驻法国巴黎办事处工作，共同目睹和体会了西方发达国家的此项工作与管理），对有关国际法律法规及标准的起源和发展有着深刻理解和见解，特别是在运输契约条件中的承运人与托运人之间的责任方面，清晰准确地阐述了托运人、承运人、收货人及代理人之间的关系及责任、货物的索赔及赔偿、货物的安全作业注意事项、运费的结算以及发生运输事件及事故后如何处理争议等相关知识。

李瑞林同志在本人任职中国国际航航空公司及民航局运输司期间，一直不遗余力地协助实施国际标准化及规范化管理，特别是在本书所述的危险品及其他特种货物运输、航空集装设备、空地一体化及航空器运行安全保障的管理等方面做出了不懈的努力，也是本人当年派员出国学习发达国家的先进经验及国际标准的年轻一代中取得成绩较大的一员。2005年至今，李瑞林同志一直兼任国际航空运输协会(IATA)与货运相关的技术委员会委员。在协助本书的编写及出版工作中付出了辛勤的劳动。

本人任职中国国际航空公司期间，魏振中同志在中国国际航空公司具体负责标准化管理和服务质量工作，为企业的标准化及科学化的经营管理做出了贡献。魏振中同志现任中国航空运输协会秘书长并亲自倡导和组织此项工作。

本书系统地介绍了国际航空货物运输方面的相关知识，是一本具有从事国际航空货物运输工作指南作用的参考书。

值此国家实施大交通战略及发展物流业的方针之际，相信本书的出版一定会为贯彻落实科学发展观，使我国由航空大国逐步发展成为航空强国，加快国内航空货物运输与国际接轨、促进中国航空运输业以及国家经济贸易的健康和谐发展起到积极的作用。

中国民用机场协会理事长　张志忠

二〇〇九年十月

前　言

我国是国际贸易进出口大国，进出口的货物使用空运日益增加。航空公司的货运人员、货运代理公司人员、托运人、收货人和货主都需要了解国际航空货运的基本常识。

受中国航空运输协会的委托，我们根据国际航空货物运输中经常发生的问题，编写了这本《国际航空货物运输知识问答》。本书以问答的形式进行编写，这种编写方法的优点是问题突出、读者比较容易理解、比较容易掌握和明了国际航空货运中的基本问题。

本书分14章，提出了155个问题并进行了回答。它们覆盖着国际航空货物运输相关法律法规、规定、规章、运输条件；运输凭证；托运人对货物的包装、文件的责任；活体动物和危险品运输必须注意的事项；运价和运费；集运货物；航空货运单的填写；承运人货物的运出程序；货物的装舱、装板、装箱、垫材和捆绑；托运人和收货人的权利；承运人对货物的交付；航空公司之间运费结算基本常识；承运人的责任、索赔人索赔和承运人赔偿；托运人、收货人和货主的责任等。对这些问题的了解有利于帮助解决航空货物运输的安全；明了承运人、托运人、收货人和代理人的关系和责任；正确地处理在国际航空货物运输中发生的事件和事故的争议。

本书的附录A是1999年5月29日在蒙特利尔签订的《统一国际航空运输某些规则的公约》（简称1999年《蒙特利尔公约》）中文文本，附录B是该公约的英文文本，附录C是一份至2008年12月10日止向国际民用航空组织交存加入该公约批准书、接受书、核准书或者加入书的国家或者地区性经济一体化组织的名单。

承蒙中国国际货运航空有限公司的大力支持，本书中使用了中国国际货运航空公司的一些单证和资料。如果有出入，以中国国际货运航空有限公司的最新单证或资料为准。在此谨表示衷心的感谢。

本书的编写得到了周石田同志的指导和帮助，得到了荷兰莱顿大学法学博士吴建端同志的帮助，得到了甘明同志的帮助，同时，感谢上海天科化工检测有限公司、北京信诺递捷运输有限公司、新疆欧亚国际航空货运有限公司为本书的出版所做的大量工作，在此谨向他们表示衷心的感谢。

由于水平有限，本书的内容中存在着不妥或者有误的地方，敬请读者批评和指正。

编　者

2009年10月

目　　录

第一章　国际航空运输相关法律法规和规章

1. 第一部国际航空私法是哪一年签订的？其关于承运人应当承担的主要损害赔偿责任限额是如何规定的？

1929 年 10 月 12 日，一些国家在华沙签订了《统一国际航空运输某些规则的公约》（简称《华沙公约》）。该公约自 1933 年 2 月 13 日开始生效。我国于 1958 年 7 月 20 日送交了申请书，该公约于 1958 年 10 月 18 日开始对我国生效。

《华沙公约》规定因发生在航空器上或者在上、下航空器的任何操作过程中的事故，造成旅客的死亡、受伤或者身体上的任何其他伤害的，承运人对每一名旅客的赔偿责任限额为 125 000法郎；在托运行李和货物运输中，承运人的赔偿责任限额为每千克 250 法郎，除非旅客或者托运人向承运人交运包件时，特别声明在目的地点交付时的价值，并支付必要的附加费。在这种情况下，承运人应当在声明金额范围内承担责任，除非承运人证明该声明的金额高于交付时旅客或者托运人的实际价值；对于旅客自己保管的物品，承运人对每名旅客的赔偿责任以 5 000 法郎为限。

上述金额的法郎，是指含有千分之九百成色的 65.5 毫克黄金的法国法郎，以上金额可以折合成任何国家的货币，取其整数。

例 1：1934 年 125 000 法郎等于多少美元？

1934 年美元与黄金的比值为 USD35/oz，按照以下公式计算：

$$65.5(\text{毫克}) \times \frac{900}{1\,000}(\text{成色}) \times 125\,000\ (\text{法国金法郎}) = 7\,368\,750(\text{毫克})$$

$$\frac{35.00\ (\text{美元})}{31\,103.48(\text{毫克})} \times 7\,368\,750 = 8\,291.88\ (\text{美元}) = 8\,300\ \text{美元}$$

1973 年美元贬值，美元与黄金的比值为 USD（美元代码）42.22/oz（盎司代码），按照上述公式计算，125 000 法郎约等于 10 000 美元。

例 2：250 法郎等于多少美元？

1934 年美元与黄金的比值为 USD35/oz，按照上述公式计算，250 法郎约等于 17 美元。

1973 年美元贬值，美元与黄金的比值为 USD42.22/oz，按照上述公式计算，250 法郎约等于 20 美元。

例 3：5 000 法郎等于多少美元？

1934 年美元与黄金的比值为 USD35/oz，按照上述公式计算，5 000 法郎约等于 332 美元。

1973 年美元贬值，美元与黄金的比值为 USD42.22/oz，按照上述公式计算，5 000 法郎约等于 400 美元。

注：1 盎司（ounce）= 31 103.48（毫克）。

《华沙公约》对旅客、行李或者货物在航空运输中因延误引起的损失，承运人应当承担责任(见《华沙公约》第十九条)。

2.《华沙公约》生效后，进行了哪些修订和补充？

《华沙公约》生效后进行了多次修订，产生了以下议定书和公约：

第一，《修订1929年10月12日在华沙签订的〈统一国际航空运输某些规则的公约〉的议定书》或者称为《经1955年9月28日在海牙修订的华沙公约》，简称《海牙议定书》。

《海牙议定书》签订于1955年9月28日荷兰的海牙市，自1963年8月1日开始生效。我国于1975年8月20日送交了加入书，自1975年11月18日开始对我国生效。

《海牙议定书》将《华沙公约》规定的因发生在航空器上或者在上、下航空器的任何操作过程中的事故，造成旅客的死亡、受伤或者身体上的任何其他伤害的，承运人对每一名旅客的赔偿责任限额由125 000法郎改为250 000法郎(按照当时美元与黄金比值USD35.00/oz计算约等于16 600美元。1973年美元贬值，黄金对美元的比值为USD42.22/oz计算约等于20 000美元)；在托运行李和货物运输中，承运人的赔偿责任限额每千克仍然为250法郎(按照当时美元与黄金比值USD35.00/oz计算约等于17美元。1973年美元贬值，黄金对美元的比值为USD42.22/oz计算约等于20美元)，除非旅客或者托运人向承运人交运包件时，特别声明在目的地点交付时的利益，并支付必要的附加费。在这种情况下，承运人应当在声明金额范围内承担责任，除非承运人证明该声明的金额高于在目的地点交付时旅客或者托运人的实际利益；对于旅客自己保管的物品，承运人对每名旅客的赔偿责任，仍然以5 000法郎为限(按照当时美元与黄金比值USD35.00/oz计算约等于332美元。1973年美元贬值，黄金对美元的比值为USD42.22/oz计算约等于400美元)。

第二，因《华沙公约》未包括关于非缔约承运人所办国际航空运输的专门规则，因此一些国家于1961年9月18日在墨西哥的瓜达拉哈拉市签订了《统一非缔约承运人所办国际航空运输某些规则以补充华沙公约的公约》，简称《瓜达拉哈拉公约》。

《瓜达拉哈拉公约》自1964年5月1日开始生效。《瓜达拉哈拉公约》是对《华沙公约》的补充。我国没有加入这一公约。

第三，美国一直认为《华沙公约》对每一名旅客8 300美元和《海牙议定书》16 600美元的赔偿责任限额太低，要求提高承运人的赔偿责任限额，为此，一些国家于1971年3月8日在危地马拉的危地马拉城签订了《修订经1955年9月28日订于海牙的议定书修正的1929年10月12日在华沙签订的统一国际航空运输某些规则的公约的议定书》，简称《危地马拉城议定书》。《危地马拉城议定书》是对《海牙议定书》的修订，将因发生在航空器上或者在上、下航空器的任何操作过程中的事故，造成旅客的死亡或者身体伤害的，承运人对每一名旅客的赔偿责任限额改为1 500 000法郎(当时约等于100 000美元)；对于在运输中造成旅客延误的，承运人对每一名旅客的赔偿责任限额规定为62 500法郎(当时约等于4 150美元)；在行李运输中造成行李的毁灭、遗失、损坏或者延误而产生的损失，承运人的赔偿责任限额对每一名旅客规定为15 000法郎(当时约等于1 000美元)；在货物运输中，承运人的赔偿责任仍然为250法郎(当时约等于17美元)，除托运人向承运人交运包件时，特别声明在目的地点交付时的利益，并支付必要的附加费。在这种情况下，承运人应当在声明金额范围内承担责任，除非承运人证明该声明的金额高于在目的地点交付时托运人的实际利益。

但是，由于批准加入《危地马拉城议定书》国家一直未达到法定的数量，《危地马拉城议定书》尚未生效，我国也没有递交申请书。

第四，《修订 1929 年 10 月 12 日在华沙签订的〈统一国际航空运输某些规则的公约〉第一号附加议定书》，简称《蒙特利尔第一号附加议定书》。《蒙特利尔第一号附加议定书》是对《华沙公约》的修订版，将《华沙公约》规定的因发生在航空器上或者在上、下航空器的任何操作过程中的事故，造成旅客的死亡、受伤或者身体上的任何其他伤害的，承运人对每一名旅客的赔偿责任限额由 125 000 法郎改为 8 300 特别提款权；在托运行李和货物运输中，将承运人对旅客的托运行李和托运人的货物的赔偿责任限额由每千克 250 法郎改为 17 特别提款权，除非旅客或者托运人向承运人交运包件时，特别声明在目的地点交付时的利益，并支付必要的附加费。在这种情况下，承运人应当在声明金额范围内承担责任，除非承运人证明该声明的金额高于在目的地点交付时旅客或者托运人的实际利益；对于旅客自己保管的物品，将承运人对每名旅客的赔偿责任限额由 5 000 法郎改为 332 特别提款权。

《蒙特利尔第一号附加议定书》签订于 1975 年 9 月 25 日加拿大的蒙特利尔市，自 1996 年 2 月 15 日开始生效。我国没有加入这一附加议定书。

第五，《修订经 1955 年 9 月 28 日在海牙签订的议定书所修订的 1929 年 10 月 12 日在华沙签订的〈统一国际航空运输某些规则的公约〉第二号附加议定书》，简称《蒙特利尔第二号附加议定书》。《蒙特利尔第二号附加议定书》是对《海牙议定书》的修订，将《海牙议定书》规定的因发生在航空器上或者在上、下航空器的任何操作过程中的事故，造成旅客的死亡、受伤或者身体上的任何其他伤害的，承运人对每一名旅客的赔偿责任限额由 250 000 法郎改为16 600 特别提款权；在托运行李和货物运输中，将承运人对旅客的托运行李和托运人的货物的赔偿责任限额每千克由 250 法郎改为 17 特别提款权①，除非旅客或者托运人向承运人交运包件时，特别声明在目的地点交付时的利益，并支付必要的附加费。在这种情况下，承运人应当在声明金额范围内承担责任，除非承运人证明该声明的金额高于在目的地点交付时旅客或者托运人的实际利益；对于旅客自己保管的物品，将承运人对每名旅客的赔偿责任由 5 000 法郎改为 332 特别提款权。

《蒙特利尔第二号附加议定书》签订于 1975 年 9 月 25 日加拿大的蒙特利尔市，自 1996 年 2 月 15 日开始生效。我国没有加入这一附加议定书。

第六，《修订经 1955 年 9 月 28 日〈海牙议定书〉和 1971 年 3 月 8 日〈危地马拉城议定书〉所修订的 1929 年 10 月 12 日在华沙签订的〈统一国际航空运输某些规则的公约〉的第三号附加议定书》。简称《蒙特利尔第三号附加议定书》。《蒙特利尔第三号附加议定书》是对《海牙议定书》和《危地马拉议定书》的修订，将《危地马拉定书》规定的因发生在航空器上或者在上、下航空器的任何操作过程中的事故，造成旅客的死亡、受伤或者身体上的任何其他伤害的，承运人对每一名旅客的赔偿责任限额由 1 500 000 法郎改为 100 000 特别提款权；在运输中造成旅客延误的，承运人对每一名旅客的赔偿责任限额由 62 500 法郎改为 4 150 特别提款权；在行李运输中造成行李的毁灭、遗失、损坏或者延误而产生的损失，承运人对每一名的赔偿责任限额由 15 000 法郎改为 1 000 特别提款权；在货物运输中，将承运人的赔偿责任限额由 250 法郎改为 17 特别提款权，除非托运人向承运人交运包件时，特别声明在目的地点交付时的利益，并支付必要的附加费。在这种情况下，承运人应当在声明金额范围内承担责任，除非承运人证明该声明的金额高于在目的地点交付时托运人的实际利益。

---

① 特别提款权是国际货币基金组织设立的一种储备资产和记账单位。

《蒙特利尔第三号附加议定书》签订于1975年9月25日加拿大的蒙特利尔市，至今仍未生效。

第七，《修订经1955年9月28日在海牙签订的议定书所修订的1929年10月12日在华沙签订的〈统一国际航空运输某些规则的公约〉的第四号附加议定书》，简称《蒙特利尔第四号议定书》。《蒙特利尔第四号议定书》对于《海牙议定书》的货运条款进行了修订。主要条款如下：

第一，该议定书规定了可以使用保存运输记录的其他方式来代替出具航空货运单，将《经1955年9月28日在海牙修订的华沙公约》的第五条改为：

"一、就货物运输而言，应当出具航空货运单。

二、任何保存将要履行的运输的记录的其他方法，经托运人同意，可以用来代替出具航空货运单。采用此种其他方法的，承运人应当应托运人的要求，向托运人出具货物收据，以便识别货物并能获得此种其他方法所保存记录中的内容。

三、在转运地和目的地，不能使用本条第二款所述保存运输记录的其他方法的，承运人无权拒绝收运货物。"

第二，该议定书对航空货运单进行了简化，将《经1955年9月28日在海牙修订的华沙公约》的第八条改为：

"航空货运单或者货物收据应当包括：

（一）对出发地点和目的地点的标示；

（二）出发地点和目的地点是在一个缔约国的领土内，而在另一国的领土内有一个或者几个约定的经停地点的，至少对其中一个此种经停地点的标示；以及

（三）对货物重量的标示。"

第三，该议定书对承运人应当承担责任和可以不承担责任的范围进行了规定，将《经1955年9月28日在海牙修订的华沙公约》的第十八条改为：

" 一、对于因登记的行李的毁灭、遗失或者损坏而产生的损失，如果造成损失的事件是在航空运输期间发生的，承运人应当承担责任。

二、对于因货物毁灭、遗失或者损坏而产生的损失，只要造成损失的事件是在航空运输期间发生的，承运人应当承担责任。

三、但是，承运人证明货物的毁灭、遗失或者损坏完全是由于下列一个或者几个原因造成的，承运人不承担责任：

（一）货物的固有缺陷、质量问题或者瑕疵；

（二）承运人或者其受雇人、代理人以外的人包装货物的，货物包装不良；

（三）战争行为或者武装冲突；

（四）公共当局实施的与货物入境、出境或者过境有关的行为。

四、本条前面各所称的航空运输期间，系指行李、货物处于承运人掌管之下的期间，不论在机场内、在航空器上或者机场外降落的任何地点。

五、航空运输期间，不包括机场外履行的任何陆路、海上或者内河运输过程。但是，此种运输是在履行航空运输合同时为了装载、交付或者转运而办理的，在没有相反证明的情况下，所发生的任何损失推定为在航空运输期间发生的事件造成的损失。"

第四，该议定书将《经1955年9月28日在海牙修订的华沙公约》托运人的交运的货物承运人的赔偿责任限额每千克由250法郎改为17特别提款权，除非托运人向承运人交运包件

时，特别声明在目的地点交付时的利益，并支付必要的附加费。在这种情况下，承运人应当在声明金额范围内承担责任，除非承运人证明该声明的金额高于在目的地点交付时托运人的实际利益。

《蒙特利尔第四号议定书》签订于 1975 年 9 月 25 日加拿大的蒙特利尔市，自 1998 年 6 月 14 日开始生效。我国没有加入这一议定书。

3. 国际航空私法出现了复杂化的状况，有新的国际航空私法吗？

《华沙公约》经过多次的修订和补充，已处于严重复杂的状况，另外，许多国家认为华沙体制中对旅客赔偿责任限额偏低，为此，联合国国际民用航空组织（国际民航组织）(ICAO) 为了使国际航空私法现代化和一体化，于 1999 年 5 月 29 日在蒙特利尔通过了新的《统一国际航空运输某些规则的公约》（简称 1999 年《蒙特利尔公约》）。该公约自 2003 年 11 月 4 日开始生效。经 2005 年 5 月 28 日第 10 届全国人大常委会第 14 次会议批准，我国驻国际民用航空组织理事会代表于 2005 年 6 月 1 日向国际民用航空组织交存了加入 1999 年《蒙特利尔公约》批准书；该公约自 2005 年 7 月 31 日开始对我国生效，我国成为该公约的缔约国。1999 年《蒙特利尔公约》使用中文、英文、阿拉伯文、俄文和西班牙文写成，都是正式文本。对于已加入该公约的国家，该公约优先于该国先前加入的其他公约或者议定书。

1999 年《蒙特利尔公约》关于运输凭证和承运人应当承担的主要损害赔偿责任限额，主要条款如下。

第一，该公约规定了可以使用保存运输记录的其他方式来代替出具航空货运单，第四条规定：

“一、就货物运输而言，应当出具航空货运单。

二、任何保存将要履行的运输的记录的其他方法都可以可以用来代替出具航空货运单。采用此种其他方法的，承运人应当应托运人的要求，向托运人出具货物收据，以便识别货物并能获得此种其他方法所保存记录中的内容。”

第二，该公约对航空货运单进行了简化，第五条规定：

“航空货运单或者货物收据应当包括：

（一）对出发地点和目的地点的标示；

（二）出发地点和目的地点是在一个当事国的领土内，而在另一国的领土内有一个或者几个约定的经停地点的，至少对其中一个此种经停地点的标示；以及

（三）对货物重量的标示。”

第三，该公约对于造成旅客的死亡或者身体伤害以及行李的损失的损害赔偿责任和赔偿范围在第十七条中作出了规定：

“一、对于因旅客死亡或者身体伤害而产生的损失，只要造成死亡或者伤害的事故是在航空器上或者在上、下航空器的任何操作过程中发生的，承运人就应当承担责任。

二、对于因托运行李毁灭、遗失或者损坏而产生的损失，只要造成毁灭、遗失或者损坏的事件是在航空器上或者在托运行李处于承运人掌管之下的任何期间内发生的，承运人就应当承担责任。但是，行李损失是由于行李的固有缺陷、重量或者瑕疵造成的，在此范围内承运人不承担责任。关于非托运行李，包括个人物件，承运人对因其过错或者其受雇人或者代理人的过错造成的损失承担责任。”

第四，在货物运输方面，1999 年《蒙特利尔公约》对承运人的损害赔偿范围在第十八条中

作出了规定：

“一、对于因货物毁灭、遗失或者损坏而产生的损失，只要造成损失的事件是在航空运输期间发生的，承运人就应当承担责任。

二、但是，承运人证明货物的毁灭、遗失或者损坏是由于下列一个或者几个原因造成的，在此范围内承运人不承担责任：

（一）货物的固有缺陷、质量问题或者瑕疵；

（二）承运人或者其受雇人、代理人以外的人包装货物的，货物包装不良；

（三）战争行为或者武装冲突；

（四）公共当局实施的与货物入境、出境或者过境有关的行为。

三、本条第一款所称的航空运输期间，系指货物处于承运人掌管之下的期间。

四、航空运输期间，不包括机场外履行的任何陆路、海上或者内水运输过程。但是，此种运输是在履行航空运输合同时为了装载、交付或者转运而办理的，在没有相反证明的情况下，所发生的任何损失推定为在航空运输期间发生的事件造成的损失。承运人未经托运人同意，以其他运输方式代替当事人各方在合同中约定采用航空运输方式的全部或者部分运输的，此项以其他方式履行的运输视为在航空运输期间。”

第五，1999年《蒙特利尔公约》对航空运输中因延误引起的损失，承运人的责任进行了规定，第十九条规定如下：

“旅客、行李或者货物在航空运输中因延误引起的损失，承运人应当承担责任。但是，承运人证明本人及其受雇人和代理人为了避免损失的发生，已经采取一切可合理要求的措施或者不可能采取此种措施的，承运人不对因延误引起的损失承担责任。”

第六，1999年《蒙特利尔公约》关于承运人对旅客的死亡或者身体伤害而产生的损害赔偿金额，在第二十一条中作出了规定：

“一、对于根据第十七条第一款所产生的每名旅客不超过100 000特别提款权的损害赔偿，承运人不得免除或者限制其责任。

二、对于根据第十七条第一款所产生的损害赔偿每名旅客超过100 000特别提款权的部分，承运人证明有下列情形的，不应当承担责任：

（一）损失不是由于承运人或者其受雇人、代理人的过失或者其他不当作为、不作为造成的；或者

（二）损失完全是由第三人的过失或者其他不当作为、不作为造成的。”

第七，1999年《蒙特利尔公约》对延误、行李和货物的赔偿责任限额在第二十二条中作出了规定：

“一、在人员运输中因第十九条所指延误造成损失的，承运人对每名旅客的责任以4 150特别提款权为限。

二、在行李运输中造成毁灭、遗失、损坏或者延误的，承运人的责任以每名旅客1 000特别提款权为限，除非旅客在向承运人交运托运行李时，特别声明在目的地点交付时的利益，并在必要时支付附加费。在此种情况下，除承运人证明旅客声明的金额高于在目的地点交付时旅客的实际利益外，承运人在声明金额范围内承担责任。

三、在货物运输中造成毁灭、遗失、损坏或者延误的，承运人的责任以每千克17特别提款权为限，除非托运人在向承运人交运包件时，特别声明在目的地点交付时的利益，并在必要时

支付附加费。在此种情况下，除承运人证明托运人声明的金额高于在目的地点交付时托运人的实际利益外，承运人在声明金额范围内承担责任。

四、货物的一部分或者货物中的任何物件毁灭、遗失、损坏或者延误的，用以确定承运人赔偿责任限额的重量，仅为该包件或者该数包件的总重量。但是，因货物一部分或者货物中的某一物件的毁灭、遗失、损坏或者延误，影响同一份航空货运单、货物收据或者在未出具此两种凭证时按第四条第二款所指其他方法保存的记录所列的其他包件的价值的，确定承运人的赔偿责任限额时，该包件或者数包件的总重量也应当考虑在内。

五、经证明，损失是由于承运人、其受雇人或者代理人的故意或者明知可能造成损失而轻率地作为或者不作为造成的，不适用本条第一款和第二款的规定；对于受雇人、代理人的此种作为或者不作为，还应当证明该受雇人、代理人是在受雇、代理范围内行事。

六、第二十一条和本条规定的限额不妨碍法院按照其法律另外加判全部或者一部分法院费用及原告所产生的其他诉讼费，包括利息。判给的赔偿金额、不含法院费用及其他诉讼费用，不超过承运人在造成损失的事情发生后 6 个月内或者已过 6 个月而在起诉以前已书面向原告提出的金额的，不适用上述规定。"

第八，1999 年《蒙特利尔公约》关于承运人的雇员和代理人的赔偿总额，在第三十条作出了规定：

"一、就本公约所指损失向承运人的受雇人、代理人提起诉讼时，该受雇人、代理人证明其在受雇、代理范围内行事的，有权援用本公约中承运人有权援用的条件和责任限额。

二、在此种情况下，承运人及其受雇人和代理人的赔偿总额不得超过上述责任限额。

三、经证明，损失是由于受雇人、代理人的故意或者明知可能造成损失而轻率地作为或者不作为造成的，不适用本条第一款和第二款的规定，但货物运输除外。"

4. 如何理解赔偿责任限额的规定？

国际航空私法对于承运人的赔偿责任都是以一定的金额为限进行规定的。一定的金额为限表示所规定的金额为承运人的最大赔偿责任限额。

例如 1999 年《蒙特利尔公约》第二十二条第二款规定"在行李运输中造成毁灭、遗失、损坏或者延误的，承运人的责任以每名旅客 1 000 特别提款权为限……"，可以理解为对于没有声明价值的行李如果给旅客造成的实际损失超过 1 000 特别提款权的，承运人只赔偿 1 000 特别提款权；如果给旅客造成的实际损失低于 1 000 特别提款权的，承运人按照较低的金额进行赔偿，所以当旅客要求赔偿时，承运人要求旅客提供证明行李内价值的证据，如申报行李内的各项物品的名称及其价值，必要时提供发票等证据。

再如 1999 年《蒙特利尔公约》第二十二条第三款规定"在货物运输中造成毁灭、遗失、损坏或者延误的，承运人的责任以每千克 17 特别提款权为限……"，可以理解为对于没有声明价值的货物如果给收货人或者托运人造成的实际损失超过每千克 17 特别提款权的，承运人只赔偿每千克 17 特别提款权；如果给收货人或者托运人造成的实际损失低于每千克 17 特别提款权的，承运人按照较低的金额进行赔偿，所以当索赔人要求赔偿时，承运人要求索赔人提供证明货物价值的证据，如发票、装箱单等。

另外，对于延误运输，承运人可以使用 1999 年《蒙特利尔公约》第十九条关于"承运人证明本人及其受雇人和代理人为了避免损失的发生，已经采取一切可合理要求的措施或者不可能采取此种措施的，承运人不对因延误引起的损失承担责任"的规定来免除责任。

5. 如何获得特别提款权与各国货币的等值？

特别提款权是国际货币基金组织创设的一种储备资产和记账单位，亦称“纸黄金”。它是国际货币基金组织分配给会员国的一种使用资金的权利。它不是货币。承运人应以特别提款权的本国货币或者其他适用的货币的等值来赔偿索赔人。

1999 年《蒙特利尔公约》第二十三条第一款规定：“本公约中以特别提款权表示的各项金额，系指国际货币基金组织确定的特别提款权。在进行司法程序时，各项金额与各国家货币的换算，应当按照判决当日用特别提款权表示的该项货币的价值计算。当事国是国际货币基金组织成员的，用特别提款权表示的其国家货币的价值，应当按照判决当日有效的国际货币基金组织在其业务和交易中采用的计价方法进行计算……”对于没有通过法院判决办理的赔偿，应以特别提款权的本国货币或者其他适用的货币按照赔偿时的等值赔给索赔人。国际货币基金组织每日都有特别提款权与各国货币等值的公布，上网查询或者向当地官方银行询问就可以知道特别提款权与本国和其他国家货币的等值。例如，2008 年 11 月 21 日国际货币基金组织公布 SDR（特别提款权代码）1 ＝CNY（人民币的代码）10.00，SDR1＝USD（美元代码）1.48，2008 年 12 月 17 日，SDR1＝CNY10.50，SDR1＝USD1.56。

6. 国际濒危野生种类动植物的运输，受国际公约的约束吗？

对于动植物国际运输，有一个《濒危野生动植物种类国际贸易公约》，自 1975 年 7 月 1 日开始生效，它由联合国环境规划秘书处负责管理。包括我国在内世界的大多数国家是该公约的缔约国。该公约规定列入附件请单的动植物及它们的任何部分（包括象牙、毛皮、皮衣和皮革等）和制品的贸易，都必须凭进出口许可证。

7. 危险品的国际航空运输，受国际公约的约束吗？

联合国专家委员会（UN CoE）制定了除放射性物质以外所有种类危险品的运输建议程序。国际原子能机构（IAEA）制定了放射性物质安全运输建议程序。国际民航组织以上述两个建议程序为基础，将航空运输危险品安全规则编入了《国际民用航空公约》附件 18（1983 年第一版）及国际民航组织《危险品航空安全运输技术细则》。《危险品航空安全运输技术细则》是《国际民用航空公约》附件 18 的具体规定，托运人、承运人和代理人必须遵守。

8. 在国际航空货物运输中，必须遵守货物运输途经国家（地区）管理航空货物运输的法律法规和政府规定吗？

承运人、托运人、收货人和代理人在办理国际航空货物的托运、收运、运输、操作和交付中，必须遵守国际货物运输法律法规，同时还必须遵守货物的始发地、目的地、中转地（必要时飞越国家（地区））的适用法律法规和政府规定。这些法律法规和政府规定覆盖着航空货物运输、操作、安全、海关、税务、进出境检验检疫、卫生、动植物进出境管理、熏蒸、进出口许可证、禁运、包装和交付等方面。

国际航空货运单正本合同条件中第 11 条规定如下：

“托运人应当遵守货物运往或来自的任何国家的一切适用的法律和政府规定，包括关于货物包装、运输或者交付的规定，以及为遵守这些法律和规定提供必要的文件并附在航空货运单上。因托运人未遵守此规定，承运人不承担责任，并且托运人应当赔偿承运人的损失和费用的支出。”

在我国，承运人、托运人、收货人和代理人在办理国际航空货物的进出口和储运中必须遵守的法律法规如下：

(1)《中华人民共和国海关法》；

(2)《中华人民共和国进出口商品检验法》；

(3)《中华人民共和国进出境动植物检疫法》；

(4)《中华人民共和国野生动物保护法》；

(5)《中华人民共和国动物防疫法》；

(6)《中华人民共和国药品管理法》；

(7)《中华人民共和国食品安全法》；

(8)《中华人民共和国国境卫生检疫法》；

(9)《中华人民共和国文物保护法》；

(10)《中华人民共和国种子法》；

(11)《中华人民共和国民用航空法》；

(12)《民用航空运输销售代理业管理规定》(1993 年民航局令第 37 号)；

(13)《中国民航安全检查规则》(1999 年 5 月 14 日中国民用航空总局局务会议通过，中国民用航空总局第 85 号令公布，自 1999 年 6 月 1 日起施行)。

(14)其他适用的法律法规和政府规定。

9. 国际航空运输协会的决议、规定、规则、手册和建议实施办法有何作用？

国际航空运输协会(简称国际航协)是航空公司之间的国际民间组织，总部设在加拿大的蒙特利尔市。世界各国的航空公司都可以申请加入该组织，作为其会员。

国际航协的决议、规定、规则、手册和货物运输条件(建议实施办法)等是根据《华沙公约》、《海牙议定书》、1999 年《蒙特利尔公约》和其他适用的公约或者议定书以及其他相关法律法规和政府规定制定的，为其会员提供了可以共同遵守、使用或者采纳的规定、规则和货物运输条件等。包括国际航空货运单正本“承运人关于赔偿责任限额的通知”和“合同条件”是经过其会员的同意通过并经过其会员的注册所在国的政府批准的；如果有关国家的政府对决议有不同意见的，需要在各项决议的下方的“Government Reservations”(政府保留)栏中注明；航空货运单正本“合同条件”不是合同的当事人双方经商定或者协议制定的，而是承运人根据国际航协的决议事先制定好的，因此这种合同条件称为“共同条件”或者“标准条件”，在不违背公约规则的条件下，在航空法中占有重要的位置。

国际航协的建议实施办法包括“货物运输条件”，也称为“货物运输总条件”，同样也是根据相关国际航空货物运输法律法规和政府有关规定制定，并经过国际航协的会员同意通过的，但它是建议实施办法，与决议不完全一样。

托运人、航空公司和代理人在办理国际危险品的托运、收运、运输和操作中必须按照国际民航组织《危险品航空安全运输技术细则》的规定办理。国际航协每年 1 月份出版的《危险品规则》(DGR)是根据《国际民用航空公约》附件 18 及国际民航组织《危险品航空安全运输技术细则》的规定编写的，它包括了国际民航组织《危险品航空安全运输技术细则》的全部规定，而且增加了一些资料和解释。因此，国际航协会员航空公司、代理人和托运人可以按照国际航协《危险品规则》的规定办理。可以说，遵守了国际航协《危险品规则》的规定就等于遵守了国际民航组织《危险品航空安全运输技术细则》的规定，除了国际航协在其《危险品规则》增加的内容因没有国际民航组织《危险品航空安全运输技术细则》的法律原文，不具有同等的法律效力。

目前，在国际上尚无关于管理国际航空活体动物运输的公约，但是不少国家已制定了本国的管理法规。国际航协为了国际航空运输活体动物的安全，每年出版一期的《活体动物规则》，对国际航空运输活体动物托运人、承运人的责任、活体动物的分类、容器（包装）设计和制作要求、活体动物装入容器（包装）的数量、文件证明、标记标志和标贴以及操作程序等做出了规定。世界上不少国家（地区）政府已经宣布采用国际航协《活体动物规则》作为本国管理国内和国际航空运输活体动物的法律；《濒危野生动植物种类国际贸易公约》和国际动物流行病办事处已接受国际航协《活体动物规则》作为航空运输活体动物的指导性文件；欧洲议会已接受国际航协《活体动物规则》作为国际运输家畜的法律基础；欧盟已接受国际航协《活体动物规则》作为使用容器、马厩和牛栏运输活体动物的最低标准。不少国家（地区）在国际航协《活体动物规则》中编入了该国（地区）管理国际航空运输活体动物的特别规定，一些航空公司也在国际航协《活体动物规则》中编入该航空公司运输活体动物的特别规定。因此，托运人、承运人和代理人都应当遵守国际航协《活体动物规则》的规定。

10.“货物运输总条件”对运输合同当事人有约束力吗?

根据《蒙特利尔公约》第二十七条规定，缔约国的航空公司可以制定与该公约规定不相抵触的条件。根据这条规定，缔约国的航空公司都以国际航协的相关决议和建议实施办法为基础制定了自己的《货物运输总条件》和运价手册（含运价和规定）、规定、规章、班期时刻表上的通知或者须知、《危险品规则》和《活体动物规则》等。承运人应当在其有定期航班飞行的机场的货运办事处或者其他货物营业处提供这些规定和规章，供有关者必要时查阅。许多国家政府主管航空运输的部门规定承运人必须向其申报或者备案以上《货物运输总条件》、运价手册（含运价和规定）、规定、规章、班期时刻表上的通知或者须知、《危险品规则》和《活体动物规则》等。承运人制定以上规定和规章时，必须注意不得含有任何与适用的公约和国内法律法规、政府规定相抵触的内容。

国际航空货运单正本“合同条件”的具体内容见表1-1所示。

国际航空货运单正本“合同条件” 表1-1

NOTICE CONCERNING CARRIER'S LIMITATION OF LIABILITY
IF THE CARRIAGE INVOLVES AN ULTIMATE DESTINATION OR STOP IN A COUNTRY OTHER THAN THE COUNTRY OF DEPARTURE, THE WARSAW CONVENTION OR THE MONTREAL CONVENTION MAY BE APPLICABLE AND IN MOST CASES LIMIT THE LIABILITY OF THE CARRIER IN RESPECT OF LOSS OF, DAMAGE OR DELAY TO CARGO. DEPENDING ON THE APPLICABLE REGIME, AND UNLESS A HIGHER VALUE IS DECLARED, LIABILITY OF THE CARRIER MAY BE LIMITED TO 17 SPECIAL DRAWING RIGHTS PER KILOGRAM OR 250 FRENCH GOLD FRANCS PER KILOGRAM, CONVERTED INTO NATIONAL CURRENCY UNDER APPLICABLE LAW. CARRIER WILL TREAT 250 FRENCH GOLD FRANCS TO BE THE CONVERSION EQUIVALENT OF 17 SPECIAL DRAWING RIGHTS UNLESS A GREATER AMOUNT IS SPECIFIED IN THE CARRIERS CONDITIONS OF CARRIAGE.
CONDITIONS OF CONTRACT
1. In this contract and the Notices appearing hereon:
CARRIER includes the air carrier issuing this air waybill and all carriers that carry or undertake to carry the cargo or perform any other services related to such carriage.

SPECIAL DRAWING RIGHT (SDR) is a Special Drawing Right as defined by the International Monetary Fund.
WARSAW CONVENTION means whichever of the following instruments is applicable to the contract of carriage:
the Convention for the Unification of Certain Rules Relating to International Carriage by Air, signed at Warsaw, 12 October 1929;
that Convention as amended at The Hague on 28 September 1955;
that Convention as amended at The Hague 1955 and by Montreal Protocol No. 1, 2, or 4 (1975) as the case may be.
MONTREAL CONVENTION means the Convention for the Unification of Certain Rules for International Carriage by Air, done at Montreal on 28 May 1999.

2./2.1 Carriage is subject to the rules relating to liability established by the Warsaw Convention or the Montreal Convention unless such carriage is not "international carriage" as defined by the applicable Conventions.

2.2 To the extent not in conflict with the foregoing, carriage and other related services performed by each Carrier are subject to:

2.2.1 applicable laws and government regulations;

2.2.2 provisions contained in the air waybill, Carrier's conditions of carriage and related rules, regulations, and timetables (but not the times of departure and arrival stated therein) and applicable tariffs of such Carrier, which are made part hereof, and which may be inspected at any airports or other cargo sales offices from which it operates regular services. When carriage is to/from the USA, the shipper and the consignee are entitled, upon request, to receive a free copy of the Carrier's conditions of carriage. The Carrier's conditions of carriage include, but are not limited to:

2.2.2.1 limits on the Carrier's liability for loss, damage or delay of goods, including fragile or perishable goods;

2.2.2.2 claims restrictions, including time periods within which shippers or consignees must file a claim or bring an action against the Carrier for its acts or omissions, or those of its agents;

2.2.2.3 rights, if any, of the Carrier to change the terms of the contract;

2.2.2.4 rules about Carrier's right to refuse to carry;

2.2.2.5 rights of the Carrier and limitations concerning delay or failure to perform service, including schedule changes, substitution of alternate Carrier or aircraft and rerouting.

3. The agreed stopping places (which may be altered by Carrier in case of necessity) are those places, except the place of departure and place of destination, set forth on the face hereof or shown in Carrier's timetables as scheduled stopping places for the route. Carriage to be performed hereunder by several successive Carriers is regarded as a single operation.

4. For carriage to which neither the Warsaw Convention nor the Montreal Convention applies, Carrier's liability limitation shall not be less than the per kilogram monetary limit set out in Carrier's tariffs or general conditions of carriage for cargo lost, damaged or delayed, provided that any such limitation of liability in an amount less than 17 SDR per kilogram will not apply for carriage to or from the United States.

5./5.1 Except when the Carrier has extended credit to the consignee without the written consent of the shipper, the shipper guarantees payment of all charges for the carriage due in accordance with Carrier's tariff, conditions of carriage and related regulations, applicable laws (including national laws implementing the Warsaw Convention and the Montreal Convention), government regulations, orders and requirements.

5.2 When no part of the consignment is delivered, a claim with respect to such consignment will be considered even though transportation charges thereon are unpaid.

6./6.1 For cargo accepted for carriage, the Warsaw Convention and the Montreal Convention permit shipper to increase the limitation of liability by declaring a higher value for carriage and paying a supplemental charge if required.

6.2 In carriage to which neither the Warsaw Convention nor the Montreal Convention applies Carrier shall, in accordance with the procedures set forth in its general conditions of carriage and applicable tariffs, permit shipper to increase the limitation of liability by declaring a higher value for carriage and paying a supplemental charge if so required.

7./7.1 In cases of loss of, damage or delay to part of the cargo, the weight to be taken into account in determining Carrier's limit of liability shall be only the weight of the package or packages concerned.

7.2 Notwithstanding any other provisions, for "foreign air transportation" as defined by the U.S. Transportation Code:

7.2.1 in the case of loss of, damage or delay to a shipment, the weight to be used in determining Carrier's limit of liability shall be the weight which is used to determine the charge for carriage of such shipment; and

7.2.2 in the case of loss of, damage or delay to a part of a shipment, the shipment weight in 7.2.1 shall be prorated to the packages covered by the same air waybill whose value is affected by the loss, damage or delay. The weight applicable in the case of loss or damage to one or more articles in a package shall be the weight of the entire package.

8. Any exclusion or limitation of liability applicable to Carrier shall apply to Carrier's agents, employees, and representatives and to any person whose aircraft or equipment is used by Carrier for carriage and such person's agents, employees and representatives.

9. Carrier undertakes to complete the carriage with reasonable dispatch. Where permitted by applicable laws, tariffs and government regulations, Carrier may use alternative carriers, aircraft or modes of transport without notice but with due regard to the interests of the shipper. Carrier is authorised by the shipper to select the routing and all intermediate stopping places that it deems appropriate or to change or deviate from the routing shown on the face hereof.

10. Receipt by the person entitled to delivery of the cargo without complaint shall be prima facie evidence that the cargo has been delivered in good condition and in accordance with the contract of carriage.

10.1 In the case of loss of, damage or delay to cargo a written complaint must be made to Carrier by the person entitled to delivery. Such complaint must be made:

10.1.1 in the case of damage to the cargo, immediately after discovery of the damage and at the latest within 14 days from the date of receipt of the cargo;

10.1.2 in the case of delay, within 21 days from the date on which the cargo was placed at the disposal of the person entitled to delivery.

10.1.3 in the case of non – delivery of the cargo, within 120 days from the date of issue of the air waybill, or if an air waybill has not been issued, within 120 days from the date of receipt of the cargo for transportation by the Carrier.

10.2 Such complaint may be made to the Carrier whose air waybill was used, or to the first Carrier or to the last Carrier or to the Carrier, which performed the carriage during which the loss, damage or delay took place.

10.3 Unless a written complaint is made within the time limits specified in 10.1 no action may be brought against Carrier.

10.4 Any rights to damages against Carrier shall be extinguished unless an action is brought within two years from the date of arrival at the destination, or from the date on which the aircraft ought to have arrived, or from the date on which the carriage stopped.

11. Shipper shall comply with all applicable laws and government regulations of any country to or from which the cargo may be carried, including those relating to the packing, carriage or delivery of the cargo, and shall furnish such information and attach such documents to the air waybill as may be necessary to comply with such laws and regulations. Carrier is not liable to shipper and shipper shall indemnify Carrier for loss or expense due to shipper's failure to comply with this provision.

12. No agent, employee or representative of Carrier has authority to alter, modify or waive any provisions of this contract.

国际航空货运单“合同条件”正本的中文译文,见表1-2所示。

国际航空货运单“合同条件”正本中文译文 表1-2

承运人关于赔偿责任限额的通知

运输的最终目的地点或者经停地点不在始发地点所在的国家内的,可以适用于《华沙公约》或者《蒙特利尔公约》,并且在一般情况下限制承运人对于货物的遗失、损坏或者延误的赔偿责任。除非有一个较高的声明价值,根据适用的体系,承运人的赔偿责任限额可以限制为每千克17特别提款权或者250法国金法郎,根据适用的法律换算为国家货币。承运人视250法国金法郎的换算等值为17特别提款权,除非承运人的“运输条件”规定了一个较高的金额。

合 同 条 件

1. 在此合同条件和通知中:

“承运人”包括发行本份航空货运单的航空承运人和运输货物或者承诺运输货物或者提供与此项运输有关的任何其他服务的所有承运人。

“特别提款权”是指国际货币基金组织规定的特别提款权。

“华沙公约”是指适用于运输合同的以下文件:

1929年10月12日在华沙签订的统一国际航空运输某些规则的公约;

经1995年9月28日在海牙修订的华沙公约；

经1995年在海牙修订的华沙公约和1975年第一、第二或者第四号蒙特利尔议定书，视情而定。

"蒙特利尔公约"是指1999年5月28日在蒙特利尔签订的统一国际航空运输某些规则的公约。

2./2.1 运输应遵守《华沙公约》或者《蒙特利尔公约》所制定的关于赔偿责任的规则，除非该运输不是适用的公约所下定义的"国际运输"。

2.2 只要不与上述规则发生抵触，每一承运人履行的运输和相关其他服务应遵守：

2.2.1 适用的法律和政府的规定；

2.2.2 航空货运单上规定的条款，承运人的运输条件和有关规定、规章和班期时刻表（但是，并非指时刻表上的出发和到达时间）和承运人适用的运价手册。这些作为本合同的组成部分，在承运人有定期航班飞行的任何机场或者其他货运营业处均可查阅。对于来往美国的运输，托运人或者收货人有权要求承运人免费提供一份运输条件。承运人的运输条件包括但不限于：

2.2.2.1 承运人对于包括易碎或者易腐货物在内的货物遗失、损坏或者延误的赔偿责任限额；

2.2.2.2 索赔限制，包括因承运人或者其代理人的作为或者不作为，托运人或者收货人必须向承运人提出索赔或者提起诉讼的期限；

2.2.2.3 承运人改变合同条款的权利；

2.2.2.4 关于承运人拒绝运输的权利规定；

2.2.2.5 关于承运人延误或者未履行航班的权利和限制，包括改变期时刻、改变承运人或者机型和航线。

3.约定的经停地点（必要时承运人可以改变）是指除出发地点和目的地点以外，航空货运单上列明的地点或者在承运人的班期时刻表中所列明的定期航班路线的经停地点。由几个连续承运人履行的运输，视为是一项单一的业务活动。

4.对于不适用《华沙公约》和《蒙特利尔公约》的运输，货物的遗失、损坏或者延误承运人每千克的赔偿责任限额应当不低于其运价手册或者运输总条件所规定的货币限额，但是对于来往美国的运输，此项赔偿责任限额不得低于每千克17特别提款权。

5./5.1 除了承运人未经托运人和书面同意就向收货人提供赊账外，托运人保证根据承运人的运价手册、运输条件及有关规定、适用的法律（包括实施《华沙公约》和《蒙特利尔公约》的国家法律）、政府规定、命令和要求，支付运输应付的所有费用。

5.2 托运货物任何部分未交付的，对此种货物的索赔要求也应予考虑，即使运输未付。

6./6.1 接受货物运输时，《华沙公约》和《蒙特利尔公约》允许托运人通过对运输声明一个较高的价值和支付所需的附加费来提高赔偿责任限额。

6.2 对于不适用于《华沙公约》和《蒙特利尔公约》的运输，承运人应当根据其总运输条件规定的程序和适用的运价手册，允许托运人通过对运输声明一个较高的价值和支付所需的附加费来提高赔偿责任限额。

7./7.1 货物的部分遗失、损坏或者延误，用以考虑确定承运人赔偿责任限额的重量，应当仅指该有关包件或者有关数包件的重量。

7.2 尽管有任何其他条款的规定，根据美国运输法所下定义的"国际航空运输"应按如下规定办理：

7.2.1 一票货物的遗失、损坏或者延误，用以确定承运人的赔偿责任限额的重量应当指用于计算运输该票货物运费的重量；和

7.2.2 一票货物中的部分遗失、损坏或者延误，7.2.1中所述的货物计费重量应当按照同一份航空货运单内因所受遗失、损坏或者延误的货物而影响其价值的包件数进行比例分摊。一包件内的一件或者多件物品的遗失或者损坏的，适用的重量应当是该整个包件的重量。

8.适用对于承运人赔偿责任的任何免除或者限额，应当适用于承运人的代理人、受雇人和代表，以及其航空器或者设备被承运人用于运输的任何人和其代理人、受雇人和代表。

9.承运人承诺以合理的速度完成此项运输。在有关法律、规则和政府规定许可的情况下，承运人可以下不经事先通知变更承运人、航空器或者运输方式，但应适当考虑托运人的利益。托运人授权承运人选择其认为合适运输路线和所有中途经停地点，或者改变或者绕道航宽货运单上列明的路线。

10.有权提取货物的人收受货物而未提出异议的，为货物已经在良好状况下并在与运输合同相符的情况下交付的初步证据。

10.1 货物遗失、损坏或者延误的，有权提取货物的人必须书面向承运人提出异议。异议必须按照以下规定提出：

10.1.1 货物损坏的，在发现损坏时立即提出，至迟自收到货物之日起14日内提出；

10.1.2 货物延误的，自货物交付有权提取货物的人处置之日起21日内提出；

10.1.3 货物未交付的，自航空货运单填制之日起120日内提出，或者对于未填制航空货运单的，自承运人收到所托运的货物之日起120日内提出。

续上表

10.2 书面异议可以向航空货运单被使用的承运人提出,或者向第一承运人或者向最后承运人提出,或者向在履行运输中发生货物遗失、损坏或者延误的承运人提出。 10.3 没有在10.1规定的期限内提出书面异议的,不得向承运人提起诉讼。 10.4 自航空器到达目的地点之日、应当到达目的地点之日或者运输终止之日起两年期间内未提起诉讼的,丧失对损害赔偿的权利。 11. 托运人应当遵守货物运往或者来自的任何国家的一切适用的法律和政府规定,包括关于货物包装、运输或交付的规定,以及为遵守这些法律和规定提供必要的文件并附在航空货运单上。因托运人未遵守此规定,承运人不承担责任,并且托运人应当赔偿承运人的损失和费用的支出。 12. 承运人的代理人、受雇人或者代表无权变更、修改或者废除本合同的任何条款。

只要托运人在航空货运单上签名,则表示已接受这些条件,托运人、收货人及其代理人都应当遵守,当然承运人及其代理人也同样应当遵守,共同受承运人的"货物运输总条件"等规定的约束,但是这些条件和规定不得与适用的公约和国内适用的法律法规和政府的规定、规章相抵触。

第二章　国际航空货物运输凭证

1. 国际航空货物运输凭证是什么？

国际航空货运单（表 2-1）与货物收据是国际航空货物运输凭证。

国际航空货运单样本

表 2-1

999 | 5721 4161

999 — 5721 4161

Shipper's Name and Address | Shipper's Account Number

Not Negotiable

Air Waybill

Issued by

Air China Cargo Co., Ltd.

中国国际货运航空有限公司

AIR CHINA CARGO

BEIJING,CHINA

Copies 1,2 and 3 of this Air Waybill are originals and have the same validity.

Consignee's Name and Address | Consignee's Account Number

It is agreed that the goods described herein are accepted for carriage in apparent good order and condition (except as noted) and SUBJECT TO THE CONDITIONS OF CONTRACT ON THE REVERSE HEREOF. ALL GOODS MAY BE CARRIED BY ANY OTHER MEANS INCLUDING ROAD OR ANY OTHER CARRIER UNLESS SPECIFIC CONTRARY INSTRUCTIONS ARE GIVEN HEREON BY THE SHIPPER. THE SHIPPER'S ATTENTION IS DRAWN TO THE NOTICE CONCERNING CARRIER'S LIMITATION OF LIABILITY. Shipper may increase such limitation of liability by declaring a higher value for carriage and paying a supplemental charge if required.

Issuing Carrier's Agent Name and City

Accounting Information

Agent's IATA Code | Account No.

Airport of Departure (Addr. of First Carrier) and Requested Routing

To | By First Carrier | Routing and Destination | to | by | to | by | Currency | CHGS Code | WT/VAL PPD COLL | Other PPD COLL | Declared Value for Carriage | Declared Value for Customs

Airport of Destination | Flight/Date | For Carrier Use Only | Flight/Date | Amount of Insurance | INSURANCE - If carrier offers insurance, and such insurance is requested in accordance with the conditions thereof,indicate amount to be insured in figures in box marked "Amount of Insurance".

Handling Information

(For USA only) These commodities licensed by U.S. for ultimate destination .... Diversion contrary to U.S. law is prohibited

No. of Pieces RCP	Gross Weight	kg lb	Rate Class Commodity Item No.	Chargeable Weight	Rate / Charge	Total	Nature and Quantity of Goods (incl. Dimensions or Volume)

Prepaid | Weight Charge | Collect | Other Charges

Valuation Charge

Tax

Total Other Charges Due Agent

Shipper certifies that the particulars on the face hereof are correct and that insofar as any part of the consignment contains dangerous goods, such part is properly described by name and is in proper condition for carriage by air according to the applicable Dangerous Goods Regulations.

Total Other Charges Due Carrier

Signature of Shipper or his Agent

Total Prepaid | Total Collect

Currency Conversion Rates | CC Charges in Dest. Currency

Executed on (date) | at (place) | Signature of Issuing Carrier or its Agent

For Carrier's Use only at Destination | Charges at Destination | Total Collect Charges

999 — 5721 4161

ORIGINAL 3 (FOR SHIPPER) A

航空公司使用的航空货运单有两种，第一种是航空公司自己事先印制好的航空货运单，这种航空货运单事先印刷有发行航空货运单的承运人的名称、地址、标志和航空货运单号码；第二种是中性航空货运单，由国际航空运输协会设在有关国家或者地区的 CASS 系统（Cargo Accounts Settlement System 货运财务结算与服务系统）提供，供加入 CASS 系统的航空公司使用。中性航空货运单没有事先印刷上发行航空货运单的承运人名称、地址和航空货运单号码，在使用时才打印上这些内容。在中性航空货运单上打印上航空公司的名称、地址、标志和航空货运单号码后，该航空公司就是的发行航空货运单的承运人。中性航空货运单的号码由发行航空货运单的承运人提供给有关货运代理人。

为了发展运输凭证电子化的需要，1999 年《蒙特利尔公约》第四条第二款规定，可以使用保存履行运输记录的其他方法代替出具航空货运单。采用此种方法的，承运人应当应托运人的要求，向托运人出具货物收据。这种使用任何保存记录的其他方法代替出具航空货运单的规定，首先出自于 1975 年《蒙特利尔第四号议定书》第三条修订《经 1955 年 9 月 28 日在海牙修改的华沙公约》第五条第二款的规定。因此，国际航空货物运输凭证将向电子化的方向发展。国际航协已经在加拿大、瑞典、英国、中国香港、新加坡、美国、法国、西班牙、澳大利亚、新西兰、瑞士等地试行电子运单。

航空货运单的正本有 3 联，每联的用途如下：

正本 1　ORIGINAL 1（FOR ISSUING CARRIER）（正本 1（交发行航空货运单的承运人））

此联为绿色，由发行航空货运单的承运人收执，作为：

(1) 发行航空货运单的承运人财务使用；

(2) 承运人与托运人签字的运输合同的书面凭证。

此联的背面印刷有"承运人关于赔偿责任限额的通知"和"合同条件"。

正本 2　ORIGINAL 2（FOR CONSIGNEE）（正本 2（交收货人））

此联为粉红色，随同货物送至最终目的地，在收货人提取货物时交给收货人。

此联的背面印刷有"承运人关于赔偿责任限额的通知"和"合同条件"。

正本 3　ORIGINAL 3（FOR SHIPPER）（正本 3（交托运人））

此联为蓝色，交给托运人，作为：

(1) 承运人收到托运人货物的凭证；

(2) 承运人与托运人签字的运输合同的书面凭证。

此联的背面印刷有"承运人关于赔偿责任限额的通知"和"合同条件"。

托运人必须妥善保存这一联，因为它是承运人与托运人订立航空货物运输合同存在的证据。

2. 国际航空货运单或货物收据的证据价值是什么?

航空货运单或者货物收据是订立合同、接受货物和所列条件的初步证据，它证明了承运人与托运人订立的航空货物运输合同的存在。

1999 年《蒙特利尔公约》对未遵守运输凭证作出了新的规定，该公约第四条～第九条的规定分别如下：

"第四条　货物

一、就货物运输而言，应当出具航空货运单。

二、任何保存将要履行的运输的记录的其他方法都可以用来代替出具航空货运单。采用此种其他方法的，承运人应当应托运人的要求，向托运人出具货物收据，以便识别货物并能获得此种其他方法所保存记录中的内容。

第五条　航空货运单或者货物收据的内容

航空货运单或者货物收据应当包括：

(一)对出发地点和目的地点的标示；

(二)出发地点和目的地点是在一个当事国的领土内，而在另一国的领土内有一个或者几个约定的经停地点的，至少对其中一个此种经停地点的标示；以及

(三)对货物重量的标示。

第六条　关于货物性质的凭证

在需要履行海关、警察和类似公共当局的手续时，托运人可以被要求出具标明货物性质的凭证。此项规定对承运人不造成任何职责、义务或由此产生的责任。

第七条　航空货运单的说明

一、托运人应当填写航空货运单正本一式三份。

二、第一份应当注明“交承运人”，由托运人签字。第二份应当注明“交收货人”，由托运人和承运人签字。第三份由承运人签字，承运人在接受货物后应当将其交给托运人。

三、承运人和托运人的签字可以印就或者用戳记。

四、承运人根据托运人的请求填写航空货运单的，在没有相反证明的情况下，应当视为代托运人填写。

第八条　多包件货物的凭证

在货物不止一个包件时：

(一)货物承运人有权要求托运人分别填写航空货运单；

(二)采用第四条第二款所指其他方法的，托运人有权要求承运人分别出具货物收据。

第九条　未遵守凭证的规定

未遵守第四条至第八条的规定，不影响运输合同的存在或者有效，该运输合同仍应当受本公约规则的约束，包括有关责任限制规则的约束。

3. 国际航空货运单正本“合同条件”包括哪些内容?

一份完整的国际航空货物运输合同的内容除了航空货运单或者货物收据正面的全部内容和航空货运单正本背面“承运人关于赔偿责任限额的通知”和“合同条件”外，还包括当事人应当遵守的不与适用的公约相抵触适用的法律(包括实施公约的国家法律)、政府规定、命令，以及承运人适用的运价手册、规定、货物运输条件、规章和班期时刻表上的通知、须知或者说明(非指起飞和到达时间)，这些是合同条件的组成部分，在承运人有定期航班飞行的机场货运办事处或者其他货物营业处可以查阅。

4. 国际航空货物运输合同何时开始生效?

国际航空货物运输合同自承运人或者其授权的代理人以及托运人或者其代理人在航空货运单上签名时就开始生效。根据《蒙特利尔公约》第七条第三款规定，承运人和托运人的签名都可用印就或者戳记。承运人或者其代理人在目的地将货物实际交付给航空货运单上所写的收货人时，航空货物运输合同就告终止。

5. 什么是集运货物?

集运货物是指来自一个货主以上的货物,每人已分别与非定期航班的航空承运人的另一人订立了航空运输协议的多包件货物,所使用的协议条件可以与定期航班的航空承运人的相同或者不相同来办理相同货物的运输。

6. 什么是分运单?

分运单是指一票集运货物项下的每一票单独货物的文件。它由集运人(货运代理公司)发行,填写对货物目的地的分理人关于交付货物的指示的文件。

7. 什么是总运单?

航空总运单是指集中托运人(航空货运代理)将若干批单独发运的货物组成一整批,向航空公司办理托运,采用一份航空运单集中发往同一目的地。一份主运单项下可以有多份分运单,分运单上的收货人就是实际的货主。

8. 集运人(货运代理公司)的分运单有何作用?

集运人使用其分运单直接向实际托运人收运货物,与实际托运人订立航空货物运输协议,托运人为分运单上所填写的人(实际托运人),收货人为分运单上所填写的人(实际收货人);集运人将多票分运单货物集中在一起使用一份航空公司的航空货运单(总运单)与航空公司订立航空货物运输合同,托运人为集运人,收货人为货物目的地的分理人(代理人)。集运人将分运单装入文件袋内钉附于总运单的背面交给目的地的分理人,由其分理每一票分运单货物并交付给分运单上的收货人(实际收货人)。

第三章　国际航空货物的基本条件要求

1. 国际航空货物的基本包装和标记标志有何要求?

航空货物主要通过承运人的代理人收运,托运人也可直接向航空公司托运货物。

不论是普通货物或者特种货物,托运人必须对货物加以妥善地包装,以使货物在正常操作和运输过程中不会被损坏或者造成货物中的内容泄漏,也不会损坏其他货物、行李、邮包和伤害人身安全或者对飞机造成危害。重件货物的框架必须能够承受了货物的重量。

根据1999年《蒙特利尔公约》第十八条第二款规定,承运人证明货物的毁灭、遗失或者损坏是由于货物的固有缺陷、质量问题或者瑕疵造成的,以及承运人或者其受雇人、代理人以外的人包装货物的,货物包装不良造成的损失,承运人不承担责任。

为了识别货物,托运人应当在每一票货物的所有件数的外包装上按以下方法标写运输专用标记、标志和号数(唛头):

(1)在每一件货物的外包装上写明与发票、装箱单上相同的运输专用标记、标志、号数(唛头)和与航空货运单上相同的收货人名称,街道门牌号和城市名;

(2)只把这些资料写在一件或者数件货物的外包装上,在其他件数的外包装上写上已写在一件或者数件货物外包装上能识别货物的共同标记。

包装为麻包、布包或者柳条箱的货物,应当使用有效的方式写上以上内容。

如果托运人利用旧包装运输货物的,应当将旧包装上与本票货物运输无关的旧标记标志、标签和标贴撕掉或者除去。

2. 如何识别航空运输货物?

在每一件货物的外包装上都必须贴上与运输货物的航空货运单相同的货运单号码的货物识别标签。如果是集运货物,还必须贴上分运单货物标签。承运人主要根据货物标签来识别货物。如果发生货物识别标签脱落的情况,根据托运人在货包上标明的运输专用标记和注明的收货人及地址来识别货物,并补贴货物识别标签。

货物识别标签必须用黑色的油墨笔填写,字迹必须清楚,不可潦草。

粘贴货物标签时,应当用力按压货物识别标签以使整张标签牢固地粘住货物。对于柳条箱等不可使用粘贴标签的货物,应当使用可挂的货物识别标签牢固地挂在货物上。对于麻包、布包等货物,除使用可挂货物识别标签外,还应当使用不退色的油墨笔在货包上写明总运单、分运单号码及目的地,以防货物识别标签脱落时,也能识别货物,或者使用其他方式固牢地贴住货物识别标签。一些塑料桶和铁桶的外表有油脂,使用粘贴货物识别标签容易掉落,必须采取措施擦去表面的油脂后再粘贴货物识别标签或者使用挂签的方式以及不退色的笔在货物的外包装上注明总运单号码、分运单号码、目的地等。

3. 托运人是否需要将货物进出口相关文件附在航空货运单上带往目的地?

根据1999年《蒙特利尔公约》第十六条规定,托运人必须在航空货运单上附上必要的资料和文件，随同货物带往目的地，以便在货物可交付收货人前完成海关、检疫、警察或者任何其他公共当局的手续。航空货运单正本“合同条件”同样有此项规定。

因此，托运人应当了解目的地办理海关、检疫、警察或者任何其他公共当局的手续所需要的文件并将这些文件附在航空货运单上带往目的地。承运人没有对此种资料或者文件的正确性或者充足性进行检查的义务。

必须随航空货运单带往目的地的文件有以下几种类型：

(1)一般货物必须随同航空货运单的文件

①商业发票；

②装箱单；

③对于硬木包装货物需要熏蒸证明的，熏蒸证明；

④对于需要进出口许可证的货物，进出口许可证。

(2)活体动物货物必须的特种文件

活体动物货物除了必须提供一般货物的必要文件外，还必须提供以下文件：

①健康证明；

②狂犬病接种证明；

③属于《濒危野生动植物种类国际贸易公约》规定的濒危野生动物的，濒危野生种类活体动物进出口许可证；

④“托运人活体动物证明书”；

⑤其他必要的证明。

(3)危险品必需的特种文件

危险品除了必须提供一般货物的必要文件外，还必须提供以下文件：

①“托运人危险品申报单”；

②其他必要的文件。

(4)植物货物必需的特种文件

对于植物货物的进口，许多国家(地区)规定不可以使用带有泥土或者稻草、麦秆等需要检疫的材料进行包扎。

植物货物除了必须提供一般货物的必要文件外，还必须提供以下文件：

①植物检验检疫证明；

②始发地证明；

③必要时，进出口许可证。

4. 承运人有权对货物进行检查吗?

承运人采纳国际航协《货物运输条件》第3条第3.6款的规定，并编入了自己的《货物运输条件》，根据该条规定，承运人有权对货物的包装和内容进行检查，以核实托运人在文件上的申报内容与货物相一致。承运人的这种检查并不表示承运人需要承担检查的责任。托运人在货物内包含的任何违禁物品或者物质和对安全构成危害的物品或者物质，托运人必须承担责任。

5. 航空货物是否需要经过安全检查?

《国际民用航空公约》附件17制定了对货物进行安全检查的规定。

《中国民航安全检查规则》第四条规定如下：

“安检工作包括对乘坐民用航空器的旅客及其行李、进入候机隔离区的其他人员及其物品，以及空运货物、邮件的安全检查；对候机隔离区内的人员、物品进行安全监控；对执行飞行任务的民用航空器实施监护。”

根据《中国民航安全检查规则》第五条、第十条和第十一条规定，安全检查由安全检查部门负责实施。申请设立安检部门的单位应当向民航总局提出书面申请，经民航主管部门审核，发给《民用航空安全检查许可证》后才可以实施安全检查，未取得《民用航空安全检查许可证》的任何部门或者个人不得从事安检工作。

6. 承运人是否有拒运货物的权利?

根据1999年《蒙特利尔公约》第二十七条规定，承运人可以拒绝与托运人签订任何运输合同，即在托运人要求托运货物时，承运人不给予收运。1999年《蒙特利尔公约》没有规定承运人在何种情况下可以拒绝收运货物，把这个权利留给了承运人。

为了货物运输等物品的安全，《国际民用航空公约》附件17(第一版1974)第四章4.9规定如下：

“各缔约国必须根据安全保卫的需要作出安排，使经营人能在离境航空器起飞前，挑选和装载货物、供应品和托运行李。”

7. 承运人是否可以推迟、停止运输货物或改变承运人、改变运输方式?

(1)承运人采纳国际航协《货物运输条件》第3条第3.1款第3.1.2项规定，并编入自己《货物运输条件》。根据该项规定，必要时承运人可以拒运货物，不承担任何责任。

(2)承运人全部或者部分采纳国际航协《货物运输条件》第6条第6.3款第6.3.1、6.3.2、6.3.3、6.3.4和6.3.5项规定，并编入了自己的《货物运输条件》。摘录如下：

①根据这些规定，承运人的班期时刻或者其他地方所列的时刻是大致、不能保证的，也不是运输合同的组成部分，承运人不能保证货物的启运、完成运输和交付的时间；

②除了经承运人特别同意并且填写在航空货运单上或者货物记录中外，承运人承诺以合理的速度运输货物，但不保证在特指的航空器上或者路线上运输货物，也不承诺在特指的地点进行衔接，承运人有权挑选或者绕道航空货运单上或者货物记录中所指定的运输路线；

③承运人对其航班时刻表或者其他地方所列的航班时刻的错误或者疏忽不承担责任，承运人的受雇人、代理人或者代表无权使承运人对其的任何陈述或者所列的日期或者起飞或者到达时间或者任何航班的营运承担责任。承运人有权不经事先通知，将整票货物或者其中的一部分改为地面运输或者安排这种运输。承运人在遇到无法控制的任何事件或者遇到在接受货物时的任何不可合理预见、预料或者预言的事件或者遇到其他情况需要时，当承运人认为必要的，有权不经事先通知取消、终止、绕道、推迟、延误或者提前任何航班或者推迟运输货物或者在航班上不载运全部或者任何部分货物；

④如果承运人的任何航班的取消、绕道、推迟、延误、或者提前或者在非目的地点终止而因此造成货物运输的取消、绕道、推迟、延误、提前或者终止，承运人不承担任何责任，如遇整票货物或者其中的任何部分的运输因此而终止，将货物交给任何转运代理人转运或者交付或者将货物保管起来，视为承运人已经按照运输合同完成了交付，承运人除了应当按

照航空货运单上或者货物记录中的地址通知托运人或者收货人关于货物的处理情况外，不再承担责任；

⑤承运人可以(但不是责任)通过其他路线运输或者作为托运人或者收货人的代理人将货物交给其他运输工具续运，所需的费用向托运人或者收货人收取。承运人根据适用的法律、规定和命令，有权决定货物之间、货物与邮件和旅客之间的运输优先权；

⑥承运人也可以在任何时间或者地点决定取出货物中的任何物品并在航班上不载运这些物品，如果因决定运输优先权而使货物未被装上航班或者被推迟、延误或者货物中的任何物品被取下的，承运人对托运人、收货人或者任何其他人不承担后果性损失的责任。

尽管承运人的《货物运输条件》编入了上述的规定，但是，我们建议不可以滥用以上权利，应当尽量采取措施为提高运输服务重量而努力，并尽可能的给客户必要的承诺。

(3)承运人采纳国际航协《货物运输条件》第 6 条第 6.4 款规定，并编入自己的《货物运输条件》。根据该款规定，货物在运输中，为了合理的目的，根据承运人的意见当必要时在货物启运前或者启运后，承运人可以通知托运人将货物保存在任何地点的仓库或者其他可用的地方或者海关当局，费用和风险由托运人承担，或者承运人可以将货物交给另一个运输服务单位运往收货人收。托运人应当赔偿承运人因此而产生的费用的风险。

(4)承运人采纳国际航协《货物运输条件》第 11 条第 11.9 款规定，并编入自己的《货物运输条件》。根据该款规定，托运人、货主或者收货人的货物或者物品造成另一票货物或者承运人的财产的损坏或者毁灭，应当赔偿承运人因此而遭受的一切损失和费用的支出。因货物的固有缺陷、重量或者瑕疵或者包装不良，可能对飞机、人员或财物构成危害时，承运人可以不经通知随时毁弃或者销毁货物，不承担责任。

(5)托运人向承运人托运货物时应当付运输费用，当承运人要求支付费用时，如果托运人拒付费用，承运人可以拒运货物。承运人采纳国际航协《货物运输条件》第 5 条第 5.4 款第 5.4.2 项、第 5.4.6 项和 5.4.7 项规定，并编入自己的《货物运输条件》，对此作出了规定。托运人直接向承运人托运货物的，运输费用直接付给承运人；托运人通过货运代理公司托运货物的，运输费用付给货运代理公司，货运代理公司根据与承运人的代理协议规定的期限支付给承运人。运输费用到付的货物，费用在目的地当承运人交付货物时由收货人支付给承运人。

(6)航空货运单正本“合同条件”第 9 条规定：“承运人承诺以合理的速度完成此项运输。在有关法律、规则和政府规定许可的情况下，承运人可以不经事先通知变更承运人、航空器或者运输方式，但应适当考虑托运人的利益。托运人授权承运人选择其认为合适的运输路线和所有中途经停地点，或者改变或者绕道航空货运单上列明的路线。”

8. 托运人托运国际航空货物是否需要订舱?

一般情况下，托运人托运国际航空货物需要向承运人预定航班的舱位，并且将定妥的舱位的情况填写入航空货运单的“Requested Flight/Date”(要求的航班/日期)栏内或者留好订舱记录。对于第二程、第三程……的舱位也需要预定。活体动物、鲜活易腐货物等特种货物应当订妥自始发地至目的地的全部航程的舱位后，才可以自始发地运出。

如果托运人没有事先订妥舱位，承运人可以以托运人没有要求订舱而拒绝承担货物运输延误的责任。

9. 如何发现货物中隐含的危险物品或物质?

托运人、代理人和承运人为了运输的安全,应当对隐含的危险物品或者物质按照国际民航组织《危险品航空安全运输技术细则》或者国际航协《危险品规则》办理。具体货物类型如下:

(1)保冷食品、保冷水果、保冷蔬菜、保冷鲜蜂王浆等

因保冷需要,这类货物中可能含有固体二氧化碳(干冰),属于第9类危险品。用于保冷用的固体二氧化碳(干冰)托运人可以不用填写“托运人危险品申报单”,但在货物的外包装上需要写明:

“例:DRY ICE(危险品运输名称)

9　UN1845(第9类危险品UN编号1845)

10KG(本件包装内含有干冰净重10千克)”

在航空货运单的“Handling Information”栏内应当写明“DANGEROUS GOODS-SHIPPER'S DECLARATION NOT REQUIRED”字样。在航空货运单的“Nature and Quantity of Goods”的填写办法如下:

“例:FROZEN FISH(货物品名)

DRY ICE(危险品运输名称)

9　UN1845(第9类危险品UN编号1845)

4×10KG(4件每件内各含有干冰净重10千克)”

(2)车辆及汽车部件

车辆可能含有湿电池、汽油、石油液化气等,属于危险品。

这类货物中还可能含有虽不属于国际民航组织《危险品航空安全运输技术细则》磁性物质规定的危险品,但含有铁磁性物质对飞机的导航设备有一定的影响,因此装舱时不得靠近飞机的导航设备;这类货物还可能含有压缩气体(指轮胎的充气装置内)、灭火瓶、含氮气的震荡/撑杆、气袋充压泵(舱)等。

(3)磁性物质

根据国际民航组织《危险品航空安全运输技术细则》规定,从外包装的任何表面离2.1米测定磁场强度为0.159A/m(0.002 gauss)或者以上的定为第9类危险物品。磁场强度低于0.159A/m的,可按普通货物收运,但应提供有关计量技术研究所出具的“检测报告”。

(4)催泪喷雾器

催泪喷雾器、自我防卫喷雾器和辣椒喷雾器因含有刺激性的气体而使人变得无气力而瘫下。这类物质在国际航协《危险品规则》中查不到属于哪一类危险品,如果托运人认为不属于危险品时,它应当提供民航总局批准的机构出具的鉴定书。

国际航协《危险品规则》第2章第2.3款第2.3.1.2项禁止旅客随身携带以上物质,不可以随身携带或者装入手提行李内,也不可以作为托运行李交运。

(5)电池

电池有干电池、湿电池、锂电池等。

航空公司通常将干电池作为普通货物收运,但含钠的干电池属于腐蚀性危险品。干电池的包装,应采取防短路的措施。

湿电池属于腐蚀性危险物品。

锂电池(手提电话用)属于第9类危险品。带电池的手机也应是第9类危险品,且应采取

措施防短路。

(6)电气设备或者装置

电气设备的开关装置或者电子管中可能含有磁性物质或者湿电池等危险物品或者物质。

(7)电动装置

如轮椅、割草机、高尔夫车等电动装置可能含有湿电池、汽油或者石油液化气等。

(8)飞机备件

飞机备件可能含有爆炸品(如照明弹、烟雾弹)、化学氧气发生器、不能使用的充气轮胎装置(组件)、压缩气瓶(氧气、二氧化碳、氮气或者灭火瓶)、油漆、黏合剂、气溶胶、救生装置、含有危险品的工具箱、含有汽油或者石油液化气的设备、湿电池或者锂电池以及火柴等危险物品或者物质。

(9)钢瓶

可能含有压缩气体或者液化气体。

(10)工具或者工具箱

工具或者工具箱可能含有爆炸物品(打铆钉或者钉子的器具)、液体溶剂、易燃气体、气溶胶、易燃的粘胶剂、油漆、腐蚀性液体等。

(11) 化学品和化妆品

大多数化学品以及一些化妆品属于危险品。如这类货物属于普通货物的,客户应当提供民航总局批准的机构出具的鉴定书,证明该货物不属于危险品。

(12)火炬

火炬含有易燃气体。

(13)呼吸器

呼吸器可能含有压缩空气瓶或者氧气瓶、化学氧气发生器或者制冷液化氧。

(14)家用物品

家用物品可能含有如易燃、油漆、清洁溶剂、黏胶剂、磨光剂、漂白粉、杀虫剂、气溶胶、火柴、打火机、木炭等危险物品或者物质。如含有危险物品或者物质的,应请客户取出。

(15) 机械零件

可能含有粘胶剂、油漆、封漆、胶溶剂、湿电池或者锂电池、水银或者含有压缩或者液化气体的钢瓶。

(16) 救生设备

救生设备(包括救生衣、救生艇等)可能含有电动装置的救生、导航或者定位装置、充气装置、烟火、闪光装置等

(17)金属建筑材料及金属棚栏或者管材

这两类材料含有铁磁性物质,虽然不符合国际民航组织《危险品航空安全运输技术细则》危险品的标准,但对飞机的导航设备有一定的影响,装舱时需要注意离飞机的导航设备尽量远些。

(18)精液

会含有保冷用的固体二氧化碳(干冰)或者制冷液化气。

(19)酒(含酒精的饮料)

酒精的含量按照容积算,含量24%或者24%以下的酒,不属于危险品。酒精的含量70%或者70%以下的,容器的容积为5升或者5升以下的,不属于危险品。超出以上标准的,属于

危险品（见 UN3065），应向有关航空公司了解。

（20）酒精

酒精属于易燃和/或有毒危险品。如果托运人认为医疗消毒用的酒精不属于危险品的，他应当提供民航总局批准的机构出具的鉴定书。

（21）冷冻胚胎

可能含有制冷液化气或者保冷用的固体二氧化碳（干冰）。

（22）麻醉品

属于毒性危险品。

（23）木炭

木炭灰会发生爆炸，因此属于危险品。

（24）潜水设备

可能含装有压缩气体（空气、氧气等）的气缸、具有高度照明度的潜水灯具，在空气中运转时可能会产生极高的热量。为了安全运输，灯泡和电池必须拆卸。

（25）染料

染料属于有毒或者腐蚀性的危险品。如果托运人认为他所托运的染料不属于危险品，应当提供民航总局批准的机构出具的鉴定书。

（26）热气球

热气球内可能含有易燃气体的钢瓶、灭火瓶、内燃机内含有易燃液体或者气体，可能含有属于危险品的电池。

（27）深冷液体

低温液体是指制冷液化气体，如氩、氦、氖、氮等气体，属于危险品。

（28）实验室或者试验用的设备

这类货物中可能含有易燃液体、易燃固体、氧化剂、有机过氧化物、毒性、腐蚀性物质或者易燃/非易燃压缩气体。

（29）摄影用品

这类货物中可能含有热发生装置、易燃液体、易燃固体、氧化剂、有机过氧化物、毒性或者腐蚀性物质。

（30）赛车或摩托车队设备

这类货物的发电机、化油器、油箱内会含有或者残留着汽油或者液化气，也可能含有易燃气溶胶、压缩气体钢瓶、硝基甲烷、其他属于危险品的油料或者湿电池。

（31）探险设备

可能含有爆炸品（照明弹）、易燃液体（汽油）、易燃气体（丙烷、野营用气体）或者其他危险物品或者物质。

（32）维修工具箱

维修工具箱中可能含有有机过氧化物、易燃黏胶剂、压缩气体、易燃气体、气溶胶、油漆、树脂、腐蚀性液体等。

（33）温度计、气压计、水银开关等或者装置内含有这些物品的机器或者装置

水银是腐蚀性物质，因此温度计、气压计、水银开关等或者含有这些物质的机器或者装置，应按国际航协《危险品规则》办理。

但是，如温度计、水银开关每一只含水银不超过 15 克（0.5 oz），作为机器或者装置的一部

分牢固地安装好的，在正常运输中遇到震动或者撞击不会使水银漏出的，可按普通货物办理（见 UN2809）。

(34)疫苗

疫苗不带病原体的不属于危险品，但可能使用固体二氧化碳（干冰）作为保冷（参见上述(1)）。

(35)医疗用品/设备

可能含有化学品、放射性物质等危险品。

(36)仪器、仪表

一些仪器、仪表内可能安装有压力计、气压计、水银转换器、整流器、温度计等，含有水银或者可能含有放射性物质或者其他危险物品或者物质（如汽油、液化气等）。

(37)野营用品

野营用具可能含有易燃气体（丁烷、丙烷）、易燃液体（煤油、汽油等）、易燃固体（胺仿、火柴等）或者其他危险物品或者物质。

(38)牙科器械

牙科器械可能含有易燃树脂或者溶剂、压缩或者液化气体、水银或者放射性物质。

(39)摄制或者媒体用设备

可能含有爆炸烟火装置、内燃机发生器、湿电池、易燃液体或者气体、产生热源的装置等。

(40)油

可能是易燃液体、易燃气体或者易燃固体。

(41)医疗用品

可能含有易燃液体、易燃固体、氧化剂、有机过氧化物、毒性或者腐蚀性物质。

(42)药品

药品可能含有放射性物质、易燃液体、易燃固体、氧化剂、有机过氧化物、毒性或者腐蚀性物质。

(43)医疗试验样品

可能含有传染性物质、易燃液体、易燃固体、氧化剂、有机过氧化物、毒性或者腐蚀性物质。

(44)演出、电影、舞台和特殊效果的设备

这类货物中可能含有易燃物质、爆炸品或者其他危险物品或者物质。

(45)泳池用的化学品

可能含有氧化剂或者腐蚀性物质。

(46)制冷机或电冰箱

制冷机因含有易燃或者非易燃、有毒或者无毒气体或者液化气体或者氨溶液，因此属于危险品，有的空运还禁运。

但是，对于含未超过 12 千克的非易燃、无毒的液化气（Division 2.2）或者含 12 升以下氨溶液（含氨 35% 或者低于 35%）的电冰箱或者空调机或者其他类似装置，在提供经授权的机构出具证明不具有危险性的条件下，可作普通货物收运（见 UN2857）。

(47)诊断标本

可能含有传染性物质。不含有传染性物资的，不属于危险品，但托运人应当经授权的机构出具不属于危险品的证明。

(48)钻探设备及采矿设备

可能含有爆炸品或者其他危险品。

(49)作为托运的行李

可能含有烟火、家用易燃气体、易燃液体、液体打火机、含有危险品的烤炉、火柴、气溶胶。

10. 什么是"货物已经准备好,且可交运出"的条件?

货物销售代理人受有关航空公司的委托代理收运货物,应当将货物准备好,并将货物送交承运人。根据国际航协决议结合具体操作情况,对"货物已准备好、可交运出"的条件归纳如下:

(1)航空货运单

货运代理人必须按照承运人的规定和要求正确地填写航空货运单的各项内容,包括正确地填入托运人名称和地址、收货人名称和地址、始发地和目的地机场或者城市名称、货物的毛重、计费重量、运价和运费、货物的尺寸或者体积、货物的品名以及对货物的操作注意事项等。

货运代理人可将航空货运单第3、1联分别交托运人和发行航空货运单的承运人。

①正本　第3联(交托运人)

②副本　第8联(代理人留查)

③正本　第1联(交发行航空货运单的承运人)

其他各联应当随同货物交给承运人。

(2)集运货物清单和分运单

因在总运单上的"Nature and Quantity of Goods (incl. Dimensions or Volume)"(货物品名和数量(包括尺寸或体积))栏内的货物品名填写为"CONSOLIDATION AS PER ATTACHED LIST"(集运货物,见所附清单),所以集运人必须编制"分运单清单"(HouseManifest 或者称为 Air Cargo Consolidated Manifest),将总运单项下的所有分运单货物列入"分运单清单"。

"分运单清单"是总运单的附件或者称为总运单的延长页,因此集运人必须将若干份"分运单清单"钉附在总运单的背面随同货物带往目的地,供承运人和海关查阅。另外,集运人必须将若干份"分运单清单"和全部分运单装入文件袋内钉附在总运单的背面带往目的地交给收货人(分理人);必须注意钉牢,建议用3支钉书针以上钉牢,以防止脱落;并建议在文件袋上写明"ATTACHED TO MAWB NO. __________ FOR CONSIGNEE"和带出的航班号和日期等,以防止在文件袋脱落总运单后,仍能识别该文件所附的总运单号码并交给收货人。

国际航空运输协会1606号建议实施办法将 House Manifest 改称为 Security Manifest(安全清单)。分运单货物是集运人收运的,集运人必须保证货物的安全性。

(3)文件

货物在目的地报关及其他政府部门检查用的文件(如发票、装箱单、进出口许可证等),包括过境需要的文件,必须牢固地钉附在航空货运单的背面随同货物送往目的地。

被装入文件袋内的文件,必须封牢,在文件袋外面注明以下内容:

①"ATTACHED TO MAWB ____________ FOR CONSIGNEE"(适用于钉附在总运单上交给收货人的文件);或者

②"ATTACHED TO HAWB ____________ FOR CONSIGNEE"（适用于钉附在分运单上交给收货人的文件）；或者

③"ATTACHED TO AWB ____________ FOR CONSIGNEE（适用于单票货物直接钉附在航空公司的航空货运单上交给收货人的文件）。

（4）包装上的专用标记和号数

每一票货物的所有件数的外包装上必须按下面方法标写专用标记和号数（唛头）：

①在每一件货物的外包装上写上与发票、装箱单上相同的专用标记和号数（唛头）或者与航空货运单上相同的收货人名称，街道门牌号和城市名；或者

②只把这些资料写在一件（或者数件）货物的外包装上，在其他件数的外包装上写上已写在一件（或者数件）货物外包装上能识别货物的共同标记。

（5）包装

每一件货物的内容都必须进行妥善的包装。

对于对活体动物和湿货必须确保容器（包装）的设计和制作能够防止活体动物的粪尿和湿货的水在运输中发生泄漏的功能。活体动物的容器（包装）的设计和制作必须能够防止活体动物在运输中发生逃逸的功能。

危险品的包装必须符合国际民航组织《危险品航空安全运输技术细则》或者国际航协《危险品规则》的规定。

其他特种货物的特殊包装必须符合安全运输的操作的要求。

（6）货物识别标签和操作标贴

货物识别标签必须粘贴（挂）在货物的可见到的位置上。大件货物应当粘贴（挂）两张标签，分别在货物的两侧。旧的标签、标贴和标记、标志必须除去。危险品必须贴危险性标贴。危险品、活体动物、不可倒置、易碎货物和鲜活易腐货物等，应当粘贴（挂）相关的货物操作标贴。

（7）托运人危险品申报单

对于危险品，必须在航空货运单上至少附上一份 Shipper's Declaration for Dangerous Goods（托运人危险品申报单），见表 3-1。货物被分批运出的，每一批分批货物都必须附一份"托运人危险品申报单"。如果承运人接受集运货物中含有危险品的，托运人需要提供更多份数的"托运人危险品申报单"。

收运货物的承运人必须保存一份"托运人危险品申报单"。

（8）托运人活体动物证明书

对于活体动物，必须在航空货运单上至少附上一份 Shipper's Certification for Live Animal（托运人活体动物证明书），英文版见表 3-2 和表 3-3 中文译文见表 3-4 和表 3-5。收运货物的承运人必须保存一份"托运人活体动物证明书"。

（9）检验检疫和海关放行

出境货物必须向检验检疫机构和海关申报，在检验检疫机构和海关的放行后才可运出。

（10）安全检查

货物在送交承运人前必须接受安全检查部门对货物的安全检查或者承运人的必要检查。对于发现危害安全或者含有禁运物品或者物质的货物，承运人应当拒运。

托运人危险品申报单　　　　表 3-1

SHIPPER'S DECLARATION FOR DANGEROUS GOODS 托运人危险物品申报单

Shipper 托运人	Air Waybill No. 航空货运单号码 Page of Pages 第 页，共 页 Shipper's Reference Number(optional) 托运人编号（可选择）
Consignee 收货人	中国国际货运航空有限公司 AIR CHINA CARGO
Two completed and signed copies of this Declaration must be handed to the operator.须将两份填好并签字的申报单交给运营人。	
TRANSPORT DETAILS 运 输 说 明	WARNING 警 告 Failure to comply in all respects with the applicable Dangerous Goods Regulations may be in breach of the applicable law, subject to legal penalties. 未完全遵守适用的《危险物品规则》则可能会触犯有关法律，受到法律制裁。
This shipment is within the limitations prescribed for: (delete non-applicable)此货物限定于：（不适用的划掉） PASSENGER AND CARGO AIRCRAFT 客机和货机 / CARGO AIRCRAFT ONLY 仅限货机 Airport of Departure 始发站机场	
Airport of Destination 目的站机场	Shipment type:(delete non-applicable)货物种类：（不适用的划掉） NON-RADIOACTIVE 非放射性 / RADIOACTIVE 放射性

NATURE AND QUANTITY OF DANGEROUS GOODS 危险物品的种类和数量

Dangerous Goods Identification 危险物品识别				Quantity and type of packing 数量及包装类型	Packing Inst. 包装说明	Authorization 批准
UN or ID No UN或ID编号	Proper Shipping Name 运输专用名称	Class or Division (Subsidiary Risk) 类或项（次要危险性）	Packing Group 包装等级			

Additional Handling Information
附加操作说明

I hereby declare that the contents of this consignment are fully and accurately described above by the proper shipping name, and are classified, packaged, marked and labelled / placarded, and are in all respects in proper condition for transport according to applicable international and national governmental regulations. I declare that all of the applicable air transport requirements have been met. 我特此声明：上述运输专用名称完整、准确地表述了货物的内装物品并进行了分类、包装、标记、标签/挂签，且根据国际及国家的有关规定，各方面状态完好适于运输。我声明所有适用的空运要求均已符合。	Name/Title of signatory 签署者姓名/职务 Place and date 地点和日期 Signature 签字 （see warning above） （见上述警告）

FORM BG070/2007（29.7CM×21CM）

“托运人活体动物证明书”(英文)　　表 3-2

<table>
<tr><td colspan="3">× × Airlires　　Shipper's Certification for Live Animals
(to be completed in duplicate)
This is to certify that (check appropriate box)
☐ In addition to having completed all advance arrangements, this consignment is properly described and packed, and is in proper condition for carriage by air according to the current edition of the IATA Live Animals Regulations and all applicable carrier and governmental regulations. The animal (s) of this consignment is (are) in good health and condition.
☐ Animals taken from the wild for shipment have been appropriately acclimatized.
☐ This consignment includes species as described in the Convention on International Trade in Endangered Species of Wild Fauna and Flora (CITES). Applicable permits/certificates are attached to the air waybill.
☐ This consignment includes species as described in other applicable national legislation.
☐ In case of reptiles and amphibians, the animals contained in this shipment are healthy and they have been examined prior to shipment and are free of any apparent injury and readily recognizable diseases. They are also free of external parasitic infestation, including mites, ticks and leeches, that can readily be seen under normal lighting conditions.
The shipper accepts that carriers will not be liable for any loss, damage or expense arising from death due to natural causes, or death or injury of any animal caused by the conduct or acts of the live animal itself or of other animals, such as biting, kicking, goring or smothering, nor for that caused or contributed to by the conditions, nature or propensities of the animals. In no event will carrier be liable for death or injury to an animal attendant caused or contributed to by the condition, conduct or acts of animals.</td></tr>
<tr><td>Number of Package (s)</td><td>Specific Container Requirement Number (see IATA Live Animals Regulations)</td><td>Species (description and names-scientific and common) and Quantity of Animals</td></tr>
<tr><td></td><td></td><td></td></tr>
<tr><td></td><td></td><td></td></tr>
<tr><td></td><td></td><td></td></tr>
<tr><td></td><td></td><td></td></tr>
<tr><td></td><td></td><td></td></tr>
<tr><td colspan="2">Name and address of shipper ______________
____
Signature of shipper ______________
Date ____________(See reverse side for special condition)
Year/Month/Day</td><td>Shipper failure to comply in all respects with the applicable IATA Live Animals Regulations and any other international and/or national (arean) government regulations, may be in breach of applicable law and subject to legal penalties. (Refer to Chapter 1, Section 1.2)</td></tr>
<tr><td>Air Waybill No.</td><td>Airport of Departure</td><td>Airport of destination</td></tr>
</table>

托运人活体动物证明书(英文)(背面)　　表 3-3

<table>
<tr><td>SHIPPER'S RESPONSIBILITIES
Instructions for the shippers are given in Chapters 1,7, 8,9,10 and 11 of the IATA Live Animals Regulations. Before any package containing live animals is tendered for transport by air, the shipper must ensure that:
the animals being tendered for transportation are not prohibited by governments;
all the required export, import, and/or transit health certificates, licenses or permits, etc. are accompanying the shipment;
the animal shipments are properly classified, described, packed, marked and labeled;
the IATA Shipper's Certification for Live Animals has been properly completed in duplicate;
pregnant animals must not be tendered for transportation without official veterinary certificate certifying that the animals are fit to travel and that there is no risk of birth occurring during the entire journey;
(Note: Pregnant monkeys, nursing females with suckling young and unweaned animals are not accepted for air transport)
no animals are to be tendered for transportation having given birth in the last 48 hours before the start of the journey;
the animals have been properly prepared for transportation (see specific container requirements for further information);
the animal is not tranquilised without veterinary approval and supervision;
the consignee has been advised of the flight details in order to arrange immediate collection on arrival.
a 24-hour phone number that the air carrier can obtain instruction from the shipper or his agent in the event of an emergency, and such information is written on the Air Waybill.</td></tr>
</table>

托运人活体动物证明书(中文译文)　　表 3-4

托运人活体动物证明书

(需填写一式两份)

兹证明如下(在方格子内打✓):

□ 除了对本票货物运输的所有的事先安排已经办妥外,我们对本票货物的内容说明正确,包装确当,并符合国际航空运输协会现行版本规定的航空运输条件,也符合有关承运人和有关政符的规定。本票活动物健康、状况良好。

□ 从野外抓捕的动物现已经过了必要的适应环境变化的饲养期。

□ 本票货物包括在《濒危野生动植物种类国际贸易公约》(CITES)规定的濒危动物种类的范围之内,有关的许可证/证明书附上航空货运单上。

□ 本票货物包括在有关国家法律规定的动物种类的范围之内。

□ 如果本票货物中有爬虫和水陆两栖动物,它们是健康的,并且在交运前经过检查,无明显受伤也不容易传染能够辨认的疾病,它们的外部在正常的光线下不能看到诸如小虫、扁虫和水蛭的寄生害虫。

对于活体动物因自然原因死亡,任何动物本身或者其他活体动物的动作或者行为诸如撕咬、踢打、抵刺或者挤压窒息而造成的伤亡,活体动物本身的状况、本性或者习性造成或者促成的伤亡而造成的任何损失、损害或者费用的支出,承运人不承担责任。由于活体动物的状况、动作或者行为造成或者促成动物押运员的伤亡,承运人也不承担责任,对此,托运人予以接受。

包件数	特殊容器要求编号 (见国际航协动物规则)	种类(写明动物的名称-科学名称和普通名称)和动物的数量

托运人名称:____________________

地址:____________________

____

托运人签名:____________________

日期:____________________

年/月/日　　(请见背面特别条件)

托运人没有全面地遵守国际航协适用《活体动物规则》和任何其他国际和/或国家(地区)政府的规定,将会违反适用的法律并将受到法律的处罚。(见第一章 1.2 节)

航空货运单号码	始发地机场名称	目的地机场名称

托运人活体动物证明书(背面)　　表 3-5

托运人的责任

对于托动人的要求,请见国际航协《活体动物规则》第 1、7、8、9、10 第 11 章。托运人将动物交给航空公司承运以前,必须确保:

托运的动物不在政府禁止运输的种类范围之内;

所有的出口、进口和/或过境需要的健康证明、许可证等附在航空货运单上;

此票动物的分类、内容说明、包装、标记和标贴正确无误;

国际航协的"托运人活体动物证明书"正确填写,一式两份;

对于怀孕动物,如果没有提供兽医出具的正式证明,证明该动物适合空运,并证明在全程运输中不会出现分娩危险的,该动物不能交运;

(注:怀孕猴子、带着幼子喂奶的雌性动物和未断奶的动物,承运人不可以接受运输)

在启运前 48 小时内分娩的动物,不能交运;

此票动物已经准备妥当,可以运输(请参见"特殊容器要求",以获得更多的资料);

没有经过兽医的批准和监督,不得对动物注射镇静剂;

为使收货人在航班到达后及时提取,托运人已通知收货人关于货物运达的航班详细情况;

托运人或者其代理人的 24 小时联系电话填写在航空货运单上,以便于承运人在紧急的情况下得到托运人的指标。

11. 什么是特种货物？特种货物在包装等方面有何特别要求？

航空运输特种货物是指鲜活易腐货物、湿货（含有水或者会产生水的货物）、植物、车辆、超大、重件货物、贵重货物、活体动物和危险品等。

托运人托运特种货物之前，应当事先与承运人联系。承运人经过安排后，方可收运。

对于航空运输鲜活易腐货物、湿货、植物、车辆、超大货物、重件货物和贵重货物的包装有着特别要求。

具体货物要求如下：

（1）鲜活易腐货物

鲜活易腐货物是指包括水果、蔬菜、鲜肉类和一些需要低温保存的药品或者化学试剂等容易腐坏、变质或者衰变的货物。

托运人托运这类货物之前应当同承运人联系，订妥自始发地至目的地全部航程的舱位，并将储运注意事项通知承运人。承运人根据其运力及设施等方面的情况，决定是否收运鲜活易腐货物。

鲜活易腐货物应当订妥自始发地至目的地的全部航程的舱位后，才可以自始发地运出。

（2）湿货

湿货包括液体货物、活鱼、湿鲜花，以及在运输中会产生水的货物；在运输中会产生粪便和容器内的水槽中装有水的活体动物货物，也称为湿货。水特别是海水的泄漏流入货舱，对飞机的设施会产生腐蚀性；如果水流入电源，会造成短路，对飞行安全有危害性。因此，托运人必须确保湿货的包装不会发生水的泄漏。因自地面至空中气压的变化，盛装水的容器不能完全装满，必须留有空隙，以防止因容器的膨胀而破裂造成水的泄漏。容器的封口必须螺旋紧和密封，确保水不会泄漏。对于湿货，托运人必须在货物的包装箱的四周贴上“不可倒置”的标贴。

活鱼、鲜花和活体动物等湿货应当订妥自始发地至目的地的全部航程的舱位后，才可以自始发地运出。

（3）植物

植物货物是指树苗、盆景、花卉等。这类货物的进出口，需要检验检疫机构出具检验检疫证明。

植物货物应当订妥自始发地至目的地的全部航程的舱位后，才可以自始发地运出。

（4）车辆

车辆指汽车、摩托车、电瓶车、摩托雪车、喷气滑雪鞋等。这类货物因含有石油液化气、湿电池、汽油、柴油，属于第9类危险物品，必须按照国际民航组织《危险品航空安全运输技术细则》或者国际航协《危险品规则》办理。

车辆的运输可以不外加包装，但是为了安全运输，在轮子的下方必须安装木挡和托盘，以扩大车辆的接地面积和方便操作。

车辆货物应当尽量订妥自始发地至目的地的全部航程的舱位后，才可以自始发地运出。

（5）超大货物和外悬货物

①使用窄体飞机散装舱或者宽体飞机散装舱运输的货物，货物的尺寸不能超过所用的机型货舱的最大尺寸表。表3-6所示为窄体飞机B737—800前货舱货物最大尺寸表：

窄体飞机 **B737—800 前货舱直平装入式尺寸表**(单位:厘米)　　表 3-6

高 (Height)	宽(Width)									
	12	25	38	50	63	76	88	101	114	121
86	314	289	264	238	213	187	162	137	127	114
81	314	289	264	238	213	187	162	137	127	114
76	314	289	264	238	213	187	162	137	127	114
71	314	289	264	238	213	187	162	137	127	114
66	314	289	264	238	213	187	162	137	127	114
60	314	289	264	238	213	187	162	137	127	114
55	314	289	264	238	213	187	162	137	127	114
50	317	289	264	238	213	187	162	137	127	114
45	317	289	264	238	213	187	162	137	127	114
40	320	289	264	238	213	187	162	137	127	114
35	322	289	264	238	213	187	162	137	127	114
30	327	292	264	238	213	187	162	137	127	114
25	332	294	264	238	213	187	162	137	127	114
12	396	304	266	238	213	187	162	137	127	114

注:B737—800 型飞机的货舱可以将货物从前舱平直装入,但是对于 150 千克以上单件货物,各边尺寸应至少减少 5 厘米以上,以便于使用叉车操作。

窄体飞机 B737—800 前货舱斜装装入式最大尺寸表,见表 3-7。

窄体飞机 B737—800 前货舱斜装装入式尺寸表(单位:厘米)　　表 3-7

高 (Height)	宽(Width)									
	12	25	38	50	63	76	88	101	114	121
86	284	254	228	205	185	170	154	144	137	134
81	332	294	264	238	215	195	180	167	160	157
76	381	332	297	266	241	220	203	187	180	175
71	426	373	314	294	266	241	223	208	195	193
66	477	408	360	320	287	261	238	223	210	205
60	533	449	391	347	309	281	256	238	226	220
55	586	492	424	373	332	299	274	254	238	231
50	645	533	457	398	353	317	289	266	248	243
45	693	579	490	424	373	335	302	279	259	254
40	695	627	523	449	401	353	317	289	269	261
35	698	678	558	477	429	368	330	302	279	271
30	703	693	591	500	434	383	342	312	287	279
25	703	695	635	533	459	403	360	327	299	284
12	711	701	693	614	520	452	401	360	330	294

注:B737—800 前货舱适用重量轻的可以依靠人力搬动斜装装入的货物最大尺寸表。

②宽体飞机可以使用集装板装载货物，高度和形状限制在货物所要装入的货舱位置的许可高度和形状以内。

超大货物是指一件货物装在两块或者两块以上集装板上，或者因其尺寸或者重量，需要特别操作/设备进行装卸的货物。

外悬货物是指一件货物装一块或者多块集装板上，外悬到其他的板的位置上的货物。

常用飞机集装板尺寸：

a. 集装板代码 PAG 或者 P1P：

集装板的尺寸：223.5 厘米×317.5 厘米(88 英寸×125 英寸)。

货物高度和形状限制：

装宽体飞机下货舱的货物高度一般可为 160 厘米，不需要斜坡收口。

装 B747—200F 或者 B747—400F(全货机)主货舱的货物高度一般可为 242 厘米，不需要斜坡收口；也可装高到 297 厘米，但一般自 242 厘米的高度处需斜坡收口约 60 厘米。

因为集装板的四周有集装板货网的插轨，装货线一般应当自集装板的边缘往里面约 10 厘米，如果货物的尺寸超过了 213.5 厘米×307.5 厘米，因为挂货网的需要在货物的下方需铺垫垫材垫高约 15 厘米，因此货物的高度需相应减少约 15 厘米。

b. 集装板代码 PMC 或者 P6P：

集装板的尺寸：243.8 厘米×317.5 厘米(96 英寸×125 英寸)

货物高度和形状限制：

装宽体飞机下货舱的货物高度一般可为 160 厘米，不需要斜坡收口。

装 B747—200F 或者 B747—400F(全货机)主货舱的货物高度一般可为 242 厘米，不需要斜坡收口；也可装高到 297 厘米，但一般自 242 厘米的高度处需斜坡收口约 60 厘米。

因为集装板的四周有集装板货网的插轨，装货线一般应自集装板的边缘往里面约 10 厘米，如果货物的尺寸超过了 233.8 厘米×307.5 厘米，因为挂货网的需要在货物的下方需铺垫垫材垫高约 15 厘米，因此货物的高度需相应减少约 15 厘米。

c. 集装板代码：PGA 或者 P7E

集装板的尺寸：243.8 厘米×605.8 厘米(96 英寸×238.5 英寸)(20 英尺集装板)。

这种集装板只能在全货机 B747—200F、B747—400F 或者 M11F 的主货舱上使用，用于运输特别重和长的货物。一般情况下，货物的高度应不高于 238 厘米，如果货物的下方需要铺垫垫材的，货物的高度应减去垫材的厚度；货物的长度可以长于 606 厘米，但是航空公司需要进行特别安排后，才能收运。

d. 集装板代码：PRA 或 PMA

集装板的尺寸：243.8 厘米×497.8 厘米(96 英寸×196 英寸)(16 英尺集装板)

这种集装板只能在全货机 B747—200F、B747—400F 或者 M11F 的主货舱上使用，用于运输特别重和长的货物。一般情况下，货物的高度应不高于 238 厘米，如果货物的下方需要铺垫垫材的，货物的高度应减去垫材的厚度；货物的长度可以长于 498 厘米，但是航空公司需要进行特别安排后，才能收运。

超大货物和外悬货物应当订妥自始发地至目的地的全部航程的舱位后，才可以自始发地运出。

(6)重件货物

对于装入散装舱的货物，单件货物的重量 150 千克或者 150 千克以上的，就称为重件货物。对于使用集装设备运输的货物,重件货物或者特重件货物无统一的规定。但是,一般情况下,可以认为超过飞机货舱1平方米面积地板承载力的单件货物,就可以称为重件货物。有的航空公司规定单件货物重量超过1 600千克的,称为特重件货物。

单件货物重量150千克以上(含150千克)的,应固定在托盘上,托盘的下方应有合适的空间,或者在货物包装箱的底部安装加强托木,并留有合适的空间,以可以使用叉车进行操作。托盘或者托木以及货物的框架必须能够承受得了货物的重量。

如果货物的重量一头重一头轻的,应当在包装箱上和在航空货运单的"Handling Information"栏目内注明"ATTN: THE CENTRE OF GRAVITY OF THIS PIECE IS NOT BALANCED"(注意:货物两头的重量不一致)的字样,以引起操作人员的注意。

对于不可以使用叉车操作的货物,应当在货物上写上警示的字样,并写明必要的说明;在航空货运单的"Handling Information"栏内也应当这样做。

对于只能使用货物上的捆绑固定环进行捆绑固定的货物,应当在货物上写上警示的字样;捆绑固定环必须能够承受得了货物的重量,并应当在货物上写明该捆绑固定环的最大承受力和其他必要的说明;在航空货运单的"Handling Information"栏内也应当写明这些内容。

对于只能用吊起操作的货物,应当在货物上写上警示的字样。吊环必须能够承受得了货物的重量,并应当在货物上写明吊环的最大承受力和其他必要的说明;在航空货运单的"Handling Information"栏内也应当写明这些内容。

重件货物应当订妥自始发地至目的地的全部航程的舱位后,才可以自始发地运出。

(7)贵重货物

根据国际航协规定,贵重货物分为以下两类:

第一类,以托运人的声明价值确定。每千克对运输声明价值为1 000.00美元(或其等值)或者1 000.00美元以上的任何物品,定为贵重货物。

第二类,以货物的品名确定。以下物品定为贵重货物,不论其价值多少或者有无声明价值:

①黄金条或者块(包括已提炼和未提炼的),混合金,金币以及形状为粒、片、薄片、粉、海绵、丝、棒、管、环的黄金,金模制品和金铸件,白金及白金制品(如神像、铱、钌、锇和铑等)和形态为粒、海绵、条、块、片、棒、丝、薄纱、管和绳的白金合金(但不包括属于放射性同位素的上述金属和合金);

②银行现钞、旅行支票、证券、股票、股票券和邮票(不包括英国的新邮票)和随时可以使用的银行卡和/或信用卡;

③钻石(包括工业用的)、红宝石、绿宝石、蓝宝石、蛋宝石和珍珠(包括水珍珠);

④含有钻石、绿宝石、蓝宝石、蛋宝石和珍珠(包括水珍珠)的珠宝饰品;

⑤用银和/或黄金和/或白金制的珠宝饰品和手表;

⑥用黄金和/或白金制的物品(不包括用黄金和/或白金镀的)。

各航空公司对贵重货物的包装要求非常严格:

第一,贵重货物的包装箱必须牢固,必须进行蜡封或者铅封,并应具有包装箱被撬动或者松动时就能留下痕迹的要求;

第二,贵重货物包装箱的尺寸不宜过小,因为过小容易丢失。各航空公司对贵重货物包装箱尺寸有特别规定,一些航空公司规定在一般情况下,单件的体积不小于0.028 3立方米;对声明价值的金额也有特别规定,一般情况下,一票货物的声明价值不得超过100 000美元或者其等值。因此，托运人托运贵重货物前，应当向有关承运人了解。

第三，托运人托运贵重货物之前，应事先与有关航空公司联系。有关航空公司在进行必要的安排后（如落实订舱和安全措施等），才决定是否接受该贵重货物的运输。贵重货物应当订妥自始发地至目的地的全部航程的舱位后，才可以自始发地运出。

另外，一些虽然没有声明价值，也不属于贵重货物定义品名中的任何一种，但它们具有贵重和特殊用途的性质，容易被盗窃或者被破坏造成公共事件或者事故的货物，包括枪支、弹药、危险品的爆炸品、麻醉品、感染性物质和放射性物质、发票、航空公司或者其他单位没有用过的票证、货运单、机票等。这类货物称为易被盗窃的货物（或者称为易被伤害的货物）。托运人托运这类货物之前，应当同承运人联系。有关航空公司在进行必要的安排后（如落实订舱和安全措施等），才决定是否接受该货物的运输。这类货物应当订妥自始发地至目的地的全部航程的舱位后，才可以自始发地运出。

第四章　国际航空活体动物运输基础知识

1. 航空运输中造成活体动物死亡的原因是什么？如何防止发生活体动物的运输死亡事故？

航空运输中发生活体动物死亡主要是因货舱内或者运输活体动物的容器（包装）所占的空间的新鲜空气不足、运输活体动物的容器（包装）内装入的活体动物的数量过多、温度过高、航程过长、运输活体动物的容器（包装）的设计和制作不符合活体动物需要的环境、活体动物本身不适应空运的条件，以及承运人的操作过失等原因造成的。

狗、猫、兔子、鸟类、羊、猪、猴子等活体动物的运输需要货舱内或者容器（包装）所占的空间的新鲜空气。托运人托运此类活体动物时，需要注意以下事项：

（1）飞机货舱内的空气是否流动，温度能否控制

波音737系列和MD80、MD82等窄体客机的货舱空气不流通或者不完全流通。使用这种飞机货舱运输活体动物时，容器要尽量大，容器内活体动物装入的数量要尽量少。空气不流通、不能补充新鲜空气的飞机货舱，如果运输活体动物的容器很小，装入的活体动物的数量又比较多时，因缺少新鲜的空气，会造成活体动物的大量、甚至全部死亡。

例如，60只活鸟，每只体重0.15千克，假定活鸟每千克体重每小时耗氧为2 600毫升，使用窄体飞机不通气、不能补充新鲜空气的货舱自上海运往某地，需要2小时时间（自关舱门至飞机到达后开舱门的时间），这60只鸟需要0.62立方米的容积，如果分成3个笼子，每一个笼子的内容积应当为0.21立方米，每一个笼子只可以装入鸟20只活鸟。最好不要使用空气不流通的飞机运输耗氧量较大的活体动物。

使用空气能流动、温度能控制的飞机货舱（如A319、A321、A321客机的货舱）来装载活体动物，装载的数量可以比较多。

宽体飞机的下舱空气是流通、温度也是可以调节的（但比较缓慢），比较适合运输活体动物，装载的数量可以比较多。

宽体飞机的主货舱空气是流通、温度也是可以调节的，最适合运输活体动物，装载的数量可以更多。

（2）活体动物需要新鲜空气

托运人在活体动物启运前对活体动物进行了喂养后，一般情况下在运输途中不需要再进行喂养（除了在容器内需要的水槽中放入饮水外），因此，活体动物在运输中的需要是空气和适合的温度。

托运人托运活体动物时，除了应当考虑上述（1）的情况外，还应根据活体动物的耗氧量的多少来决定在一个容器内装入多少数量的活体动物。一般情况下，体重较大的活体动物，耗氧量比较大，应当使用空气能流通、能补充新鲜空气的货舱来运输。但需要注意的是，鸡雏虽然很小，其耗氧量却很大。

（3）飞行时间较长的航程对活体动物的运输要求

航段的飞行时间越长，使用空气不流通的飞机的货舱来装载活体动物，容器要尽量大，一

个容器内装入的活体动物的数量应当更少些。另外,该活体动物能否适合长时间的飞行,托运人应当了解。

(4)温度与运输活体动物的数量

航程中的温度高于22℃时,容器内装入的活体动物的数量应当减少。如果在一个容器(包装)内装入活体动物的数量比较多,温度又比较高时,可能会造成活体动物窒息或者死亡。

(5)一个容器(包装)内装入活体动物的数量要适当

一个容器(包装)内能装入多少数量的活体动物,除了需要考虑以上情况外,还要考虑活体动物的习性。

运输活体动物的容器的大小应当使活体动物在容器内有适当的活动空间,能够正常站立、转身、躺下(除少数种类外)和跳动。在一个容器内过多地装入活体动物的数量,不但因新鲜的空气不够会造成活体动物窒息或者死亡,也会因活体动物的相互挤压造成窒息或者死亡。

(6)容器(包装)需要出气孔

除某些活体动物外,活体动物的三边必须有出气孔(出气孔通常在容器侧面的上部),出气孔的面积应为容器四面面积的16%;对于野狗、狼、狐狸、野猫、豪猪、河狸和水豚,出气孔的面积应为容器四面面积的20%。一般情况下,出气孔的直径为2.5厘米,但应当使活体动物的鼻子和爪伸不出;如果通气孔较大的,应当附加金属网挡住。对于较大的活体动物,如猴子、狗、猫在容器的两侧下方也应有一行出气孔,以使废气可以从这些通气孔中排出,但此行通气孔不宜过低,因为如果过低,活体动物的粪便可能会从这些废气通气孔中泄漏出。

叭喇狗、哈巴狗和狮子狗等扁鼻子狗比较害怕空气稀少的环境,因此,容器的前面从上到下都应当是铁格栏格子口,使容器充分通气,以避免使活动物呼吸困难。这类活体动物适宜在2 000米以下高度的地方生活,因此使用空运比较容易发生死亡。

活体动物的容器的四边(至少两边)必须安装把手,以方便搬移,同时以隔开箱与箱之间的距离,以避免其他货物堵住活体动物容器的出气孔。

以上是保证活体动物运抵目的地不发生死亡的重要条件。

2. 活体动物的容器(包装)的外侧需要贴什么标贴和标写什么内容?

托运人必须在容器(包装)的外表使用英文(可附加中文)标写标记、标志和粘贴(或者制作)操作标贴:

(1)在活体动物的容器(包装)外表至少贴上一张"LIVE ANIMALS"(活体动物)的标贴(图4-1)。

(2)在活体动物的容器(包装)外表四侧各贴上一张"不可倒置"的标贴(图4-2)。

(3)对于实验活体动物,在活体动物的容器(包装)外表至少贴上一张"Laboratory Animals"(实验动物)标贴(图4-3)。

(4)在活体动物的容器(包装)外表写上活体动物的普通名称,括号注明科学名称。

(5)通过咬或者刺能使人中毒的有毒活体动物,在活体动物的容器(包装)外表用大写字写上"POISONOUS"(有毒)字样。

(6)通过咬或者爪能致伤人的活体动物,在活体动物的容器(包装)外表写上"THIS ANIMAL BITES"(请注意,此动物会咬伤人)字样。

(7)在活体动物的容器(包装)外表贴上或者写明对活体动物的喂养要求;

(8)使用镇静剂具有一定的危险性,如果对凶猛的活体动物需要使用镇静剂的情况下,必须在有关当局的监管下，由兽医或者被授权的人实施。如果对活体动物实施了镇静剂的，应当在容器的外侧贴上关于该活体动物的体重、所使用的镇静剂的普通名称、剂量和实施的时间和位置说明，同时也将这种说明附在航空货运单的背面；如果追加使用镇静剂的，应当将所使用的镇静剂的普通名称、剂量和实施的时间补充入以上记录。

图 4-1 "活体动物"标贴示意（白色底、绿色图像）

图 4-2 "不可倒置"标贴示意（白色底、黑色和红色两种图像）

图 4-3 "实验动物"标贴示意（白色底、红色图像）

（9）对于需要进出口许可证的活体动物，应当在容器（包装）的外侧贴上进出口和过境的许可证（副本）。

（10）在活体动物的容器（包装）外表写上收货和托运人的名称、地址和托运人 24 小时都可以联系上的应急电话号码。

3. 为什么活体动物在运输中会逃逸？

托运人对运输活体动物的容器（包装）的设计和制作不当，是活体动物在运输中发生逃逸的主要原因。

活体动物从饲养地或者从野外被抓来装入笼里、装上飞机、运往目的地，对它来说环境发生了巨大的变化，活体动物的天性对这种陌生的环境不适应，因为受到刺激而紧张和恐惧会产生巨大的反应，在装卸、搬运、入库操作和在飞行中，会尽力地撞击容器的周边或者扒、爪、噬咬容器的门、梁、柱或者缝隙处，极力地想往外逃。由于托运人的运输活体动物的容器的设计和制作的缺陷，有的只简单使用竹片、柳条钉成或者捆绑固定成的笼子，或者使用筐子作为运输活体动物的容器，这类容器很容易被活体动物撞开或者扒开、爪开、咬开，因此活体动物就逃逸了；或者在装卸、搬运、入库的正常操作中，因容器的不良，经不起运输的正常操作，造成容器的变形，加上活体动物的以上行为，就造成了活体动物的逃逸。

活体动物的逃逸会造成以下危害安全的事件：

（1）如果逃逸的活体动物进入机舱，会扒、爪、咬坏货舱内的电线或者其他设施，给安全飞行带来危害；

（2）蛇类等活体动物的逃逸危害性很大，如果蛇进入飞机的操作系统会卡住或者堵住这些操作系统，影响飞行员对飞机的操作；如果毒蛇进入客舱咬了旅客，会造成旅客的伤亡；

（3）如果逃逸的活体动物咬了货运工作人员或者其他人员，会造成人员的伤亡；

(4)如果逃逸的活体动物跑进机场停机坪或者跑道,有可能被飞机发动机的气流吸进飞机发动机舱,造成飞机发动机被损坏,航班不得不掉换飞机或者取消,给航空公司造成重大的损失;

(5)如果逃逸的活体动物进入飞机机舱,承运人必须采取措施抓到逃逸的活体动物;如果抓不到它,往往需要停场数日甚至几十日来寻找逃逸的动物,给承运人造成重大的损失。

根据1999年《蒙特利尔公约》第十八条第二款第(一)和第(二)项规定,对于因托运人的活体动物的容器(包装)的不良造成活体动物的逃逸而发生的事故,托运人应当承担责任,并应当赔偿承运人的损失和费用的支出。机场安全部门和承运人为了安全,对逃逸的活体动物进行捕杀,给托运人造成的损失,承运人不承担任何责任;因捕杀逃逸的活体动物产生的费用,托运人应当给予支付。

4. 为什么活体动物在运输中会发生自己伤害自己?

有的托运人使用钉子钉成的笼子,钉子往里钉,钉子的尖头露出在容器里的内侧;有的托运人使用铁丝捆绑固定箱子,铁丝的尖头露出在容器的内侧;有的托运人制作的容器的内侧留下了锋利的钩子或者尖头或者锋利的边角。活体动物从饲养地或者从野外被抓捕来装入笼里、装上飞机、运往目的地,对它来说环境发生了巨大的变化,活体动物的天性对这种陌生的环境不适应,因为受到刺激而紧张和恐惧会产生巨大的反应,在装卸、搬运、入库、操作和在飞行中,会尽力地撞击容器的周边或者扒、爪、噬咬容器的门、梁、柱或者缝隙处,极力地想往外逃,由于托运人用来运输活体动物的容器的内侧存在着上述等情况的缺陷,造成了活体动物在运输中因自己的行为伤害了自己,甚至死亡。

对于上述活体动物在运输中因自己的行为造成的伤亡,承运人不承担任何责任。

5. 运输活体动物的容器(包装)设计和制作是否必须保证活体动物在运输中产生的粪便和容器内水槽的水不得泄漏?

活体动物的粪便泄漏流入飞机的货舱,对飞机的机件具有比较强的腐蚀性,液体流入电源,会发生短路,给飞行安全带来危害,因此,防止活体动物的粪便和容器内水槽的水溢出容器外进入机舱是活体动物运输的重大问题,托运人和承运人都必须十分重视。

运输会排泄粪便的活体动物(如猪、牛、羊等)的容器必须具有防止液体泄漏的功能,容器的底部必须用两层以上比较厚、无破裂或者破洞的整块塑料布,加上能吸潮的材料(如锯末)来进行衬垫,以防止活体动物的粪便和水槽的水溢出容器外进入机舱,同时在容器的四周地板上安装能挡住水的泄漏的挡木,并拉高(15厘米以上)铺在地板上的塑料布,以挡住粪便和容器内水槽溢出的水泄漏出容器外面。

许多国家检疫规定,不可使用稻草、麦秆等作为铺垫物,因为这类物品需要检疫。

如果在装机时发现活体动物的容器已经发生水泄漏的,承运人应当拒绝运输,但应当通知托运人。

根据承运人采纳国际航协《货物运输条件》第11条第11.9款规定,因托运人货物包装的不良发生的液体泄漏损坏其他货物、行李或者邮包或者污染机舱的,托运人应当承担责任,并应当赔偿承运人的损失和费用的支出。

6. 水生活体动物的包装如何防止水的泄漏?

水生活体动物(如活鱼等)不需要货舱内的空气。

水生活体动物的包装方法是使用两个厚度0.09毫米以上的塑料袋,比较大的鱼应当为两个厚度0.15毫米或者两个厚度0.25毫米以上的塑料袋,将鱼装入2/3是氧气、1/3是水的内塑料袋内,使用往下缠绕(图4-4)或者烫压的方式进行封口(使用烫压的方式进行封口的,在运输途中就不可能进行再充氧);塑料袋的大小和水的多少应当使鱼能够自由地游动。在这个装了鱼的塑料袋外面再套一个(最好套两个)塑料袋,同样进行往下缠绕或者烫压的方式进行封口。对于有刺的鱼,在两个塑料袋之间应当使用多层纸相隔。

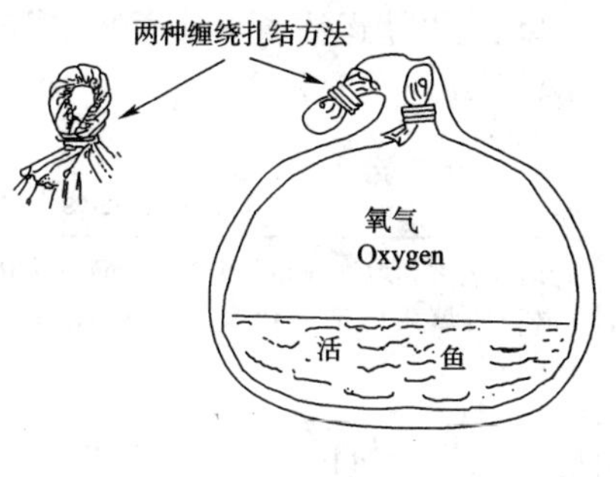

图4-4　活鱼内包装方法示意图

然后,将鱼装入外包装内。最好的外包装是专制的具有防止水泄漏的塑料泡沫箱,外加硬纸板箱,或者使用内壁具有防水泄漏的功能(如用塑料薄膜烫压或者使用蜡封的办法)的硬纸板箱。外包装的内侧不得有任何锋利的尖头或者锋利的边角,以防止划破塑料袋。外包装必须具有一定的强度,在数箱同种货物或者类似的其他货物重量堆压的情况下,包装箱也不会被损坏。外包装的封箱必须采取具有防止水泄漏的功能并确保包装箱不会意外被打开的封箱办法。包装箱的毛重以不超过18千克为宜。

水生活体动物在运输中对于飞机来说,最大的危害是水泄漏的问题,水特别是海水对飞机的机件具有一定的腐蚀性,如果水流入飞机的电源还会造成短路,给飞行安全带来危害。因此,水生活体动物的内外包装必须具有完全可靠的防水泄漏的功能,而且应当具有飞机飞到高空时不会因为气压的变化而使内包装的塑料袋破裂,最好使用多层塑料袋。不使用塑料袋作为内包装的水生活体动物容器的接缝处和封盖必须具有完全可靠的防水泄漏的功能。

7. 鲜活水生活体动物在运输中发生死亡是什么原因?

鲜活水生活体动物在运输中发生死亡的主要原因如下:

(1)内容器(如塑料袋)内的水太少;

(2)装入内容器(如塑料袋)的鱼过多;

(3)内容器(如塑料袋)内的氧气不足;

(4)温度过高;

(5)航程过长;

(6)包装不良,容器(如塑料袋)内的水泄漏;

(7)容器(包装)不适合水生活体动物的运输。

由于以上的原因造成水生活体动物在运输中的死亡,承运人不承担任何责任。但是,因承运人的过失而造成的水生动物的死亡的,承运人应当承担责任。

8. 托运人托运活体动物需要向承运人出具什么文件?

托运人必须填写英文的"托运人活体动物证明书"见第三章表3-2和表3-3,一式两份。使用英文填写,提供给承运人,一份由始发地承运货物的航空公司存查,另一份钉附在航空货运单的背面带往目的地。

9. 对活体动物的运输,托运人需要通知承运人哪些注意事项?

托运人应当将对活体动物的储运等注意事项通知承运人。托运人可以在托运书的"唛头、操作注意事项和附航空货运单文件”栏（见表4-1）内写明对活体动物的储运等注意事项，或者使用“储运注意事项通知单”的方式通知承运人。

× ×航空公司货物托运书 表4-1

× ×AIRLINES.

Shipper's Letter of Instructions for Issuing Air Waybill

<table>
<tr>
<td>托运人名称和地址 Shipper's Name and Address
（必要时填入电话和传真号码 Insert Tel. & Fax. No. if required）

（1）</td>
<td rowspan="3">请贵公司在收到货物时凭此托运书代替我们填制航空货运单，在航空货运单上以我们（我）的名义或代替我们（我）签名，并根据贵公司的合同条件发运货物。Your are hereby requested and authorised upon receipt of the consignment described herein to prepare and sign the Air Waybill in our (my) name or on our (my) behalf and dispatch the consignment in accordance with your Condition of Contract.
我们（我）保证：We (I) certify that:
□ 本票货物的内容与所填写的品名一致并符合航空运输安全要求。The content(s) of this consignment is(are) properly identified by name and meet the requirements of air carriage for safety.
□ 本票货物不属于危险货物，也不含有任何危险物品或物资。This shipment is not dangerous goods and does not contain any article or substance subject to the applicable dangerous regulations.
□本票货物属于危险货物，每件所装入的危险物品或物质的数量在适用的危险货物规则的限制以内。本票货物符合适用的危险货物规则规定的航空运输条件。This consignment contains dangerous goods. The dangerous article(s) or substance(s) contained in each package is(are) within the limitation of the applicable Dangerous Goods Regulations. This shipment is in proper condition for carriage by air according the applicable Dangerous Goods Regulations.
□ 本票货物中不含国家或国际适用的法律和政府规定禁止运输的任何物品和物资。This consignment does not contain any article or substance forbidden by applicable national and international laws and governments regulations.

托运人签名（盖章） （18）
Signature of Shipper

经办人 Agent:
Tel.
Fax.
日期 Date:</td>
</tr>
<tr>
<td>收货人名称和地址 Consignee's Name and Address
（必要时填入电话和传真号码 Insert Tel. & Fax. No. if required）

（2）</td>
</tr>
<tr>
<td rowspan="3">另请通知 Also Notify（必要时填入电话和传真号码 Insert Tel. & Fax. No. if required）

（3）</td>
</tr>
<tr>
<td>对运输声明价值 Declared Value for Carriage

（6）</td>
</tr>
<tr>
<td>对海关申报价值 Declared Value for Customs

（7）</td>
</tr>
</table>

续上表

<table>
<tr><td colspan="2">始发地机场 Airport of Departur
(4)</td><td colspan="2">目的地机场 Airport of Destination
(5)</td><td>要求预定舱位和运输路线 Space Booking and Routing Requested
(8)</td></tr>
<tr><td colspan="5">唛头、操作注意事项和附航空货运单文件 Marks and Numbers, Handling Information and Documents to be Attached to the Air Waybill
(9)</td></tr>
<tr><td colspan="2">件数和包装方式
No. of Pieces/Kind of Packing</td><td>毛重
Gross Weight (kg)</td><td>货物品名和数量
Nature and Quantity of Goods</td><td>尺寸或体积
Dimensions or Volume</td></tr>
<tr><td colspan="2">(10)</td><td>(11)</td><td>(12)</td><td>(13)</td></tr>
<tr><td colspan="2">运费付款方式(请写明其中一种)(14)
Weight/Valuation Charges(Specify one)</td><td colspan="2">始发地其他费用付款方式(请写明其中一种)(15)
Other Charges at Origin (Specify one)</td><td rowspan="4">其他事项
Other Information
(16)</td></tr>
<tr><td>预付 Prepaid</td><td>到付 Collect</td><td>预付 Prepaid</td><td>到付 Collect</td></tr>
<tr><td></td><td></td><td></td><td></td></tr>
<tr><td colspan="4">运价/运费 Rate/Charges (17)</td></tr>
</table>

货运单号码 Air Waybill No.:(19)　　制单日期 Date of Issuance:(20)　　制单人 Prepared by:(21)

10. 对活体动物的收运、装载和操作的注意事项是什么?

承运人应当注意的事项主要有:

(1)使用检查单进行检查

承运人收运活体动物货物时应当使用检查单见表4-2和表4-3对活体动物货物进行全面的检查,并决定是否可以收运。检查单一式两份,一份附在航空货运单的背面随同货物带往目的地,另一份由货物的收运处存查。

(2)装机时间、延误处理和卸机时间

承运人应当控制好将活体动物货物装上飞机的时间,即在活体动物货物被拖到停机坪时就立即装机,飞机也就不久滑出机坪起飞。如遇到飞机延误起飞时,应当推迟装机的时间。

活体动物装舱后,不要马上关舱门(除非机上的通风设备是开着),等到飞机确实要发动滑行前,才关上货舱门。

飞机延误起飞时应打开货舱门。

飞机到达目的站机场时,应当尽早打开货舱门让活体动物先适用地面的温度,然后将活体货物优先卸下。

(3)中途站的措施

飞机在中途经停站降落后应打开货舱门。

如发生飞机在中途站延误,遇气温达到活体动物的极限温度时应当使用地面设备对货舱内的空气进行调节,或者将活体动物货物卸下放在凉爽的地方,起飞前再重新装机。

如果发生飞机在中途站过夜时,中途站应当将活体动物货物卸下放在仓库凉爽的地方,并按照托运人或者收货人意见处理,飞机重新起飞前再重新装机。

(4)停机坪停留时间

不可长时间将活体动物货物放在停机坪受太阳暴晒、受雨淋或者被大风吹,因为这样做对于活体动物来说是致命的。

× ×Airlines Cargo Live Animal Acceptance Check List

表 4-2

Air Waybill No:____________________ Origin ____________________ Destination ____________________

Note 1. Prepare form in duplicate.

2. If goods are rejected, hand the original of this form to the Duty Officer and show the shipper's and agent's name below.
3. Never reject a shipment until all items have been checked.
4. If goods are accepted, attach the original of this form to the air waybill. The duplicate must be placed on the appropriate file.
5. Answer "not applicable" only where an "N/A" box is provided.
6. If any question is answered "NO", do not accept the shipment and give the duplicate copy of this form back to the shipper or agent together with the consignment

General Acceptance

	Yes	N/A	No
1. Have advance arrangements/bookings been made with all the carriers participating in the carriage of the live animals?	☐		☐
2. When laboratory animals, such as monkeys, which may carry diseases communicable to human are being shipped, has the carrier(s) been advised in order to make the necessary arrangements?	☐	☐	☐
3. Have advance arrangements been made at the airport of destination, i.e. for quarantine and delivery?	☐		☐
4. In the event of attendants accompanying the animals(s), have advance arrangements been made with all the carriers concerned?	☐	☐	☐
5. Does the shipment comply with current regulations in force at transit stations?	☐		☐
6. Where applicable, have carrier/governmental exceptions been complied with?	☐	☐	☐
Air Waybill			
7. Are the live animals the only entries on the air wavbill?	☐		☐
8. Are all flight numbers for which bookings are held for entire routing indicated?	☐		☐
9. Is the quantity of animals in the consignment, as well as their common names, which must as far as possible correspond with that listed in the IATA Live Animals Regulations, shown in the "Nature and quantity of goods" box?	☐	☐	☐
10. Are all relevant permits, including CITES where necessary, licences and certificates required for export, transshipment and import, securely attached to the air waybill and copies of those required affixed to the container?	☐	☐	☐

Shipper's Certificate

	Yes	N/A	No
11. Is it completd in full and in duplicate?	☐		☐
12. Does the description and quantity of animals agree with the information on the air waybill?	☐		☐
13. Is it signed by the shipper or his authorized agent? (Check that this is not an IATA cargo agent, consolidator, forwarder or indirect carrier)	☐		☐

Container

	Yes	N/A	No
14. Does it comply with specific container requirements as detailed in the IATA Live Animals Regulations?			
(a) Is the size suitable for the particular type of animals?	☐		☐
(b) Does it provide for sufficient ventilations?	☐		☐
(c) Is the construction adequate?	☐		☐
(d) Does it contain adequate handholds/lifting devices to facilitate handling and to prevent the handler from coming into close proximity of the animal(s)?	☐		☐
(e) Is it leak and escape proof?	☐		☐
(f) Is the container clean?	☐		☐
(g) Does it contain sufficient absorbent material (Check that is not straw, as some countries (areas) prohibit the importation of straw)	☐		☐
(h) Does the container have suitable feeding/watering facilities?	☐	☐	☐

Labeling and Marking

	Yes	N/A	No
15. Is the consignee's name, street and city address as per air waybill, and a 24 hour contact phone number shown on each container?	☐		☐
16. Is the correct number "Live Animals" and "This Way Up" labels attached to each container?	☐		☐
17. Has each "Live Animals" label been completed, i.e. reflecting the correct contents?	☐		☐
18. For live animals which can inflict a poisonous bite or sting, is the container marked in bold letters "POISONOUS"?	☐	☐	☐
19. For Specific Pathogen Free (SPF) animals for laboratory use, are "Laboratory Animals" and "This Way Up" labels attached to each container?	☐	☐	☐
20. When the animal has been tranquillized, have details been affixed to the container, i.e. time given, type of sedation, dosage and estimated duration?	☐	☐	☐

Feeding and Watering

	Yes	N/A	No
21. If it is required that the animals (s)must be fed/watered en route, have arrangements been made by the shipper/carrier with the other carriers/personnel downline?	☐	☐	☐
22. Are feeding instruction affixed to the container and are supplies (if required) attached to the outer top side of the container?	☐	☐	☐
23. Food or bedding (if provided) for the animals(s) is in accordance with the regulations of the country(ies) (area's) of transit or importation?	☐	☐	☐

Comments: ______________________________

Checked by: ______________________________

Signature Date Time:

____

Name (Block Letters) At (Station)

Shipper:	Agent:

活体动物收运检查单(中文)

表4-3

航空货运单号码____________始发地____________目的地____________

注:1.此单需准备一式两份。

2.如果拒收货物,在下面的格子内填入托运人和代理人的名称,然后将此单的正本送给值班经理。

3.对各个项目没有检查清楚以前,不要拒收货物。

4.如果接受货物,应将此单的正本附在航空货运单的背面带往目的地,另一份由货物收运处存查。

5.对于不适用的,在N/A下方的格子内打勾表示。

6.只要对任何一个问题的回答是"No"的,则不可以接受该活体动物货物,但应当立即通知托运人或其代理人,并将一份检查单副本连同货物交给托运人或其代理人。

接受货物总条件

	Yes	N/A	No
1.事先安排/定舱与所有承运活体动物货物的航空公司是否已经落实?	□		□
2.对于实验动物,如猴子会给人类传染疾病的动物,承运人是否得到了通知应采取必要的措施?	□	□	□
3.在目的站的事先安排是否已安排妥,如检疫机构等部门的检疫和货物交付安排?	□		□
4.如果有押运员押运动物货物的,与所有的承运人的事先安排是否已经安排妥?	□	□	□
5.这票货物符合转运站现行的规定吗?	□		□
6.如果存在着承运人和政府的特别规定的,这些规定是否遵守了?	□	□	□

航空货运单

	Yes	N/A	No
7.航空货运单填写是否只有活体动物?	□		□
8.在航空货运单上是否打明订妥了全航程各航段舱位的承运人和航班号?	□		□
9.在航空货运单的货物品名和数量的栏目内是否已经打明了动物的数量和打明了与国际航协《活体动物规则》所列尽可能一致的普通名称?	□	□	□
10.有关进出口、过境需要的许可证及证明包括濒危野生种类动物进出口许可证是否已牢固地钉附在航空货运单的背面?这些文件是否也已贴一份副本在容器(包装)的外侧?	□	□	□

托运人证明书

	Yes	N/A	No
11."托运人活体动物证明书"是否填写全面和正确?是否是一式两份?	□		□
12.动物的名称和数量与航空货运单上所填写的是否一样?	□		□
13.托运人或其授权的代理人是否已在"托运人活体动物证明书"上签名?(这个代理人不可以是国际航协货运代理人、集运人、货运公司或间接承运人)	□		□

容器

14.容器与国际航协《活体动物规则》中的特殊容器要求的相关编号的详细说明是否一致?

	Yes	N/A	No
(a)容器的大小是否适合要装入的动物?	□		□
(b)容器有足够的通气孔吗?	□		□
(c)容器的设计和制作合适吗?	□		□
(d)为了方便操作和避免操作人员紧密与动物接触,容器安装了手把和可供叉车操作的装置吗?	□		□
(e)容器具有防泄漏和防逃逸的功能吗?	□		□
(f)容器干净吗?	□		□
(g)容器的地板上铺上了足够的吸潮材料吗?(这些吸潮材料不可以是稻草和麦秆,因为一些国家(地区)禁止稻草和麦秆的进口)	□		□
(h)容器内有合适的饲料和/饮水设施吗?	□	□	□

标贴和标记

	Yes	N/A	No
15.与航空货运单上相同的收货人的名称、街名和城市名,以及托运人24小时可以联系上的电话号码写在每一件货物的外包装上了吗?	□		□
16.有足够数量的"活体动物"和"不可倒置"的标贴贴在每一件货物的外包装上了吗?	□		□
17.贴在货物外包装上的"活体动物"标贴上写上了动物的内容了吗?	□		□
18.动物通过咬或刺使人中毒的动物,在货物的外包装上使用正楷字清楚地写上了"POISONOUS"(有毒)的字吗?	□	□	□
19.对用于实验用的无病原体的动物,"实验活体动物"和"不可倒置"的标贴贴在货物外包装上了吗?	□	□	□
20.对于注射了镇静剂的动物,在货物的外包装上贴上了注射镇静剂的说明吗?注射的时间、镇静剂的种类、剂量及药物作用持久的时间写上了吗?	□	□	□

喂食和喂水

	Yes	N/A	No
21.如果动物在运输中必须喂料/水的,托运人/接受货物的承运人事先通知了沿途各站的承运人/工作人员了?	□	□	□
22.对动物喂料的说明贴在货物外包装上了吗?对于需要备份饲料的,备份的饲料附在容器外面的上面了吗?	□	□	□
23.动物的饲料和容器内的铺垫物符合了货物转运地和目的地国家(地区)的规定吗?	□	□	□

意见:____________________

检查人:____________________

签名　日期　时间

____

姓名(正楷)　站名

托运人名称:	代理人名称:

(5)仓库与停机坪之间的运输

将活体动物货物拖往停机坪装机或者卸机后拖往仓库或者在路上运输时，如遇寒冷的天气或者风力比较大或者下大雨时，应当在活体动物的容器(包装)上盖上毛毯或者其他适当的物品加以避寒、避风和避雨，但应当注意如果长时间或者很紧密地罩盖着以上物品会造成活体动物窒息。

(6)装板基本要求

将活体动物货物装入集装板时，要注意平放，不得斜放，因为斜放会使动物站立失去平衡，容易得病或者死亡。每一层堆放高度5~6件，可以通过放置有强度的隔层板的办法来增加堆高高度，行与行之间应使用隔行板隔开10厘米。隔层板和隔行板由两层的瓦楞纸板制成，每隔5厘米之间应有一个5厘米的通气孔，以保持空气能流通。如果动物装在普通货物的上面的，应在普通货物的上面铺放塑料布，以避免动物的粪便污染其他货物。

活体动物不可以被装入集装箱内，除了鱼类及只需要很少新鲜空气的活体动物外。

(7)装舱和仓储需要注意的事项

a. 承运人货运人员应当查阅所要装载活体动物飞机的装载手册，确定哪一个舱适宜装载活体动物和装入的数量限制，特别要注意窄体飞机腹舱的装舱要求。

b. 活体动物(除密封包装的鱼类外)不可以与食品装在在一起或者存放在一起，以避免使食品受污染，除非是装在不同的封闭的集装箱内。

c. 活体动物(除密封包装的鱼类外)不可以与有毒和感染性物质装在同一个货舱内或者存放在一起，除非装入不同且紧密关闭门的集装箱内，并活体动物与有毒和感染性物质不得靠近装在一起或者放在一起。

d. 天然为敌的活体动物如老鼠和猫或者猫和狗不可以装在同一个货舱内或者存放在一起。

e. 实验活体动物应当与其他活体动物分开，以避免产生相互传染或者感染。

f. 活体动物不可以与干冰(固体二氧化碳)或者货物中含有干冰(保冷用)的货物装在一起或者存放在一起。干冰所挥发的气体重于空气往下流，因此活体动物应装在干冰货物的上部。

g. 不同大陆的猴子不可以装在同一块集装板内，不可以装入同一个货舱内，不可以存放在一起，不同种类的猴子不可以被装入同一个笼内。

h. 有一些猴子和鹦鹉对人会传染某种疾病，因此人员不可以与猴子和鹦鹉进行实际接触，并应采取预防措施，以免受感染。猴子和鹦鹉容器的出气孔必须用薄纱布挡住，以防止猴子和鹦鹉的唾沫、呼出的气或者其他脏物喷出感染给人。

i. 活体动物不可以与深冷的液体如氢或者氮货物装在一起或者存放在一起。

j. 活体动物不可以与灵柩装在一起或者存放在一起。

k. 活体动物与贴有放射性物质RADIOACTIVE Ⅱ或者RADIOACTIVE Ⅲ标贴(RRY代码)的，应保持的距离如下：

①飞行时间24小时或者24小时以内的，0.5米以上；

②飞行时间24小时以上的，1.0米以上。

l. 不可以将活体动物装在货舱的通风出口，因为大风对活体动物来说将是致命的。

m. 容易掉绒毛的小鸟，不适宜装窄体飞机腹舱，因为小鸟掉落的的绒毛会飘飞进入货舱的烟雾探测器造成烟火报警，使机组认为货舱失火而紧急返航。小鸟的装机不得靠近货舱的通气出口，且离开烟雾探测器尽量远些。

n. 不可以使活体动物的容器通气孔被其他货物堵住，如舱位容许应当尽量与其他货物隔开一些距离，还应采取措施（如进行必要的捆扎）防止活体动物容器倒下或者其他货物倒下损坏活体动物的容器或者堵住活体动物容器的出气孔。

o. 活体动物的容器应正放，不可斜放，因为斜放会使活体动物失去平衡，使活体动物感到不舒适，增加体力消耗，容易造成得病或者死亡。

p. 最好不要将活体动物直接装在其他货物之上，如需要这样做时，应当在其他货物的上面铺盖塑料布和吸湿材料，以防止活体动物的粪便泄漏污染其他货物，不可将活体动物货物装在其他重件货物的下面。

q. 不可以用使用塑料薄膜紧密地包盖住活体动物的容器，除鱼类货物外。

r. 活体动物属于湿货，为了防止活体动物的排泄物泄漏而腐蚀飞机货舱，应当在飞机货舱的地板上铺放完整的塑料薄膜和吸潮物质，如鸡雏等小动物和不可能产生粪便泄漏的活体动物除外。

（8）通知机长

承运人必须使用“特种货物通知机长单”将装上飞机的活体动物货物的情况通知机长，要求机长注意货舱的通气和温度的调节。

（9）通知目的站和中途站

承运人始发站应当将活体动物货物的装舱、数量及需要注意的事项通知目的站和中途站。

（10）通知收货人提取货物

承运人的目的站应当尽早通知收货人提取货物。

11. 填写活体动物的航空货运单有特别要求吗？

活体动物不可以与其他商品同列在同一份航空货运单上。

活体动物货物的运费，按照适应的计费重量和适用的活体动物运价计算运费。容器（包装）和活体动物的体重以及容器（包装）内的饲料和活体动物的饮水等物品（即整个容器（包装）的毛重）作为计费重量使用适用的运价计算运费。

航空公司不接受活体动物货物的集运，除非整份总运单货物都是活体动物。

在活体动物货物航空货运单的“Handling Information”栏目内填入所附运单的文件和操作注意事项以及托运人 24 小时可以联系上的应急电话号码，在“Nature and Quantity of Goods”栏目内填写活体动物的数量和普通名称，以及货物的尺寸或者体积。

例：6 条活狗的航空货运单填写，要求填写人用英文大写进行填写，见表 4-4。

以下填写表示此票货物的运价为 N 的运价（45 千克以下基准普通货物运价），货物 3 件，每一件的体积为 50 厘米 ×65 厘米 ×50 厘米，体积重量为 81.5 千克，在“Nature and Quantity of Goods”栏目内填写 6 条活狗字样。

表 4-4

Handling Information
CERTIFICATE OF HEALTH AND ORIGIN ATTACHED
SHIPPER'S CERTIFICATE FOR LIVE ANIMALS ATTACHED
INVOICES AND PACKING LISTS ATTACHED
FEED FRESH WATER AT TRANSIT STATION
24 HOUR CONTACT PHONE NO. +86 21 5555 5555 ATTN MR WANG

SCI

No. of Pieces RCP	Gross Weight	K G L B	Rate Class	Commodity Item No.	Chargeable Weight	Rate / Charge	Total	Nature and Quantity of Goods (Incl. Dimensions or Volume)
3	55.0	K	S	N100	81.5	34.15	2783.23	6 LIVE DOGS DIMS 50 × 65 × 50 CM × 3

第五章　国际航空危险品运输基础知识

1. 什么是危险品?

危险品是指在航空运输中,可能对健康、安全或者财物造成明显危害的物品或者物质。

2. 国际航空危险品货物运输分为几类?

根据《国际民用航空公约》附加 18 和国际民航组织《危险品航空安全运输技术细则》规定,国际航空危险品运输分为 9 类,它们是:

第 1 类　爆炸品

爆炸品下分 1.1、1.2、1.3、1.4、1.5 和 1.6 六个项。

爆炸品分为 A、B、C、D、E、F、G、H、J、K、L、N 和 S 13 个配装组。不相同配装组的爆炸品不可以装在一起运输,但 C、D、E 之间可以装在一起,S 配装组可以与其他配装组装在一起(不包括 A 和 L),N 配装组不可以与其他配装组装在一起,但不包括 S(见国际航协《危险货物规则》第 3 章 3.1. A 表、第 9 章 9.3. A 表和 9.3.2.2 节)。

在国际航空货物运输中,爆炸品 1.1、1.2、1.4F、1.5D 和 1.6N 配装组是禁运的;1.3 的大多数配装组危险性物品或者物质也是禁运的,只有少量属于 1.3C 和 1.3G 配装组的物品或者物质可以在货机上运输,但较多的航空公司不接受 1.3 任何配装组的物品或者物资的运输;1.4S配装组的物品或者物资可以在客机和货机的航班上运输,其他 1.4 各个配装组的物品或者物资只可在货机上运输,有的还是禁运的。

第 2 类　气体(包括压缩、液化、冷冻液化和加压溶解气体)

气体分为 2.1、2.2 和 2.3 三个项:

2.1 项　易燃气体

2.2 项　非易燃、无毒气体

2.3 项　毒性气体

第 3 类　易燃液体

易燃液体(包括易燃的黏稠物资)的种类不少,如汽油、煤油、油漆、乙醇、苯等。

第 3 类危险品没有项。

第 4 类　易燃固体;易自燃物质;遇水释放易燃气体的物质

第 4 类　危险品分为 4.1、4.2 和 4.3 三个项:

4.1 项　易燃固体

4.2 项　易自燃物质

4.3 项　遇水放出易燃气体的物质

第 5 类　氧化性物质和有机过氧化物

第 5 类　危险品分为以下两个项:

5.1 项　氧化性物质

5.2 项　有机过氧化物

第 6 类　毒性物质和感染性物质

第 6 类　危险品分为以下两个小类：

6.1 项　毒性物质

6.1 项　感染性物质

第 7 类　放射性物质

第 8 类　腐蚀性物质

第 8 类危险品没有项。

第 9 类　杂项危险物质和物品。

第 9 类危险品没有项。

第 9 类危险品是指上述 8 类危险品以外，在运输中具有危险性的物品或者物质，它们包括车辆、磁性物品、干冰等。

3. 国际航空危险品运输的包装分为几级?

国际航空危险品运输的包装按照其危险性分为以下三个包装等级：

一级包装　危险性较大。

二级包装　危险性中等。

三级包装　危险性较小。

但是，放射性物品的Ⅰ、Ⅱ和Ⅲ包装与上述的概念相反。放射性物品Ⅰ级包装的辐射水平最弱，Ⅱ级包装的辐射水平比Ⅰ级包装的强但比Ⅲ包装的弱，Ⅲ包装放射性物品的辐射水平最强，放射危险性最大。

4. 国际航空危险品运输的法律法规是什么?

《国际民用航空公约》附件 18 是管理国际航空危险品运输的国际法律，该附件所指定的国际民航组织出版物《危险品航空安全运输技术细则》(TI)是执行《国际民用航空公约》附件 18 的具体规则。

国际航协于每年 1 月份出版的《危险品规则》(DGR)不但包括了国际民航组织《危险品航空安全运输技术细则》的全部规定，而且增加了比《危险品航空安全运输技术细则》更加严格的规定。

在国际危险品的收运和操作中，必须使用国际民航组织《危险品航空安全运输技术细则》，也可以使用国际航协《危险品规则》。

5. 各个国家(地区)关于航空危险品运输的法律法规有哪些?

各个国家(地区)都制定了管理航空危险品运输的法律法规。在我国来说，承运人、托运人、收货人和代理在办理危险品的进出口和储运中必须遵守以下法律法规：

《中华人民共和国安全生产法》(2002.11.1)

《中华人民共和国治安管理处罚法》(2006.3.1)

《中华人民共和国枪支管理法》(1996.10.1)

《中华人民共和国消防法》(1998.9.1)

《中华人民共和国放射性污染防治法》(2003.10.1)

《中华人民共和国固体废物污染环境防治法》(2005.4.1)

《中华人民共和国突发事件应对法》(2007.11.1)

《中华人民共和国危险化学品管理条例》(2002.3.15)

《中华人民共和国民用爆炸品安全管理条例》(2006.9.1)

《中华人民共和国医疗废物管理条例》(2003.6.16)

《中华人民共和国麻醉药品和精神药品管理条例》(2005.11.1)

《中华人民共和国烟花爆竹安全管理条例》(2006.1.21)

《中华人民共和国监控化学品管理条例》(1995.12.27)

《中华人民共和国易制毒化学品管理条例》(2005.11.1)

《国家经济贸易委员会危险化学品登记管理办法》(2002.11.15)

《国家经济贸易委员会危险化学品经营许可证管理办法》

《国家经济贸易委员会危险化学品包装物、容器定点生产管理办法》(2002.11.15)

《食品药品监督管理局、铁道部、交通部、民航总局麻醉药品和精神药品运输管理办法》(2005.11.8)

《公安部易制化学品购销和运输管理办法》(2006.10.1)

《国家环境保护局、海关总署和对外贸易经济合作部化学品首次进口及有毒化学品进出口环境管理规定》(1994.5.1)

《卫生部、公安部放射性事故管理规定》(2001.8.26)

《卫生部职业病危害事故调查处理办法》(2002.5.1)

《国家商检局出口运输包装检验管理办理(试行)》(1991.1.1)

《卫生部可感染人类的高致病性病原微生物菌(毒)种或样本运输管理规定》(2006.2.1)

《国家安全生产监督管理局危险化学品事故应急救援预案编制导则(单位版》(1999.10.1)

《放射性同位素与射线装置放射防护条例》

《卫生部人间传染的病原微生物名录》

《中国民用航空危险品运输管理规定》

其他适用的法律法规和政府规定。

6.航空运输危险品安全是否有保证?托运人的责任是什么?

(1)航空运输危险品因受航空运输条件的限制,如从地面至高空和从高空至地面气压、温度的变化,从寒带地区至热带地区和从热带地区至寒带地区温度的变化,以及在空中发生事故时难以或者无法处理等特殊情况,从危险物品、物质的品名、性质、数量和包装(内外包装)和操作要求等方面作出了比地面和海上运输危险品更为严格的规定。只要航空运输危险品在内外包装(包括包装的种类及材料)、包装方式及办法、每一内外包装件所装入的危险物品或者物资的数量、包装等级、标记标志、操作、储运及其他方面,全面地执行国际民航组织《危险品航空安全运输技术细则》或者国际航协《危险品规则》的规定,航空运输危险品的安全是完全有保证的。

(2)托运人的责任

①全面执行地国际民航组织《危险品航空安全运输技术细则》或者国际航协《危险品规则》的规定。

②严格遵守民航总局及其他政府主管部门关于航空运输危险物品或者物质的管理规定。

③确保所有办理托运危险品手续和签署危险品航空运输文件的人员是接受过民航总局批

准的机构的培训,并经过考试合格的持证人员。如果没有这种人员的情况下,应通过民航总局批准的代理机构办理。

④保证所托运的危险物品或者物质不是属于禁止使用航空运输的危险物品或者物质。

⑤根据国际民航组织《危险品航空安全运输技术细则》第3部分第2章3.1表或者国际航协《危险货物规则》第4章4.2节的规定正确地选用"运输专用名称"。

⑥按照国际民航组织《危险品航空安全运输技术细则》第4部分第1章和第3章或者国际航协《危险货物规则》第5章5.0节关于危险物品或者物质的一般包装规定、5.1节包装特别规定和第10章的规定正确地选用合格的包装材料、容器和衬垫物,正确地组包货物,正确地封口和封箱。内外包装必须符合上述规定,以保证货物在正常操作中不发生包装损坏或者内容泄漏、爆炸、燃烧、中毒、腐蚀、污染或者放射性辐射等伤害事件或者事故;正确地标写"运输专用名称"、UN标记、收货人和托运人名称和地址等内容;正确地贴危险性标贴和操作标贴;正确地填写和签名"托运人危险品申报单"。

⑦确保货物的内包装内所装入的危险物品或者物质的数量不超过国际民航组织《危险品航空安全运输技术细则》或者《国际航协危规》在上述⑥所述章节中规定的数量的限制。

⑧如果集运货物中包含有危险品的,托运人和集运人都必须遵守以上各项规定,每一份分运单的危险品都必须提供"托运人危险品申报单"。集运人将集运货物交给承运人时,必须将危险品货物与非危险品货物分开。承运人是否接受集运货物中含有危险品的,由其自行决定。

⑨根据民航总局《中国民用航空危险品运输管理规定》规定,托运人应当将托运危险品货物的文件如"托运人危险品申报单"、航空货运单、向检验检疫机构申报的文件和"货物运输条件鉴定书"等至少保存12个月。

7. 未遵守国际民航组织《危险品航空安全运输技术细则》或者国际航协《危险品规则》的规定,或者谎报、匿报货物品名、性质,有哪些危害性?

未遵守国际民航组织《危险品航空安全运输技术细则》或者国际航协《危险品规则》的规定,或者谎报、匿报货物品名、性质,或者将危险物品或者物质作为普通货物运输,随时都有可发生危险品爆炸、燃烧、中毒、腐蚀、放射性辐射或者污染、受感染的事故,甚至发生机毁人亡的特大事故。因托运人、货主和收货人的货物造成另一票货物或者承运人的财物的毁灭或者损坏,对承运人的工作人员、机组和旅客造成的伤害的,根据我国相关法律法规,托运人、货主和收货人必须承担责任。

2000年某月某托运人将数十桶属于第8类腐蚀性品的草酰氯(液体),申报为普通货物8－羟基喹啉(固体粉末)托运。草酰氯是具很强的腐蚀性液体,且刺激味很强、有毒、泄漏时发烟无颜色,具有很强的危险性。因货物在运输途中发生大量泄漏,造成严重腐蚀飞机,法院判决托运人赔偿索赔人6 500多万美元和相应的利息,这种教训极为深刻。

8. "托运人危险品申报单"是何种文件?

"托运人危险品申报单"(见表5-1)是托运人向承运人出具的其所托运的危险物品或者物质的内容、数量、内外包装正确性的保证书,是托运人必须承担法律责任的重要文件。托运人必须全面地执行国际民航组织《危险品航空安全运输技术细则》或者国际航协《危险品规则》的规定。

SHIPPER'S DECLARATION FOR DANGEROUS GOODS 托运人危险物品申报单 表 5-1

Shipper 托运人	Air Waybill No. 航空货运单号码 Page of Pages 第 页，共 页 Shipper's Reference Number(optional) 托运人编号（可选择）
Consignee 收货人	中国国际货运航空有限公司 AIR CHINA CARGO
Two completed and signed copies of this Declaration must be handed to the operator.须将两份填好并签字的申报单交给运营人。	

TRANSPORT DETAILS 运 输 说 明

This shipment is within the limitations prescribed for: (delete non-applicable)此货物限定于：（不适用的划掉）

PASSENGER AND CARGO AIRCRAFT 客机和货机	CARGO AIRCRAFT ONLY 仅限货机

Airport of Departure 始发站机场

WARNING 警 告

Failure to comply in all respects with the applicable Dangerous Goods Regulations may be in breach of the applicable law, subject to legal penalties.

未完全遵守适用的《危险物品规则》则可能会触犯有关法律，受到法律制裁。

Airport of Destination 目的站机场

Shipment type:(delete non-applicable)货物种类：（不适用的划掉）

NON-RADIOACTIVE 非放射性	RADIOACTIVE 放射性

NATURE AND OUANTITY OF DANGEROUS GOODS 危险物品的种类和数量

Dangerous Goods Identification 危险物品识别				Quantity and type of packing 数量及包装类型	Packing Inst. 包装说明	Authorization 批准
UN or ID No UN或ID编号	Proper Shipping Name 运输专用名称	Class or Division (Subsidiary Risk) 类或项（次要危险性）	Packing Group 包装等级			

Additional Handling Information 附加操作说明

I hereby declare that the contents of this consignment are fully and accurately described above by the proper shipping name, and are classified, packaged, marked and labelled / placarded, and are in all respects in proper condition for transport according to applicable international and national governmental regulations. I declare that all of the applicable air transport requirements have been met. 我特此声明：上述运输专用名称完整、准确地表述了货物的内装物品并进行了分类、包装、标记、标签/挂签，且根据国际及国家的有关规定，各方面状态完好适于运输。我声明所有适用的空运要求均已符合。	Name/Title of signatory 签署者姓名/职务 Place and date 地点和日期 Signature 签字 （see warning above） （见上述警告）

FORM BG070/2007（29.7CM×21CM）

9. 办理危险品的出口运输有哪些主要程序?

办理危险品出口的主要程序大致如下:

(1)查阅国际民航组织《危险品航空安全运输技术细则》或者国际航协《危险品规则》的规定,严格执行这些规定。

(2)向有关航空公司了解托运危险品的手续。必要时,预先向拟承运货物的航空公司提供"托运人危险品申报单"。

(3)向政府主管部门指定的危险品鉴定机构申请对其准备托运的危险物品或者物质进行检验,并要求出具"货物运输条件鉴定书"。

对于不属于危险品的化学品(包括药品等)但容易被怀疑为危险物品或者物质的货物,托运人也应当提供"货物运输条件鉴定书",因为承运人需要检查,机场货物安全检查部门也需要检查并确认不属于危险品后,才能放行货物。

(4)向出境货物检验检疫机构申请包装容器。如果使用自备的包装容器的,应得到出境货物检验检疫机构的确认。

(5)向出境货物检验检疫机构报验。报验的文件如下:

①出入境检验检疫出境货物运输包装检验申请单;

②空运出口危险货物包装容器使用鉴定企业自验结果单;

③"托运人危险品申报单";

④政府主管部门指定的出境货物检验机构出具的"货物运输条件鉴定书";

⑤出境货物检验检疫机构出具的"出境货物运输包装性能检验结果单"。

(6)在货物的外包装上标写 UN 标记、运输专用名称、收货人名称和托运人名称等标记标志。

对于 6.2 传染性物质,写上 24 小时都可以联系上的对货物承担责任的人的姓名和电话号码。

(7)在获得出境货物检验检疫机构出具的"出境货物运输包装使用鉴定结果单"后,凭此单和"托运人危险品申报单"向有关航空公司交运货物。

(8)在外包装上贴上危险品危险性标签和操作标签(见表 5-2)。

危险性标签应贴在外包装上所写的收货人名称或者托运人名称的附近,次要危险性标贴应贴在主要危险性标签的附近,建议在外包装的另一侧也贴一张危险性标签。对于只可装货机的危险品,"Cargo Aircraft Only"标签应贴在危险性标贴的附近,在外包装的另一侧也贴一张"Cargo Aircraft Only"标签。对于液体等必须贴"不可倒置"标贴的货物,至少两张"不可倒置"的标签必须贴在货物的各一侧,最好每一侧各贴一张这种标签。

(9)向同意承运货物的航空公司交运货物。

10. 承运人的责任是什么?

承运人的责任有以下几项:

(1)全面执行国际民航组织《危险品航空安全运输技术细则》或者国际航协《危险品规则》的规定。

(2)严格遵守民航总局及其他政府主管部门关于航空运输危险物品或者物质的管理规定。

(3)正确地收运货物。

(4)使用危险品检查单对托运人填写的申报单和托运的货物进行全面的检查。

(5)正确地仓储和操作。

(6)正确地装卸飞机。

危险品危险性标签和操作标签 表5-2

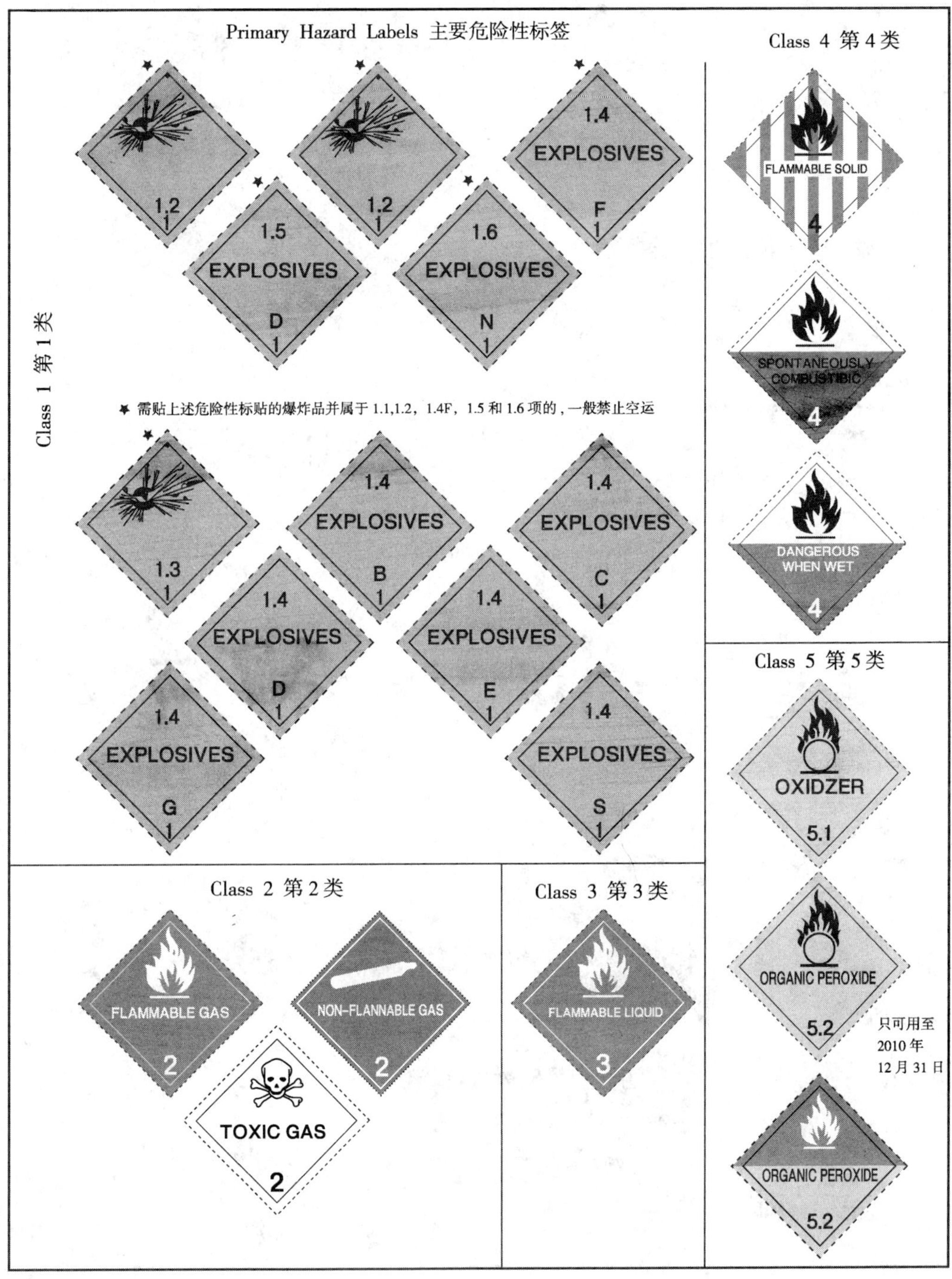

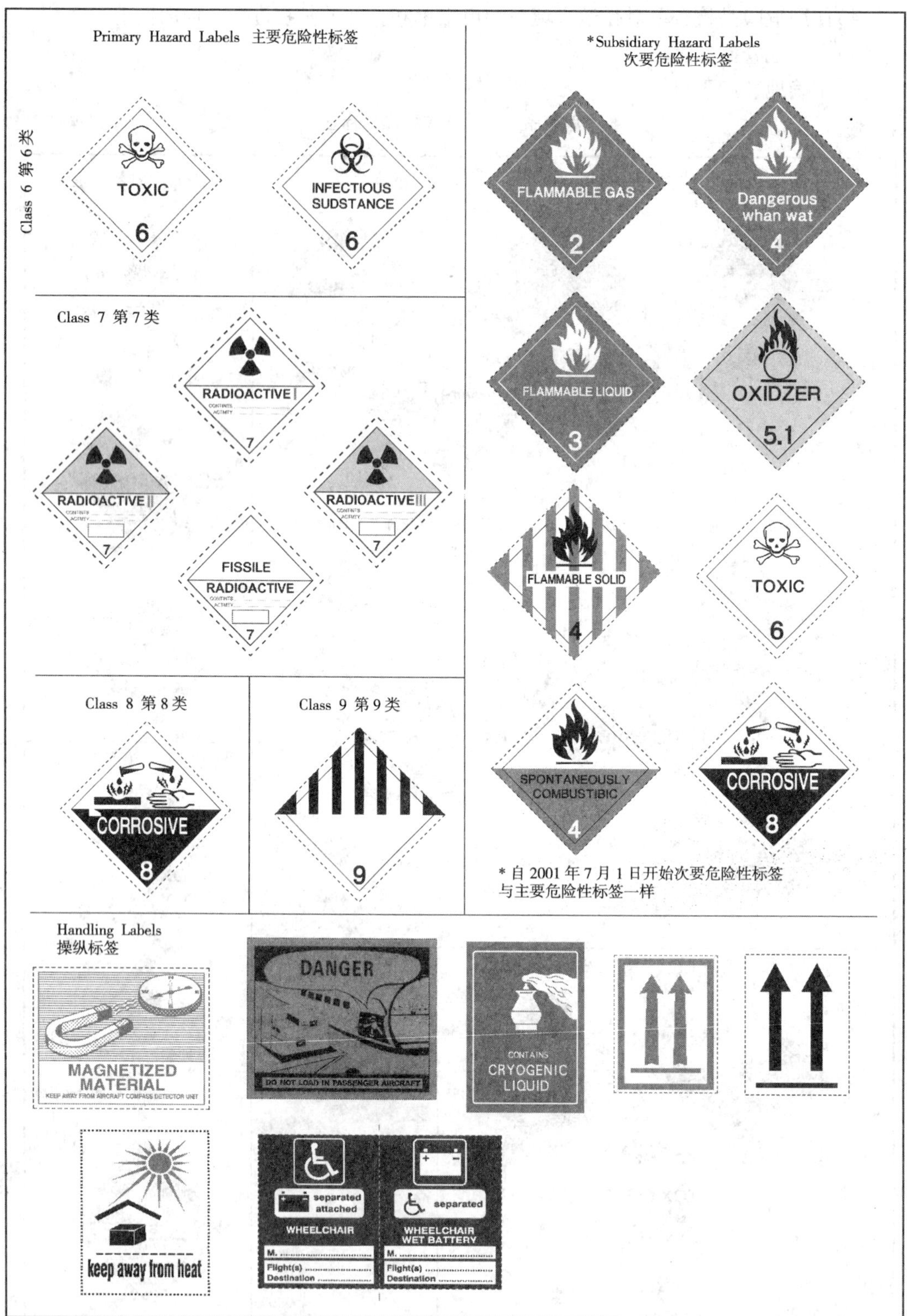

注：危险品的危险性标签和操作标签的规格，参见国际民航组织《危险品航空安全运输技术细则》第5部分第3章或者国际航协《危险品规则》第7章和第10章。

(7)发生危险品运输事件或者事故时,向政府主管部门报告。

(8)及时通知收货人提取货物。

(9)发生危险物品或者物质事件或者事故时采取应急措施正确地进行处理。

(10)保存运输记录。根据民航总局《中国民用航空危险品运输管理规定》规定,托运人应当将托运危险货物的文件如“托运人危险品申报单”、航空货运单、向检验检疫机构申报的文件和“货物运输条件鉴定书”等至少保存12个月。

(11)对有关货运人员和代理人进行培训。

11. 承运危险品有哪些主要程序?

承运人收运危险品的主要程序有以下几项:

(1)根据托运人提供的“托运人危险品申报单”对照国际航协《危险品规则》有关章节的规定和要求,检查填写是否正确。

(2)按照当地政府和安全部门的规定,对货物实施检查,向托运人询问必要时打开包装,核实货物包装内所装的内容和数量与托运人所申报的是否一致。

(3)使用危险品检查单独项进行检查,只要有其中一项的回答是“No”的,该票危险品不可以收运。

(4)检查货物的包装是否符合国际航协《危险品规则》的规定和外包装上所标写的标记标志是否正确,所贴的标签是否符合规定和是否贴得足够。

(5)落实订妥自始发地至目的地全航程的舱位。

(6)将托运人填写的英文“托运人危险品申报单”至少一份附在航空货运单的背面带往目的地,如果是分批货物每一次分批至少需要附一份。

(7)正确地仓储和操作。

(8)正确地装机,并必须使用“特种货物装机通知机长单”将装上飞机的危险品货物的情况通知机长。

12. 危险品的储运主要需要注意哪些事项?

危险品的储运主要注意事项如下:

(1)承运人不可以将危险品装在客舱和驾驶舱内。

(2)不相容的危险物品或者物质必须按照国际民航组织《危险品航空安全运输技术细则》或者国际航协《危险品规则》的规定分开必要的距离。

(3)存放危险品的仓库必须是安全、通风、远离热源、方便操作和方便取得到货物的场所,电灯泡必须是加了罩的,仓库必须配备灭火设备。

(4)对于危险品的仓储、搬运、装卸飞机和地面操作,必须做到小心轻放,不可扔或者摔,不可撞击或者踩压货物。应当采取措施防止危险货物倒下,如进行必要的捆扎,或者将危险品装在普通货物的中间固定住,同时,应当采取措施防止损坏危险品。危险品原则上不可倒置,贴有箭头方向标签的货物,切不可倒置。对于液体货物,包装容器的封口必须向上放置。

大件货、重件货装在下部,轻货、小货、易碎货、不可压的货物装在其他货物的上部。

(5)对于损坏或者泄漏的危险品,不可以将其装上飞机,应当采取措施进行安全处理。对于在装卸飞机或者操作过程中发现泄漏的危险品,应当查明何种危险品泄漏,对货舱、仓库、运输车辆和被污染的其他货物、行李或者邮包采取有效的措施进行处理,并清除污染。特别要注意对感染性物质和放射性物质泄漏的安全处理和清除污染的工作。

(6)装有危险品的集装器,必须挂(插)危险品板(箱)牌,并在“Remarks”(备注)栏内写明该集装器内所装入的危险品的代码。对于只可装货机的危险品,应写明“CARGO AIRCRAFT ONLY”或者“CAO”(只可装货机)字样。

危险品板(箱)牌应挂在集装板的装舱位置朝外的侧面(即集装板长边或者段边的两侧)的目视的高度上。

(7)必须使用“特种货物装机通知机长单”将装上飞机的危险品的情况通知机长。

(8)在 LDM/CPM 电报中注明危险品的装舱位置、危险品的危险性代码和数量,必要时单独使用电报通知卸机站。

(9)对放射性物质的储运必须注意以下事项:

①放射性物质必须存入有墙壁、通风的库房内,远离热源,与办公场所以及人员经常活动的场所保持必要的距离。

②根据我国《放射性同位素与射线装置放射防护条例》第十二条规定,放射性物质不得与易燃、易爆、腐蚀性物品存放在一起,存放场所必须采取有效的防火、防盗、防泄漏的安全防护措施,并指定专人保管。

③放射性物质的存放场所内所存放的放射性物质所产生的辐射剂量不得超过对操作人员和公众的容许剂量。

在操作场所,操作人员 1 年受辐射剂量不得超过 5mSv(毫希沃特)。

在公众活动场所,公众人员 1 年受辐射剂量不得超过 1mSv(毫希沃特)。

④放射性物质的仓储和装机必须特别注意以下事项:

a. 一架飞机的工业包装件内低比度放射性物质(LSA)和表面污染物(SCO)的总活度不得超过国际民航组织《危险品航空安全运输技术细则》第 7 部分第 2 章表 7-2 或者国际航协《危险品规则》表 9.3.B 规定的数据。

b. 除了托运人使用“单独使用”外,装在一架飞机上的所有包装件、组合套包件和运输专用柜的合计运输指数不得超过国际民航组织《危险品航空安全运输技术细则》第 7 部分第 2 章表7-3或者国际航协《危险品规则》表 9.3.C 规定的数据。一个小的或者大的运输专用柜的运输指数(TI)不得超过 50,一架客机的合计运输指数不得超过 50,一架货机的合计运输指数不得超过 200。对于 LSA-1 放射性物质没有这种限制。

“单独使用”是指一架飞机或者一个大运输专用柜全部由托运人使用,装卸和运输的全过程在托运人或者收货人指导下进行。

c. 在正常运输的条件下,从飞机的外表面的任何一点的辐射水平不得超过 2 mSv/h,从飞机的外表面的 2 米处的辐射水平不得超过 0.1 mSv/h。

放射性物质包装件的表面辐射水平超过 2 mSv/h 的,不能使用空运,除了通过“特别安排”外。

d. 对于裂变物质,一个运输专用柜和装在飞机上的各件合计临界安全指数(CSI)不得超过国际民航组织《危险物品航空安全运输技术细则》第 7 部分第 2 章表 7-4 或者国际航协《危险品规则》表 9.3.C 规定的数据。一个小的或者大的运输专用柜的临界安全指数不得超过 50、一架客机或者货机的合计临界安全指数不得超过 50,超过的托运人必须采用“单独使用”的方式进行运输。

e. 任何一件放射性物质的包装件或者组合套包件的运输指数超过 10,任何一票裂变物质货物的临界安全指数超过 50 的，不可收运，除非托运人“单独使用”。

f. 裂变物质的包装件、组合套包件或者运输专用柜在任何地方放在一起时，各堆（组）件数的合计临界安全指数必须不得超过 50，各堆（组）之间必须相隔 6 米以上距离。

装在飞机上的各件的合计临界安全指数或者一个运输专用柜的临界安全指数超过 50 时，各堆（组）这种货物之间必须相隔 6 米以上距离，各堆（组）与运输放射性物质的其他运输工具也必须相隔 6 米以上距离。

g. 除了“特别安排”的放射性物质的运输外，包括裂变物质在内的不同种类放射性物质、不同的包装件和不同的运输指数的放射性物质可以混装。但是，对于“特别安排”的放射性物质运输，则不能混装，除了经过政府主管部门的特别批准外。

h. II 和 III 黄颜色标签放射性物质（RRY 代码）不可以与动物（包括孵蛋）放在一起，保持的最低距离：飞行时间 24 小时以内的，0.5 米以上；飞行时间 24 小时以上的，1 米以上。

i. 国际民航组织《危险品航空安全运输技术细则》第 7 部分表 7-5 或者国际航协《危险品规则》表 9.3.D 规定了放射性物质 II 级和 III 级黄色标签的包装件、组合套装件或者运输专用柜（以下通称为“RRY 放射性货物”）装在客机或者货机上必须与旅客和机组保持最少距离（不考虑飞行时间的长短）。最少距离是指从 RRY 放射性货物的最外侧表面至最接近的客舱里侧表面或者至机组驾驶舱里侧隔板（或者地板）或者其他有人就座的地方的里侧表面的最少距离。RRY 放射性货物合计运输总指数越高，必须保持的最少距离越长。该表从合计运输指数 0.1～1.00 必须保持最少距离为 0.30 米到合计运输指数 45.1～50.0 必须保持最少距离 4.25 米的数据。运输指数超过 50.0 时，只能在货机上运输。RRY 放射性物品包装件之间或者堆（组）与堆（组）之间也必须保持最少的距离。放射性物品与客舱和驾驶舱之间、件与件之间或者堆（组）与堆（组）之间必须保持的最少距离，请查阅国际民航组织的相关规定。

对于 RRY 放射性货物，运输指数超过 50.0 的，只可以在货机上运输，请查国际民航组织《危险品航空安全运输技术细则》第 7 部分表 7-6 或者国际航协《危险品规则》表 9.3.E 的规定。运输指数超过 200.0 的，必须通过“单独使用”的办法进行运输。

j. 放射性物质与未冲洗的照相胶卷或者盘不可以装在一起或者存放在一起，请见国际民航组织《危险品航空安全运输技术细则》第 7 部分表 7-7 或者国际航协《危险品规则》表 9.3F；

k. 放射性物质包装件和托运人“单独使用”的货物，只能在货机上运输。

l. 需要出气的放射性物质 Type B（M）包装件，需要外部辅助冷却系统的包装件，在运输中需要进行操作控制的包装件和装有自燃材料的放射性包装件，不可以使用空运。

m. 放射性物质表面平均热流率高于 15 W/m^2 的，必须按照政府主管部门的出具的批准证进行装机和仓储。包装件上不能堆压其他货物。

（10）第 6 类毒性物质和感染性物质以及需要贴毒性次要危险性标签的危险品不可以与动物、食品（包括动物饲料）装在同一个舱内，除了它们分别被装入不同的集装器内，而且不邻近装在一起，或者它们分别被装入不同的封闭的集装箱内。

毒性物质和感染性物质的存放不可靠近办公室，不可与动物，食品或者饲料放在一起，要尽量离远一点。

（11）不相容的危险物品或者物质如发生泄漏时，将会相互产生化学作用，造成危险性，因此必须保持必要的距离（包括贴次要危险性标签的危险品）。一般情况下，在仓库存放时，应保持 2 米以上的距离；装在集装板上或者散装舱内应保持 1 米以上的距离，或者用普遍货物隔开 0.5 米以上的距离。

哪些危险品必须保存必要的距离，应按照《危险品航空安全运输技术细则》第7部分表7-1或者国际航协《危险品规则》表9.3 A。

(12)爆炸品分为A、B、C、D、E、F、G、H、J、K、L、N和S 13个配装组，不相同配装组的爆炸品不可以装在一起运输，但C、D、E之间可以装在一起，S配装组可以与其他配装组装在一起(不包括A和L)，N配装组不可以与其他配装组装在一起，但不包括S(见《危险品规则》第3章3.1.A表、第9章9.3.A表和9.3.2.2节)。

(13)磁性危险品不可以靠近飞机的导航设备，尽量远些。磁场强度越强，与飞机的导航保持的距离要越远，多件磁性物资货物装在一起，产生累积的磁场强度，必须与飞机的导航设备保持更远的距离。磁性物质货物必须与飞机的导航设备保持最低的距离。

金属建筑材料及金属栅栏或者管材料含有铁磁性物质，虽然不符合《危险品规则》的标准，但对飞机的导航设备有一定的影响，装舱时也不能靠近飞机的导航设备。

(14)自身反应物质(4.1项)和有机过氧化物(5.2项)必须避免太阳光直射，存放在远离热源和充分通风的地方，建议不要在其上堆压其他货物。

(15)固体二氧化碳(干冰)应当存放在通风的地点，不要靠近办公室，不要与动物(包括孵蛋)放在一起。固体二氧化碳(干冰)发生泄漏时，其蒸气相对密度大于空气，因此，需要新鲜空气的动物应当放在固体二氧化碳(干冰)货物之上。

(16)对膨胀聚合粒子(Expandable Polymeric Beads或者Granules)，不论何种飞机的一个在飞行中不能进入的货舱，装载净量不得超过100千克。

(17)深冷液体货物的存放地点不可以靠近办公室，也不可以靠近动物(包括孵蛋)。

非压力的深冷液气(如液氮)在容器的开口处有少量的永久性气漏出，放出可见蒸气，在容器的附近形成较低的温度，是正常现象。

13. 发生国际航空运输危险品事故或者事件时是否必须报告?

承运人在国际航空危险品的运输中发生事故或者事件时，必须按照国际民航组织(“航空器发生危险品事件时的应急措施指南”中所列的“应急措施代码”所述的办法进行应急处理，同时参考附在航空货运单上的“托运人危险品申报单”上的“Additional Handling Information”栏内写明的处理办法处理。

根据《国际民用航空公约》附件18第十二章、国际民航组织《危险品航空安全运输技术细则》第7部分第4章第4.4~4.6节、国际航协《危险品规则》第9章9.6节规定，当发生危险货物事故或者事件时，不论是出境、过境或者入境的货物，承运人必须按照承运人的所属国家的政府主管部门规定的程序以及发生事故或者事件所在地的政府主管部门规定的程序进行报告；对于在货物中发现的没有申报或者误报的危险品，同样必须报告；当航空器发生危险品事故或者严重事件时，承运人必须立即将“通知机长单”上关于航空器上所装危险品的信息报告应急救援服务机构，并尽快报告承运人的所属国家的政府主管部门以及发生事故或者事件所在地的政府主管部门；当航空器发生危险品事件时，如果有关政府主管部门有要求时，承运人必须将“通知机长单”上关于航空器上所装危险品的信息报告应急救援服务机构以及承运人的所属国家的政府主管部门、发生事件所在地的政府主管部门。中国民用航空总局公布的《中国民用航空危险品运输管理规定》第276.147条同样作出了与上述相同的规定。

14. 在飞行中发生危险货物紧急事件，机长应如何报告？

根据国际民航组织《危险品航空安全运输技术细则》第 7 部分第 4 章第 4.3 节和《危险品规则》第 9 章 9.6 节规定，当飞机中的航空器发生危险品紧急事件时，机长必须将机上危险品的信息报告空中交通管制部门。如果可能，报告的内容应当包括危险品的运输专用名称、UN 编号、类别/项别、第 1 类危险货物的配装组、次要危险性、数量和装舱的位置和托运人的应急联系电话；如果不可能，应当提供每个货舱内所装的危险品的类别或者项别及数量。

第六章　国际航空货物运价和运费

1. 什么叫做运价和运费?

运价是指承运人自货物的始发地机场至目的地机场对运输一定质量单位（千克或磅）货物收取的运输费用。自我国出发的货物以每千克为单位定价，除了使用承运人的集装设备作为包装或者包板(箱)的货物，承运人以一块集装板或者一个集装箱为单位定价外。

运价是机场至机场的运输费用，它不包括如水陆转运费、进出口报关费、上门取货费、送货上门费、仓库使用费、保管费、航空货运单费和危险品处理费等其他费用，也不包括代理人收取的服务费用。

适用的运价、运费是指填开航空货运单之日的有效运价、运费及使用该运价、运费的规定。

除最低运费和承运人特别规定的运费外，每千克运价 × 货物的计费重量 = 运费。

2. 什么是公布运价?

公布运价是指相互通航的两个国家(地区)之间的航空公司通过协商达成的运价，报双方政府主管部并经批准，承运人公布的运价，或者飞行航班的两个国家或者地区的航空公司向对方政府主管部门申报并经认可，承运人公布的运价。

国际航空运输协会收集了承运人公布的运价，并公布于协会的运价手册(TACT)。而国际航空运输协会制定的运价，同样公布于协会的运价手册。公布于国际航协运价手册的运价，称为 TACT 公布运价或者 IATA 公布运价。

3. 国际航空货物运价有哪些种类?

国际航空货物运价的种类有如下几种：

(1)最低运费

最低运输是指任何一份航空货运单的货物自始发地机场运至目的地机场的运费不得低于国际航协运价手册运价卷中公布的最低运费或者 TACT 规则卷第 3 章第 3.4 节第 3.4.2 项规定的最低运费。

最低运费的代码为 M。

例 1：自上海(PVG)至巴黎(CDG)TACT 公布人民币运价如下：

M	320.00	Minimum Charge(最低运费)
N	68.34	Normal General Cargo Rate under 45(45 千克重量以下的每千克基准普通货物运价)
45	51.29	Quantity rate over 45 kg (45 千克重量以上的每千克普通货物运价)

例 2：一票货物重量 3 千克的运费计算：

68.34 × 3 = CNY205.02 低于最低运费，因此此票货物的运费应按公布最低运费 CNY 320.00收取。

(2)普通货物运价(GCR)

普通货物运价是指未被列为指定商品运价的货物运价。普通货物运价分为45千克以下、45千克以上以及多个较高重量分界点的较低运价。普通货物运价以45千克运价为基准，称为基准普通货物运价，如果没有45千克以下运价的存在，则为100千克以下运价。重量越大，运价越便宜

例：自上海（PVG）至巴黎（CDG）TACT公布人民币运价：

M	320.00	Minimum Charge（最低运费）
N	68.34	Normal General Cargo Rate under 45 kg（45千克重量以下的每千克基准普通货物运价）
45	51.29	Quantity rate over 45 kg（45千克重量以上的每千克普通货物运价）
500	44.21	Quantity rate over 500 kg（500千克重量以上的每千克普通货物运价）
1000	41.03	Quantity rate over 1000 kg（1000千克重量以上的每千克普通货物运价）

（3）指定商品运价（SCR）

指定商品运价是指自指定的始发地机场至指定的目的地机场的某些特别指定商品的运价。指定商品运价也有最低重量规定，也有多个较高重量分界点的较低运价，重量越大，运价也越便宜。指定商品运价必须有一个商品项目编号。

例1：自上海（PVG）至东京（NRT）TACT公布人民币运价：

M　230.00 —最低运费

N　30.22 —45千克以下的每千克基准普通货物运价

45　22.71 —45千克以上的每千克普通货物运价

0008	300	18.80	指定商品动价
0300	500	20.61	
1093	100	14.72	
2195	500	18.80	

其中：

0008——Fruit，vegetables-fresh（水果，新鲜蔬菜）

0300——Fish（edible），seafood（鱼（可食用的），海产食品）

1093——Worms（蠕虫（沙蚕等））

2195——A：Yarn，thread，fibres，cloth-not further processed or manufactured/exclusively in bales，bolts，pieces（成包、成卷、成块未进一步加工或制造的纱、线、纤维、布）

B：Wearing apparel，textile manufactures（服装、纺织制品）

例2：自上海（PVG）至洛杉矶（LAX）TACT公布人民币运价：

M　420.00 —最低运费

N　51.58 —每千克基准普通货物运价

45	38.70	45千克以上多个较高重量分界点的每千克普通货物运价
100	36.13	
300	33.54	
500	30.97	

2211	300	27.29	多个较高重量分界点的每千克指定商品运价
2211	1500	25.49	

其中：

2211——Yarn, thread, fibres-not further processed or manufactured/exclusively in bales, bolts, pieces and wearing apparel, textile manufactures(成包、成卷 、成块未进一步加工或制造的纱、线、纤维、布 和 服装、纺织品)。

(4)等级运价

等级运价是指在指定的地区以内或者在某些指定的地区之间少数几种商品(如活体动物、贵重动物、报纸/杂志/期刊/书本/目录/盲文用具及盲人读物、作货物托运的行李、灵柩和骨灰运输的运价。在 TACT 运价手册中,没有直接公布等级运价,它以普通货物运价为基础,附加或者附减一定百分比进行计算。

①运价附加的等级运价主要是活体动物、贵重货物和灵柩运输的运价,如:

a. 查 TACT 规则卷第 3 章第 3.7 节第 3.7.2 项的活体动物运价表,自货物的始发地至各地区目的地的活体动物运价附加的百分比不完全一致,一般为 45 千克以下基准普通货物运价每千克附加 50% 或者 75%,自我国始发一般为 45 千克以下基准普通货物运价每千克附加 50%,但是对于出壳 72 小时以内的鸡雏则应使用 45 千克以下基准普通货物的每千克运价。活体动物的最低运费为一般货物最低运输的 200%。

活鱼类等食用的动物,一般情况下不使用附加运价,可以使用比较低的指定商品运价或者普通货物运价,需查阅 TACT 运价手册或者向有关航空公司咨询。

b. 自我国始发至世界各地贵重货物的运价为 45 千克以下基准普通货物运价的 200%。自我国始发至世界各地的贵重货物最低运费为一般货物的最低运费的 200%,但不得低于 50 美元或者其等值。

c. 自我国始发灵柩的运价,需使用 45 千克以下基准普通货物运价,最低运费与一般货物的最低运费相同。

d. 自我国始发骨灰的运价,需使用适用的普通货物运价,最低运费与一般货物的最低运费相同。

②运价附减的等级运价为报纸、杂志、期刊、书本、目录、盲文用具和盲人读物和作为货物托运的行李,如:

a. 自我国始发至世界各地的报纸、杂志、期刊、书本、目录、盲文用具和盲人读物的运价为 45 千克以下基准普通货物运价的 50%。报纸、杂志、期刊、书本、目录、盲文用具和盲人读物的最低运费按照一般货物的最低运费办理。

b. 旅客乘坐飞机的免费行李有一定的重量和件数的限制,超过免费行李额的重量或者件数的行李需要付比较贵的超重或者超件行李费,而且航空公司对旅客行李的重量或者件数也有一定的限制。货物运价比超重、超件行李的运价低得多,所以旅客可以将他的一部分行李事先作为货物托运。

自我国始发作为货物托运的行李的运价为适用的普通货物运价。作为货物托运的行李的最低运费与一般货物的最低运费一样。

作为货物托运的行李只可以是旅客的个人衣服和个人物品(包括手提乐器、手提打字机、手提运动器件,但不包括属于商品(货物)的机械、机器或者配件,以及现款、证券、珠宝、手表、镀金或镀银器皿、毛皮、电影片、照相机、票证、文件、酒类、香水、家具、商品和推销用的样品)。

作为货物托运的行李的托运条件:

作为货物托运的行李的始发地机场和目的地机场必须是旅客所持客票的相同始发地机场和目的地机场,旅客应应当启程日期前交运行李;

旅客必须申报行李内的内容并填写运输及海关的一切必要文件，支付相关的费用。旅客自行报关或者委托代理人报关都可以；

旅客的客票号码、所乘的航班号和日期必须填写在航空货运单上的“Accounting Information”栏内；

运出日期由航空公司决定。

(5)集装化货物的运价和运费

集装化货物是指托运人或者其代理人直接将货物装入集装器（整箱、整板）运输的货物，此类货物的运价以每千克为单位计价或者以整箱、整板计价。

集装化货物不可以包括危险品、活体动物、贵重货物或者灵柩、骨灰。

4. 托运人托运货物要求对运输声明价值，承运人是否收取声明价值费？

在航空运输期间造成货物的毁灭、损坏、遗失或者延误的，承运人的最高责任赔偿限额为毛重每千克17特别提款权。托运人可以通过向承运人声明价值的方式来提高承运人的赔偿责任。托运人的声明价值应为整票货物的价值，不可以只声明一票货物中部分件数的价值，重量以整票货物的毛重进行计算（如果使用承运人的集装器来运输货物的，不包括集装器的自重）。声明价值费最低为整票货物的实际毛重平均计算每千克超过SDR17部分的0.75%。SDR17等于多少人民币，可以在填开航空货运单时查阅TACT规则卷第3章第3.2节适用的月份SDR17与人民币的等值。

例：货物质量：200千克　声明价值：CNY70 000.00

填开航空货运单日期：2008年11月30日

自2008年10月1日开始生效的TACT规则卷第3章第3.2节规定自2008年10月1日至2009年1月31日期间，SDR17等于人民币190元。

声明的价值费计算：

$$(70\,000.00-200\times190)\times0.75\%=\text{CNY}240.00$$

货物自始发站发出后，托运人不能再要求办理声明价值，也不可以要求更改声明价值金额。

5. 什么是计费重量？

计费重量是承运人计算运费的重量。我们使用以下运价进行说明：

自上海(PVG)至洛杉矶(LAX)TACT公布人民币运价：

	M	420.00
	N	51.58
	45	38.70
	100	36.13
	300	33.54
	500	30.97
2211	300	27.29
2211	1500	25.49

第一票货物的毛重为15千克，适用的运价为N的运价，15千克就是这票货物的计费重量。

第二票货物的毛重为38千克，如果使用N的运价，51.58元×38（千克）=运费1960.04元，如果靠级到45千克，使用45千克以上普通货物运价，38.70元×45（千克）=运费1741.50元，可以获得比较低的运费，因此应当使用45千克作为这票货物的计费重量。

第三票货物的毛重为100千克，货物的体积为1.2立方米。航空公司规定货物的体积6000立方厘米计为1千克。1.2÷0.006=200千克，因此这票货物的计费重量应当为200千克。这种计费重量也称为体积重量。

6. 承运人如何报价？

（1）托运人直接向航空公司托运货物的，直接向承运人询价。承运人以公布运价为基准向托运人报价。一般情况下，对于适用最低运费和45千克以下基准普通货物运价的货物和数量较少的货物，承运人不提供优惠运价或者只提供优惠率比较低的运价。对于数量比较大的货物实行优惠价，数量越大优惠越多。

运价是指承运人自货物的始发地机场至目的地机场运输每千克货物收取的运输费用，它是机场至机场的运输费用，不包括燃油附加费、战争险附加费、航空货运单费、水陆转运费、上门取货费、送货上门费、仓库使用费、保管费等其他费用。因此，托运人必须问清楚承运人收取的燃油附加费、战争险附加费等其他费用各多少。

（2）通过承运人的代理人托运货物的，托运人应当向该代理人询价。承运人以公布运价为基准向其代理人报价。一般情况下，对于适用最低运费和45千克以下基准普通货物运价的货物，承运人给其代理人支付一般不少于运费5%的手续费；对于数量比较大的货物实行优惠价，数量越大优惠越多。代理人以承运人的报价为基准加上其利润向托运人报价。

运价是指承运人自货物的始发地机场至目的地机场运输每千克货物收取的运输费用，它是机场至机场的运输费用，不包括承运人收取的燃油附加费、战争险附加费、航空货运单费、水陆转运费、上门取货费、送货上门费、仓库使用费、保管费等其他费用。因此，托运人必须问清楚承运人收取的燃油附加费、战争险附加费等其他费用各多少，以及代理人收取的服务费（如报关费、报验费、操作费等其他费用）。

7. 什么是运输费用预付？什么是运输费用到付？

运输费用包括两个部分：

第一部分，承运人收取的货物的重量运费和声明价值费；

第二部分，承运人收取的附属费用，如燃油附加费、战争险附加费、危险货物处理费、航空货运单费用等费用，称为应付承运人的其他费用；和代理人（货运代理公司）收取的服务费用，如操作费、报验费、报关费、上门提货费、地面运输费、包装费、仓储费等费用，称为应付代理人的其他费用。

运输费用预付是指承运人收取的货物的重量运费和声明价值费和/或其他费用以及必要时代理人收取的其他费用（服务费用）在货物的始发地由托运人或者其代理人支付给发行航空货运单的航空公司；运输费用到付是指承运人收取的货物的重量运费和声明价值费和/或其他费用以及代理人收取的其他费用（服务费用）在货物的目的地由收货人或者其代理人支付给交付货物的航空公司或者其代理人。

货物的重量运费和声明价值费只能全部预付或者全部到付，不可以部分预付或者部分到付；承运人和代理人收取的其他费用也只能全部预付或者全部到付，不可以部分预付或者部分到付。

运输费用到付的货物只能是运往允许办理到付的目的地,另一条件是承运人应当是同意接受运输费用到付的货物,只有符合这两个条件才能办理运输费用的到付。许多航空公司规定不接受运输费用到付的货物是:

①货物运往自由受约束的收货人;

②货物运往收货人地址为交通部门的候客楼、旅馆或者其他临时地址的人;

③货物的价值低于变卖价值及变买所需费用的,如样品、报纸、印刷品等;

④鲜活易腐货物,如鲜花、水果、花卉、树苗等;

⑤活体动物;

⑥灵柩和骨灰;

⑦家具和个人物品;

⑧承运人不接受运输费用到付的其他货物。

但是,在托运人提供了如果收货人在目的地拒付运输费用或者不提取货物时,由其支付全部费用的保证书后,一些航空公司也接受对上述货物的运输费用到付。

8. 为什么收货人对运输费用到付的货物要求指定代理人办理运输和指定承运人承运货物?

对于运输费用到付的货物,收货人要求指定代理人办理运输和指定承运人承运货物的目的地是为了获得优惠的运价和良好的服务。对于这种货物在国际航空货物运输界里,称为指定货物。

例如,上海某收货人有一票运输费用到付货物 1 000 千克要自美国洛杉矶运回上海,收货人可以使用以下两种办法办理运输:

(1)收货人直接或者通过上海的货运代理公司向自洛杉矶至上海有航班飞行的航空公司的上海办事处联系运输,费用到付在上海支付给该航空公司。要求该航空公司提供到付优惠运价(包括燃油附加费等其他费用的优惠)。

进口货物的运输费用为以下 3 个部分:

①承运人在上海收取的到付运费和其他费用。收货人应当了解承运人在目的地上海收取的到付运费和其他费用各多少,和收取的到付费用附加费是运费和其他费用的百分比。

②如果洛杉矶的托运人委托洛杉矶的货运代理公司办理托运的,该代理公司收取的各项服务费用(如操作费、报验费、报关费、上门提货费、地面运输费、包装费、仓储费等)多少。根据货物买卖合同规定,这些费用是否应当由收货人支付;

③如果收货人委托上海的货运代理公司办法运输的,该代理公司收取的各项服务费用(如操作费、报验费、报关费、代理提取货物费、送货上门费、地面运输费、仓储费等)多少。

采用此种办法办理运输的,上海的收货人应当通知洛杉矶的托运人在货物的始发地将货物交给指定的航空公司承运。运输凭证为该被指定的航空公司的航空货运单,运输费用到付由收货人在上海提取货物时按照承运人的报价金额直接或者通过货运货理公司支付给该航空公司。

(2)上海的收货人通过上海的某家货运代理公司办理,将货物自洛杉矶运来上海。运输费用同样有 3 个部分:

①航空公司收取的航空运费和其他费用。由于航空货物运价有 TACT 公布运价和市场运价的存在,TACT 公布运价比较高,市场运价比较低;而且,除了运价外,承运货物的航空公司还收取燃油附加费、战争险附加费、航空货运单费、仓库使用费等其他费用。另外,货物始发地

的货运代理公司的报价在拟承运货物的航空公司报价的基础上，提高了价格，为其利润；上海的货运代理公司也可能在上述报价的基础上提高了价格报给上海的收货人；

②货物始发地的货运代理公司收取的服务费。这些费用包括操作费、报验费、报关费、上门提货费、地面运输费、包装费、仓储费等；

③货物目的地的货运代理公司收取的服务费。这些费用包括操作费、报验费、报关费、代理提取货物服务费、代垫货物进口关税附加费、仓储费、地面运输费和送货上门费等。另外，收货人还必须问清楚货物目的地的货运代理公司是否收取到用附加费，它是运费和其他费用的百分比。

各航空公司收取的运费均不相同，货物始发地的各货运代理公司以及目的地的货运代理公司要加多少利润高低也不一致；始发地各货运代理公司的收费项目和标准高低不一致；目的地各货运代理公司的收费项目和标准高低也不一致。

因此，目的地收货人必要时可以通过向上海多家货运代理公司询价，以获得比较合理的运价和合理的服务费用将货物运来目的地。

收货人通过向货物目的地的货运代理公司询价、目的地货运代理公司向其报价和协商，达成协议（可以通过书面交换传真或者电子邮件或者签订协议书的方式达成协议），收货人委托目的地某家货运代理公司将货物运来上海。

采取此种办法办理运输的，受收货人委托的上海货运代理公司应当通知其在洛杉矶的代理人（货运代理公司）联系洛杉矶的托运人，将货物自洛杉矶运往上海。第一份运输凭证为洛杉矶货运代理公司发行的分运单。分运单开列费用到付，可以列明收货人应当支付的运费和其他费用或者不列明这些费用或者填写为“AS ARRANGEND”（“按商定”）。第二份运输凭证为指定承运货物的航空公司发行的航空货运单（总运单），由洛杉矶的货运代理公司将分运单货物（可多票组合）使用一份航空公司的航空货运单（总运单）将货物自洛杉矶运来上海。总运单运输费用为预付，由洛杉矶的货运代理公司将运输费用按照发行航空货运单的航空公司的报价支付。总运单上的收货人为该上海的货运代理公司，由其提取总运单项下的全部货物、分理每一票分运单货物后将货物交付给该上海的收货人。该上海的收货人按照该上海货运代理公司的报价支付给该上海货运代理公司。

9. 什么是到付费用附加费？

（1）填写在航空货运单的“OTHER CHARGES”（其他费用）栏目中的到付重量运费和声明价值费，承运人在目的地交付货物时向收货人收取到付附加费；填写在航空货运单的“OTHER CHARGES（其他费用）栏目的其他费用也同样可以收取到付附加费。

根据 TACT Rules 7.2.1./7.2.3 规定，在我国到付附加费为上述费用的5%，最低为人民币100元。

到付附加费不填写在航空货运单上，是目的地另行收取的费用。

（2）到付附加费属于交付货物的航空公司所得。如果由代理人代替交付货物的，到付附加费属于该代理人所得。

10. 什么是垫付款和垫付款手续费？

垫付款是指货物始发地的货运代理公司收取的货物自始发地启运前提供的与运输、操作和文件制作的有关费用，填入航空公司的航空货运单的其他费用栏目内到付在目的地由交付货物的航空公司或者其代理人向收货人收取的其他费用。这些其他费用因需在始发地由发行航空货运单的承运人支付给代理收运货物的货运代理公司或者其他航空公司，所以称为垫付款。

垫付款金额必须填入航空货运单的其他费用栏内，写明 due agent（应付代理人）或者 due carrier（应付承运人）。

因为发行航空货运单的承运人需要将货运代理公司收取的到付上述其他费用在始发地垫付给货运代理公司，所以，发行航空货运单的承运人收取垫付款手续费。根据 TACT 规则卷第 4 章 4.2 节规定，垫付款手续费为填入航空货运单的其他费用栏内所有到付其他费用金额的 10%，但不得低于 20.00 美元。

11. 什么是国际航空运输协会货物运费结算系统？

国际航空运输协会货物运费结算系统（简称 CASS，是 Cargo Accounts Settlement System 的缩写）。CASS—China（china—CN）是国际航空运输协会在中国的办事处设立的国际航空货物运费结算系统。

已加入国际航协的航空公司都可以申请加入 CASS—CN，没有加入国际航协的航空公司也可以申请加入 CASS—CN。已加入国际航协的货物销售代理公司都可以申请加入 CASS—CN，没有加入国际航协的货物销售代理公司也可以申请加入 CASS—CN。要求加入 CASS—CN 的航空公司和货物销售代理公司都必须向 CASS—CN 提供保证金或者提供指定银行或者机构出具的银行担保凭证，还必须支付 CASS—CN 的加入费和管理费。

CASS—CN 使用中性航空货运单，由 CASS—CN 提供这种航空货运单。

发行航空货运单的承运人有权利指定其货物销售代理人。货物销售代理人必须与发行航空货运单的承运人签订代理协议。运费的结算期为一个月两次，上半个月和下半个月各一次。货物销售代理人必须向发行航空货运单的承运人提供销售报告。预付的运费和其他费用由货物销售代理人付入 CASS—CN 指定银行的发行航空货运单的承运人账户。如果货物销售代理人违约，没有及时向发行航空货运单的承运人付款，CASS—CN 将根据其规定进行处罚，比如将这种违约的货物销售代理人名称及其违约的情况公告给所有航空公司和所有货物销售代理公司，最后终止 CASS—CN 资格。

CASS—CN 为各航空公司提供了运费结算的安全系统。CASS—CN 能够为各货物销售代理人获得更多的航空公司的代理认可，给各货物销售代理人提供了更多的代理航空公司销售货物业务的机会，从而，货物销售代理人可以获得更多的货物、更多的收入和利润。

12. 对于运输费用预付的货物，如果托运人未及时支付费用，承运人如何处理？

对于费用预付的货物，在承运人接受货物时托运人就应当支付费用。根据承运人采纳并编入自己的《货物运输条件》的国际航协《货物运输条件》第 5 条第 5.4 款第 5.4.7 项规定，如果承运人要求托运人支付运输费用或者其中一部分，而托运人拒付时，承运人可以拒运货物，不承担任何责任。

托运人直接向承运人托运货物的，运输费用直接支付给该承运人。

托运人通过承运人的代理人托运货物的，运输费用支付给该代理人，该代理人根据与承运人签订的货物销售代理协议规定的期限向承运人支付运输费用。托运人可以与承运人的代理人签订合作协议，使用月或者半月结算的方式向承运人的代理人支付运输费用。

13. 对于运费费用到付的货物，如果收货人拒收货物或者拒付运输费用，费用应当由谁支付？

(1)根据1999年《蒙特利尔公约》第十三条第一款规定，对于运费费用到付的货物，收货人只有在向承运人支付了运输费用后，才有权利要求承运人交付货物。运输费用可以用现款、支票或者信用卡支付；与承运人签订了协议的，可以根据协议的规定半个月或者一个月一次向承运人支付运输费用。

(2)根据承运人采纳并编入自己的《货物运输条件》的国际航协《货物运输条件》第8条第8.4款第8.4.2项和8.6款规定，如果目的地收货人拒收货物或者拒付费用，费用应当到付改为预付由托运人在货物的始发地支付给承运人。否则，承运人可以不向收货人交付货物或者交给航空货运单。

承运人采纳并编入自己的《货物运输条件》的国际航协《货物运输条件》第8条第8.4款第8.4.2项规定：因收货人不提取货物而未付的所有费用及与因收货人不提取货物而产生的费用，托运人有责任支付给承运人；这些费用包括但不仅限于托运人要求将货物退回始发地的运输费用。如果货物退回始发地机场后，托运人拒绝或者因疏忽在货物退回后15天内未支付这些费用的，承运人可以提前10天通知收货人，对全部货物或者其中的任何部分进行公开或者不公开变卖。

承运人采纳并编入自己的《货物运输条件》的国际航协《货物运输条件》第5条第5.4款第5.4.3项作出了更详细的规定：托运人保证支付一切未付的费用、一切未付的到付费用、承运人代付预支款和代垫付款。因托运人的原因在货物中含有法律禁止运输的物品，或者货物上的标记标志、号数、书写的地址或者包装或者货物品名和数量的陈述不符合法律规定、不正确或者不充足的，或者任何进出口许可证、证明或者文件的缺少、延迟或者不正确的，或者任何对海关的申报价值不正确的，或者货物的质量或者体积不正确的，给承运人造成的所有费用的支出、罚款、时间的浪费、损失和其他的费用，托运人同样保证支付给承运人。对上述任何一种情况的发生，承运人对货物有留置权；对于托运人或收货人不支付上述费用的，承运人可以对货物进行公开或者不公开变卖（但是承运人应当在变卖之前按照航空货运单上的地址发函通知托运人或者收货人）。承运人可以用变卖的所得来支付任何和所有的上述费用。但是，此种变卖不得免除支付差价的责任，托运人和收货人负有支付差价的连带责任。如收货人提取货物和履行运输合同的任何其他责任，收货人就应当支付上述费用，除了预付的款项外。

以上规定不但适用于运输费用到付的货物，也同样适用于运输费用预付的货物。

对国际货物的变卖必须向当地海关提出申请，经海关的许可才可以办理，并遵守当地相关法律法规和政府规定。

第七章　集运货物

1. 什么是集运(集中运输)货物？哪些货物不能作为集运货物办理发运？

来自一个人以上的货物每人已分别与非定期航班的航空承运人的另一人订立了航空运输协议的多包件货物,所使用的协议条件可以与定期航班的航空承运人的相同或者不相同来办理相同货物的运输,这种货物称为集运货物。

在实际操作中,不少集运人(货运代理公司)也经常将一个托运人单独的一票分运单货物使用一份航空公司的航空货运单运出,对这种货物,称为单票分运单货物使用航空公司的航空货运单运出,也有人习惯称为单票集运货物。

以下货物不可作为集运货物发运:

(1)活体动物,除非整票总运单货物都是活体动物。

(2)尸体和骨灰,除非整票总运单货物都是尸体和骨灰。

(3)贵重货物,除非整票总运单货物都是贵重货物。

(4)易被盗窃的货物。

(5)外交邮袋。

(6)作为货物托运的行李。

(7)有的航空公司规定,危险物品或者物质不可以作为集运货物托运。

(8)有的航空公司规定,车辆、超大和重件货物不可以作为集运货物托运。

(9)托运人要求直接单独使用航空公司的航空货运单发运的单票货物。

2. 产生集运货物的原因是什么？

产生集运货物的原因有以下6个方面:

(1)利用航空公司的较高质量等级的较低运价,节省运费的支出,获得利润

航空公司将运价分类为:M(最低运费),N(45千克以下的每千克基准普通货物运价),Q(45千克以上千克普通货物运价)的45、100、300、500、1000千克等多个质量分界点的每千克普通货物运价,C(指定商品运价)的100、300、500、1000、1500千克等多个质量分界点的每千克指定商品运价,以及等级运价。各航空公司在他们的市场运价中将运价的质量等级划得更多更高。货物的质量越高,运价越便宜。

例如,自上海至巴黎国际航空运输协会运价手册(TACT)运价表公布的人民币运价:

最低运费:320.00

45千克以下的每千克运价:68.34

45千克以上的每千克运价:51.29

500千克以上的每千克运价:44.21

1000千克以上的每千克运价:41.03

集运人将若干票向托运人收取的适用最低运费、45千克以下的每千克运价和45千克以上的每千克运价的较高运价的货物集中在一起达到500千克或者1 000千克,用集运货物的

方式发运，就可以使用承运人500千克以上的每千克44.21元或者1 000千克以上的每千克41.03元的运价了，从而，集运人节省了运费，获得了利润，同时集运人也能够向托运人提供低于公布的运价或市场运价，对客户也带去了实惠。

(2)利用航空公司的体积重量的规定，节省运费的支出，获得利润

航空公司规定对于低密度货物，按照6 000立方厘米折合1千克作为计费重量收取运费。高密度货物体积较小、重量较重。集运人以其分运单将向托运人收运的按照体积重量作为较高计费质量的低密度货物和重量较重的高密度货物合并在一份总运单内发运，就可以避免或者减少低密度货物必须按照体积重量计算运费了。将轻泡货物与重货搭配在一起的操作办法，在航空货运代理业界里称为吃泡。通过这种吃泡的合理操作，集运人可以节省运费的支出，获得利润，同时也可以对托运人提供较优惠的运价。

(3)运输费用到付的指定货物通常使用集运货物的运输方式

对运输费用到付的货物，海外的收货人或者境内的收货人通过其指定的代理人办理托运并指定航空公司承运，将货物自始发地运至目的地，这种货物称为指定(令)货物。

指定货物通过合理的操作，可以产生以下两项利润：

①买进与卖出航空运价的差价利润，譬如，货运代理公司向航空公司买进的运价为每千克人民币20.00元，而卖给收货人的运价为每千克人民币22.00元，每千克毛利为人民币2.00元。

②通过轻泡货物的操作办法获得利润。在国际航空货物运输业界的合作协议中，对这种指定货物的轻泡货物的操作而产生的利润较常见为50:50分成。

(4)运至航空公司不接受运输费用到付的目的地货物，货运代理公司可以使用集运货物的方式解决

运至某些航空公司不接受运输费用到付的货物目的地，对于集运人来说，只要货物目的地的代理人确保能收到运费并付还给始发地的集运人的，也可以以分运单到付、总运单预付的方式办理运输。

(5)门对门服务

来往没有航班飞行的目的地点，航空公司一般不接受运至这些地点的货物，例如，收货人为苏州的货物，航空公司只运到上海，收货人必须到上海提取货物，如果通过货运代理公司办理，使用分运单承运货物，分运单的目的地可以为苏州。航空公司将货物运抵上海后，由货运代理公司办妥了相关手续后，将货物送往苏州交付给分运单上的收货人。

门对门服务的货物也往往经过货运代理公司作为集运货物发运。

(6)其他原因

使用集运货物的方式办理的运输，还存在着卖方可以较快地得到运输凭证(分运单)，尽早向买方结汇货价等情况。

3. 在什么情况下，托运人使用集运货物的运输方式比较合适？

集运货物是托运人将货物托运给货运代理公司，货运代理公司使用其分运单收运，然后，将分运单货物集中在一起使用一份航空公司的航空货运单(总运单)运往目的地的货物。总运单上的收货人为货物始发地的集运人(货运代理公司)在目的地的分公司或者代理人，总运单上的收货人向承运货物的航空公司提取总运单项下的全部货物后进行分理各票分运单货物，将各票分运单货物分别交付给分运单上的收货人。

如果货运代理公司能够提供比较优惠的运费和服务,而且货物的运输速度也是有保证的,可以通过集运货物的运输方式办理运输,否则就直接使用航空公司的航空货运单作为单票货物发运。

托运人如果需要查询分运单货物的运输情况时,应当使用分运单号码向货运代理公司查询;如果需要向航空公司查询的,一般情况下应当提供分运单货物的所属的总运单号码,航空公司才能进行查询,因为航空公司是以其航空货运单收运货物的。

4. 集运货物的运输费用如何支付?

(1)如果分运单货物的运输费用是预付的,由货物始发地的托运人按照货运代理公司的报价支付给发行分运单的集运人(货运代理公司)。

如果分运单货物的运输费用是到付的,托运人在货物的始发地不需要支付运输费用,由分运单的收货人按照货运代理公司的报价支付给交付货物的货运代理公司。

(2)总运单上的运输费用通常情况下为预付,由货物始发地的托运人(集运人)支付给发行航空货运单的航空公司。

5. 在集运货物的总运单上需要附什么文件?

因在总运单上的“Nature and Quantity of Goods (incl. Dimensions or Volume)”(货物品名和数量(包括尺寸或体积))栏内的货物品名填写为“CONSOLIDATION AS PER ATTACHED LIST”(集运货物,见所附清单),所以集运人必须编制“分运单清单”,将总运单项下的所有分运单货物列入“分运单清单”。

“分运单清单”是总运单的附件或者称为总运单的延长页,因此集运人必须将若干分“分运单清单”钉附在总运单的背面,供承运人和海关检阅。另外,集运人必须将若干份“分运单清单”和全部分运单装入文件袋内钉附在总运单的背面带往目的地交给收货人;必须注意钉牢,建议用3支钉书针以上钉牢,防止脱落,并建议在文件袋上写明“ATTACHED TO MAWB NO. ____________ FOR CONSIGNEE”和带出的航班号和日期等,以在文件袋脱落总运单后,仍能识别该文件所附的总运单号码。

国际航协1606号建议实施办法将House Manifest(分运单清单)改称为Security Manifest(安全清单)。分运单货物是集运人收运的,集运人必须保证货物的安全性。

第八章　填写航空货运单

1. 航空货运单应当由谁填写？委托承运人或者代理人填写航空货运单的，由谁承担责任？

1999 年《蒙特利尔公约》第七条第一款规定："托运人应当填写航空货运单一式三份。"该条第四款规定："承运人根据托运人的请求填写航空货运单的，在没有相反证明的情况下，应当视为代托运人填写。"

承运人托运货物时不大可能亲自填写航空货运单，在实际操作中基本上是使用托运书请求承运人或者代理人代替填写航空货运单的。根据法律规定，在这种情况下，托运人仍然必须对航空货运单填写的正确性承担责任。

2. 托运人填写航空货运单的责任是什么？

1999 年《蒙特利尔公约》第十条第一款规定：

"对托运人或者以其名义在航空货运单上载入的关于货物的各项说明和陈述的正确性，或者对托运人或者以其名义提供给承运人载入货物收据或者载入第四条第二款所指其他方法所保存记录的关于货物的各项说明和陈述的正确性，托运人应当负责。以托运人名义行事的人同时也是承运人的代理人的，同样适用上述规定。"

1999 年《蒙特利尔公约》第十条第二款规定：

"对因托运人或者以其名义所提供的各项说明和陈述不符合规定、不正确或者不完全，给承运人或者承运人对之负责的任何其他人造成的一切损失，托运人应当对承运人承担赔偿责任。"

1999 年《蒙特利尔公约》第十条第三款规定：

"除本条第一款和第二款规定的外，对因承运人或者以其名义在货物收据或者在第四条第二款所指其他方法所保存的记录上载入的各项说明和陈述不符合规定、不正确或者不完全，给托运人或者托运人对之负责的任何其他人造成的一切损失，承运人应当对托运人承担赔偿责任。"

3. 航空货运单具有哪些证据价值？

1999 年《蒙特利尔公约》第十一条第一款规定：

"航空货运单或者货物收据是订立合同、接受货物和所列运输条件的初步证据。"

1999 年《蒙特利尔公约》第十一条第二款规定：

"航空货运单上或者货物收据上关于货物的重量、尺寸和包装以及包件件数的任何陈述是所述事实的初步证据；除经过承运人在托运人在场时查对并在航空货运单上或者货物收据上注明经过如此查对或者其为关于货物外表状况的陈述外，航空货运单上或者货物收据上关于货物的数量、体积和状况的陈述不能构成不利于承运人的证据。"

航空货运单或者货物收据上关于货物的重量、尺寸和货物包装以及包件件数的任何陈述是所陈述事实的初步证据。但是，航空货运单或者货物收据上关于货物的数量、体积和状况的陈述不是初步证据，除非经过承运人在托运人在场时查对并在航空货运单上或者货物收据上注明经过如此查对或者书写关于货物外表情况的说明。托运人填入航空货运单的对海关的申报价值也不构成对承运人的初步证据。

初步证据是对事实的推断，它表达了对事物证据价值的基本肯定。但是，承运人不应当受这种初步证据推断的约束，如果承运人有相反的证据，初步证据的推断是可以否定的，例如，托运人在航空货运单上少报了货物的重量或者的尺寸，经承运人检查发现后，承运人可以按照正确的重量或者尺寸向托运人收取运费；托运人发现差错后，也可以提出更正。航空货运单或者货物收据是承运人收到托运人托运的货物的初步证据，但是，如果承运人有证据证明它没有收到货物，这种初步证据的推断也是可以否定的。承运人采纳并编入自己的《货物运输条件》的国际航协《货物运输条件》第5条第5.4款第5.4.4项作出了如果托运人在航空货运单上所申报的货物毛重、尺寸、数量或者声明价值低于实际的货物毛重、尺寸、数量或者声明价值所计得的应当向承运人支付的费用的，托运人或者收货人应当向承运人补足应付的费用。

4. 如何填写航空公司托运书?

航空公司的托运书是托运人委托承运人或者其代理人代替填写航空货运单的委托书，见表4-1所示。此种托运书的填写要求如下：

托运书应当由托运人填写，字迹一定要清楚，最好用打字机打印，以避免字迹不清楚造成被委托人打印航空货运单时发生差错。

下面按照航空公司的托运书的格式、编号说明航空公司的托运书各栏目的填写要求：

(1)托运人名称及地址

填入托运人的全称及地址，必要时填入电话和传真号码。对于单票货物来说，托运人是实际托运人，对于集运货物来说，托运人是集运人。

(2)收货人名称和地址

填入收货人的名称和地址以及所在的国家(地区)名称。托运人的名称和地址一定要写完全、详细，公司名称、街牌门号、区名、省(州)名、国家(地区)名称一定要写清楚。对于紧急货物，在货物运达目的地时需用电话通知收货人提取货物的，以及动物、灵柩和骨灰、鲜活易腐等特种货物，要求填入收货人的电话和传真号码，以便于承运人能够及时地通知收货人提取货物。对危险品的感染性物质、国家或者国际公约规定禁止泄漏技术名称的"n. o. s"名称或者一般运输专用名称的控制危险品，建议写上收货人的联系人和其电话号码，以便于承运人必要时应急联系。

例：ROBERT NECK TIE SUPPLIES LTD.——收货人的公司名称

1117 HOLLYWOOD BLVD——街道、门牌号码

HOLLYWOOD, CALIFORNIA 90024, USA——区名或州名及邮编、国名

TEL +1 (239)332 3355 ATTN MR PETER LI——电话号码及联系人

对于单票货物来说，收货人是实际收货人，对于集运货物来说，收货人是集运人在目的地的代理人(分理人)。

(3)另通知人

货物的到达通知如果需要另通知其他人的，应当填入"另通知人"的名称和地址。"另通知人"的街道、门牌、国家(地区)名称等内容。

大多数情况下，需要填入"另通知人"的货物，是收货人为银行的货物(银行货物)和需要

经由收货人的代理人提供提取货物、报关等服务的货物。

(4)始发地机场名称

填入始发地机场名称或者城市名称的全称。

(5)目的地机场名称

填入目的地机场名称或者城市名称的全称。

(6)对运输声明价值

如果托运人要求声明价值的,填入声明价值金额,否则填入“NVD”。

(7)对海关申报价值

如果托运人要求填入对海关申报价值的,填入对海关的申报价值。填入的申报价值必须与发票上所写的一致,否则会造成在始发地和目的地报关的麻烦。因此,建议此项目留空白或者填为“见发票”,对于无商业价值的货物填为“NCV”。NCV = NO CUSTOMS VALUE(无海关价值) 或者 NO COMMERCIAL VALUE(无商业价值)。

(8)要求预定舱位和运输路线

填入托运人要求订舱的航空公司代码、航班号及日期,如果托运人对运输路线有要求的,应当填入要求的运输路线。

(9)唛头、操作注意事项和附航空货运单文件

唛头是写在货物包装外面识别货物的标记,通常情况下贸易货物都应当有唛头。唛头应当在托运书上写明。

托运人如果对货物的储运有需要注意事项的,请写入此栏目内;

托运人随同航空货运单带往目的的文件,请填入此栏目内;

其他有关事项也可以填入此栏目内。

(10)件数和包装方式

填入货物的件数和包装方式。

包装方式的种类有:CARTON(硬纸板箱)、WOODEN BOX(木箱、木合)、FIBRE-BOARD BOX(纤维板箱)、PLASTIC BOX(塑料箱)、PLY-WOOD BOX(三夹板箱)、RECONSTITUTED WOOD BOX(再生木箱)、ALUMINIUM BOX(铝箱)、STEEL BOX(铁箱)、WOODEN DRUM(木桶)、STEEL DRUM(铁桶)、PLASTIC DRUM(塑料桶)、ALUMINIUM DRUM(铝桶)、FIBRE DRUM(纤维桶)、CRATE(柳条箱、篮、篓)、BAG(包)、ROLL(卷)、FOAMBOARD BOX(泡沫塑料箱)、SUITCASE(行李箱)、BARREL(圆桶)、BUNDLE(捆)等。如未加包装的,可写为 LOOSE。

(11)毛重

填入货物的毛重。承运人或者其代理人在接受货物时应当核查货物的毛重。

(12)货物品名

填入货物的品名。货物名称不可以填写笼统的名称,如“样品”、“零件”等。

(13)尺寸或体积

填入货物的尺寸或者体积。表示方法如下:

70×80×40CM×15 ,表示 15 件货物的尺寸均为 70cm×80cm×40cm,或者用 3.36 CU.M(Cubic metres,立方米)表示。

对于单件货物质量超过 150 千克或者托盘货物的,应当在此栏内写明。

(14)重量运费和声明价值费的付款方式预付或者到付

货物的重量运费和声明价值附加费如果是预付的,在下方对应的格子内填入“预付”或者

“PP”字样；如果是到付的，填入“到付”或者“CC”字样。

(15)始发地的其他费用的付款方式预付或者到付

在始发地产生的其他费用如果是预付的，在下方对应的格子内填入“预付”或者“PP”字样；如果是到付的，填入“到付”或者“CC”字样。

(16)其他事项

填入其他的有关事项。

(17)运价/运费

必要时填入确认的运价或者运费。

(18)托运人签名(盖章)

此栏目有以下3项内容：

①托运人委托承运人或者其代理人代替其填开航空货运单并授权承运人或者代理人代替其在航空货运单上签名；

②托运人提供4项保证：

a. 货物的内容与托运人所填写的品名一致并符合航空运输安全要求；

托运人必须在左边的□格子内填入“√”符号表示。

b. 如果托运人所托运的货物不属于危险品的，他必须在左边的□格子内填入“√”符号表示；

c. 如果托运人所托运的货物属于危险品的，每一包装件所装入的危险物品或者物质的数量必须在适用的危险品规则的限制以内，并且符合适用的危险品规则规定的航空运输条件；

托运人必须在左边的□格子内填入“√”符号表示。

d. 托运人保证在货物中没有含有国家和国际法律和政府规定禁止运输的物品或者物质。

托运人必须在左边的□格子内填入“√”符号表示。

③托运人必须在此处签名和盖章，经办人也应当签名并留下电话和传真号码，同时写明填写此份托运书的日期。

(19)制单人员在填写了航空货运单后，在此处填入航空货运单的号码。

(20)制单人员在填写了航空货运单后，在此处填入填制航空货运单的日期。

(21)制单人员在填写了航空货运单后，在此处签名。

5. 如何填写航空货运单?

航空货运单是承运人与托运人签订航空货物运输合同存在的书面凭证，是订立合同、接受货物和所列条件的初步证据，是承运人收到托运人所托运货物的凭证，因此，它是航空货物运输的最重要文件。

填写航空货运单的内容来自托运人填写的托运书，因此在填写航空货运单之前必须对托运人填写的托运书的全部项目进行审核；如发现有错误的内容，必须要求托运人更正；如有不明了的地方，必须向托运人了解清楚。

航空货运单中填写的内容必须使用英文表示，并提供打印的航空货运单。式样见表8-1所示。航空货运单的各栏目编号说明如下：

(1) Airport of Departure(出发地机场)

填入出发地机场名称的三字代码（如不知道机场名称时，填入出发地城市名称的三字代码）。该三字代码必须与以下第(9)项“AIRPORT OF DEPARTURE”栏目内所填入的机场名称或者城市名称一致。

航空公司货运单(附填写栏目说明编号)　　表 8-1

Shipper's Name and Address (2)

Shipper's Account Number (3)

Not Negotiable

Air Waybill

Issued by

Copies 1, 2 and 3 of this Air Waybill are originals and have the same validity.

Consignee's Name and Address (4)

Consignee's Account Number (5)

It is agreed that the goods described herein are accepted in apparent good order and condition (except as noted) for carriage SUBJECT TO THE CONDITIONS OF CONTRACT ON THE REVERSE HEREOF. ALL GOODS MAY BE CARRIED BY ANY OTHER MEANS INCLUDING ROAD OR ANY OTHER CARRIER UNLESS SPECIFIC CONTRARY INSTRUCTIONS ARE GIVEN HEREON BY THE SHIPPER, AND SHIPPER AGREES THAT THE SHIPMENT MAY BE CARRIED VIA INTERMEDIATE STOPPING PLACES WHICH THE CARRIER DEEMS APPROPRIATE. THE SHIPPER'S ATTENTION IS DRAWN TO THE NOTICE CONCERNING CARRIER'S LIMITATION OF LIABILITY. Shipper may increase such limitation of liability by declaring a higher value for carriage and paying a supplemental charge if required.

Issuing Carrier's Agent Name and City (6)

Accounting Information (10)

Agent's IATA Code (7)

Account No. (8)

Airport of Departure (Addr. of First Carrier) and Requested Routing (9)

Reference Number (34A)

Optional Shipping Information (34B) (34C)

To	By First Carrier / Routing and Destination	to	by	to	by	Currency	CHGS Code	TW/VAL PPD	TW/VAL COLL	Other PPD	Other COLL	Declared Value for Carriage	Declared Value for Customs
(11A)	(11B)	(11C)	(11D)	(11E)	(11F)	(12)	(13)	(14A)	(14B)	(15A)	(15B)	(16)	(17)

Airport of Destination (18)

Requested Flight/Date (19A) (19B)

Amount of Insurance (20)

INSURANCE - If carrier offers insurance, and such insurance is requested in accordance with the conditions thereof, indicate amount to be insured in figures in box marked "Amount of Insurance".

Handling Information (21)

SCI (21A)

No. of Pieces RCP	Gross Weight	kg lb		Rate Class / Commodity Item No.	Chargeable Weight	Rate / Charge	Total	Nature and Quantity of Goods (incl. Dimensions or Volume)
(22A)	(22B) (22C)		(22Z)	(22E) (22D)	(22F)	(22G)	(22H)	(22I)
(22J)	(22K)						(22L)	

Prepaid		Collect
	Weight Charge	
(24A)		(24B)
	Valuation Charge	
(25A)		(25B)
	Tax	
(26A)		(26B)
	Total Other Charges Due Agent	
(27A)		(27B)
	Total Other Charges Due Carrier	
(28A)		(28B)
(29A)		(29B)
Total Prepaid		Total Collect
(30A)		(30B)
Currency Conversion Rates		CC Charges in Dest Currency
(33A)		(33B)
For Carrier's Use at Destination (33)		Charges at Destination (33C)

Other Charges (23)

Shipper certifies that the particulars on the face hereof are correct and that insofar as any part of the consignment contains dangerous goods, such part is properly described by name and is in proper condition for carriage by air according to the applicable Dangerous Goods Regulations.

(31)

Signature of Shipper or his Agent

(32A) (32B) (32C)

Executed on (Date)　at (Place)　Signature of Issuing Carrier or its Agent

Total Collect Charges (33D)

例:999｜PVG｜5304 8251

(2)Shipper's Name and Address(托运人名称和地址)。

填入托运人的名称和地址以及所在的国家(地区)名称(国家(地区)名称可用二字代号),必要时填入托运人的电话和传真号码等联系方式。对危险品中感染性物质、国家或者国际公约规定禁止泄漏技术名称的"n. o. s"名称或者一般运输专用名称(Generic Proper Shipping Name)的控制危险品,建议写上托运人的联系人和其电话号码,以便于承运人必要时应急联系。

例1:集运货物,托运人是集运人(货运代理公司)。

Shipper's Name and Address	Shipper's Account Number
HAIDA EXPRESS INTERNATIONAL TRANSPORTATION CO. , LTD. SHANGHAI, CHINA	

例2:非集运货物,托运人是实际托运人

Shipper's Name and Address	Shipper's Account Number
SHENGZHOU HUIHUI GARMENTS & NECKTIC CO. , LTD 2888 SHENGZHOU DADAO ROAD SHENGZHOU CITY ZHEJIANG PROVINCE, CHINA	

(3)Shipper's Account Number(托运人账号)。

一般不需要填写这项目,只是在承运人要求时,才填入托运人的账号。

(4)Consignee's Name and Address(收货人名称及地址)。

填入收货人的名称和地址以及所在的国家(地区)的名称(国家(地区)名称可用二字代码)。收货人的名称和地址一定要详细,公司名称、街牌门号、区名、省(州)名、国家(地区)名称也一定要写清楚。对于紧急货物,在货物运达目的地时需用电话通知收货人提取货物的以及动物、灵柩和骨灰、鲜活易腐等特种货物,要求填入收货人的电话和传真号码,以便于承运人及时地通知收货人提取货质。对危险货物的感染性物资、国家或者国际公约规定禁止泄漏技术名称的、n. o. s 或者一般运输专用名称的控制危险品,建议写上收货人的联系人和其电话号码,以便于承运人必要时应急联系。

例1:集运货物,收货人是集运人(货运代理公司)的代理人。

Consignee's Name and Address	Consignee's Account Number
ABC AIRCARGO SERVICE (USA) INC. 9784 NW Q8 TERRACE, MIAMI, FL 33172, USA ATTN MR PETER WANG TEL 305 599 0804 FAX 305 477 0840	

例2:非集运货物,收货人是实际收货人。

Consignee's Name and Address	Consignee's Account Number
ROBERTS CAMERA SUPPLIES LTD 1417 HOLLYWOOD BLVD HOLLYWOOD, CALIFORNIA 90024, USA ATTN MR. PETER MA TEL. 305 899 8889 FAX. 305 899 8899	

(5) Consignee's Account Number（收货人账号）

不需要填写此项目，由最后区段承运人在必要时使用。

(6) Issuing Carrier's Agent Name and City（发行航空货运单的代理人名称和城市名称）

填入享有发行航空货运单的航空公司付给手续费的代理人名称和其所在的城市或者机场名称

例:HAIDA EXPRESS INTERNATIONAL TRANSPORTATION CO.,LTD., SHANGHAI

如果手续费应当付给目的地的代理人的，在此栏目内写入享受手续费的代理人的名称及地址，冠加"Commissionable Agent"字样。

(7) Agent's IATA Code（代理人的 IATA 代码）

如承运人要求时，应填入代理人的 IATA 代号

例:28 30230

对于通过 CASS 系统支付运费的，按 CASS 管理规则填入代号。

(8) Account No.（账号）

一般不需要填写此栏目，只是在承运人要求时，才填入代理人的账号。

例:7403400051145

(9) Airport of Departure (Addr. of First Carrier) and Requested Routing（出发地机场名称（第一承运人地址）和要求的路线）

填入出发地机场名称和要求的路线。该机场名称必须与以上第(1)项"AIRPORT OF DEPARTURE"栏目内所填入的三字代码的机场名称一致。

例 1:PUDONG（一航段运输）

例 2:PUDONG-NRT-SFO（两区段运输）

(10) Accounting Information（付款说明）

如果费用预付用现款支付的，填入"CASH"；如果费用预付用支票支付的，填入"CHEQUE"。

作为货物托运的行李，如果用 MCO① 支付费用的，应填入 MCO 号码(MCO No.)和 MCO 结算联的价值，并输入旅客乘机的航班号码/日期及路线。

如果用美国政府提单支付费用的，应填入提单的号码，如 GBL No ____________（填入号码）。

对于无人提取退回原地的货物，在此栏目内填入：

例 1:RETURNED CARGO, ORIGINAL AWB NO. ____________（填入原货运单号码）

对于作货物托运的行李，在此栏内填入旅客的机票号码和乘飞机的航班号码及日期。

例 2:TICKET NO. ____________（填入客票号码）

CA929/25NOV.,PUDONG-NARITA

许多人习惯在此栏目内填入运输费用的预付或者到付的付款方式：

---

① 用 MCO 或者 GBL 支付费用的，需经过发行航空货运单航空公司的同意，并按其要求操作。通常情况下，应将 MCO 或者 GBL 的结算联附在航空货运单 ORIGINAL 1（交发行航空货运单的承运人联）的背面，并在销售日报上写明。发行航空货运单的航空公司凭 MCO 或者 GBL 结算联向发行 MCO 的航空公司或发行政府提单的国家政府有关部门收取费用。

如果运输费用的付款方式是预付的，填入“FREIGHT PREPAID”（运输费用预付）字样；如果运输费用的付款方式是到付的，填入“FREIGHT COLLECT”（运输费用到付）字样；

如果重量运费/声明价值费的付款方式是预付的、其他费用的付款方式的到付的，填入“WEIGHT/VALUATION CHARGES PREPAID”（重量运费和声明价值费预付）、“OTHER CHARGES COLLECT”（其他费用到付）；如果重量运费/声明价值费的付款方式是到付的、其他费用的付款方式是预付的，填入“WEIGHT/VALUATION CHARGES COLLECT”（重量运费和声明价值费到付）、“OTHER CHARGES PREPAID”（其他费用预付）。

因为在航空货运单的(14A)、(14B)、(15A)、(15B)和(24A)至(30B)栏目中必须填入运输费用的预付或者到付的付款方式，所以可不必要按照以上述填入运输费用的预付或者到付的付款方式。

(11A) to（至）

在“to”格内填入目的地机场或者第一转运地机场的三字代码（如果该城市有多个机场或者不知道机场名称时，填入该城市名称的三字代码）。

(11B) By First Carrier（第一承运人）

填入第一承运人的全称或者二字代码。

(11C) to（至）

在“to”格内填入目的地机场或者第二转运地机场的三字代号（如果该城市有多个机场或者不知道机场名称时，填入该城市名称的三字代码）。

(11D) by

填入第二承运人的二字代码。

(11E) to（至）

在“to”格内填入目的地机场或者第三转运地机场的三字代号（如果该城市有多个机场或者不知道机场名称时，填入该城市名称的三字代码）。

(11F) by

填入第三承运人的二字代码。

(11A)至(11F)填写例：

例 1：自 PUDONG 至 TOKYO 货物

TO	BY FIRST CARRIER	TO	BY	TO	BY
NRT	**CA**				

例 2：自 BEIJING 经 ZURICH 至 BASLE 货物

TO	BY FIRST CARRIER	TO	BY	TO	BY
ZHR	**CA**	**BSL**	**SR**		

(12) Currency（货币）

填入本份航空货运单使用的货币代码。自我国始发使用人民币，填入“CNY”，表示本份航空货运单的运输费用均为人民币。

(13) CHGS Code（费用支付方式代码）

此栏目由承运人必要时填写。

(14A)和(14B) WT/VAL（重量运费/声明价值费）

WT 表示重量运费 WEIGHT, VAL 表示声明价值费 VALUATION。

在“PPD”的下方填入“X”符号表示 WT/VAL 费的付款方式为预付。

在“COLL”的下方填入“X”符号表示 WT/VAL 费的付款方式为到付。

例:

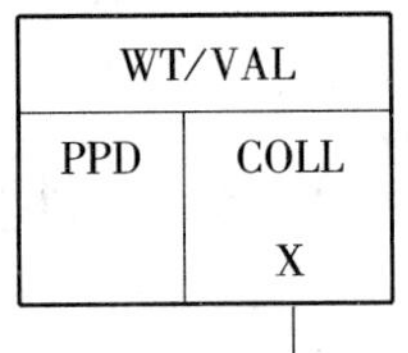

表示 WT/VAL 费的付款方式为到付

说明:因使用电脑打印机打印航空货运单时,在“PPD”或者“COLL”下方格内输入“X”符号打印时,往往会偏出格外,因此不少人用“PP”(预付)或者“CC”(到付)代码代替。

重量运费和声明价值费只能全部预付或者全部到付,不可以部分预付或者部分到付。

当上述栏目的填写所表示的重量运费和声明价值费的付款方式预付或者到付与左下方(24A)至(30B)所表示的重量运费和声明价值费的付款方式预付或者到付不一致时,以(24A)至(30B)所填写表示的付款方式为准。

(15A)和(15B) Other(其他费用)

在“PPD”的下方填入“X”符号表示其他费用的付款方式为预付。

在“COLL”的下方填入“X”符号表示其他费用的付款方式为到付。

例:

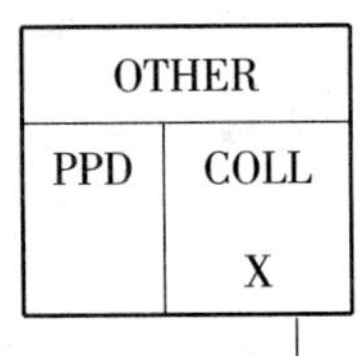

表示其他费用的付款方式为到付

说明:因使用电脑打印机打印航空货运单时,在“PPD”或者“COLL”下方格内输入“X”符号打印时,往往会偏出格外,因此不少人用“PP”(预付)或者“CC”(到付)代码代替。

其他费用只能全部预付或者全部到付,不可以部分预付或者部分到付。

当上述栏目的填写所表示的其他费用付款方式预付或者到付与左下方(24A)至(30B)所表示的其他费用付款方式预付或者到付不一致时,以(24A)至(30B)所填写表示的付款方式为准。

(16) Declared Value for Carriage (对运输申报价值)

填入托运人对运输的声明价值。如托运人无声明价值的,应填入"NVD"(NVD = NO VALUE DECLARED(无声明价值))。

(17) Declared Value for Customs(对海关声明价值)

必要时填入对海关的申报价值,也可留空白。有一些货运代理公司填为"AS PER INVOICE"较常见。对于无商业价值的货物,可填为"NCV"。

如果在此项目填入的数额发生错误,在始发地或者目的地会造成托运人或者收货人报关的麻烦,因此如果出发地和目的地海关没有规定必须在此栏目内填入数额的,不要填入任何数额,留空白,或者填为"AS PER INVOICE"或者"SEE INVOICE"为较妥。

(18) Airport of Destination (目的地机场名称)

填入目的地机场名称的全称(如该城市有多个机场或者不知道机场名称时,填入该城市名称的全称)。

如果在不同的国家或者不同的省(州)内存在着相同的机场或者城市名称的,要求在机场名称或者城市名称的后面加注省(州)和国家名称,以避免货物运错目的地。

例:

Airport of Destination		Airport of Destination
ATHENS OHIO USA	或者	**ATHENS OH US**

说明:ATHENS (雅典)一般认为是希腊的雅典,但这票货物运往美国俄亥俄州的雅典。为了避免货物错运目的地,要求在 ATHENS 的后面加注州名和国名。

OHIO——美国俄亥俄州

OH——俄亥俄州的二字代码

US——美国的二字代码

(19A)和(19B) Requested Flight/Date (要求的航班及日期)

填入订妥舱位的航班号及日期。

例:

Flight/date	Flight/Date
CA985/16	**YA076/17**

(20) Amount of Insurance (保险数额)

如果此栏目是白色的,且发行航空货运单的承运人代理保险业务和托运人要求保险,填入保险数额。

如果此栏目是白色的,且发行航空货运单的承运人不代理保险业务或者托运人不要求保险,填入"×××"代码,表示无保险。

(21) Handling Information (操作注意事项)

在此栏目内需要填入的内容如下:

①填入货物外包装上的标记和号数(唛头)、包装方式、另请通知人的名称及地址(包括 Tel. 和 Fax 号码)等。

例:

Handling Information	
	ALSO NOTIFY:
P & C	ABC TRADING LTD
PO 123	1150 JHON STREET, FL. 31111, USA
C/NO. 001 – 040	ATTN MR T PETER
MADE IN CHINA	TEL 213 000 0002
	FAX 213 000 0001
	sci

②填入附在航空货运单背面的文件

例 1:分运单和集运货物清单附在总运单的背面(集运货物)

Handling Information
HOUSE AIR WAYBILLS AND CONSOLIDATED CARGO MANIFESTS ATTACHED
sci

例 2:发票和装箱单附在航空货运单的背面(非集运货物)

Handling Information
3 COPIES OF INVOICES AND PACKING LISTS ATTACHED
sci

③如果是危险品的,填写为"DANGEROUS GOODS AS PER ATTACHED SHIPPER'S DECLARATION",或者"DANGEROUS GOODS AS PER ATTACHED DGD"。如果一票货物中有的包件是危险品的,应当在"DANGEROUS GOODS AS PER ATTACHED SHIPPER'S DECLARATION" 或者"DANGEROUS GOODS AS PER ATTACHED DGD"的前面或者后面标明危险品的件数,如:"5 PKGS-DANGEROUS GOODS AS PER ATTACHED SHIPPER'S DECLARATION"。

例 1:危险品,可以装客机

Handling Information
DANGEROUS GOODS AS PER ATTACHED SHIPPER'S DECLARATION
sci

例 2:危险品,只限装货机

Handling Information
DANGEROUS GOODS AS PER ATTACHED SHIPPER'S DECLARATION CARGO AIRCRAFT ONLY
sci

例 3:一票货物中 5 包件是危险品

Handling Information
5 PKGS – DANGEROUS GOODS AS PER ATTACHED SHIPPER'S DECLARATION
sci

例 4:对于不需要出具"托运人危险品申报单"的货物

Handling Information	
DANGEROUS GOODS-SHIPPER'S DECLARATION NOT REQUIRED	
	sci

④如果是活体动物货物,应当填入随航空货运单所附的"托运人活体动物证明书"(SHIPPER'S CERTIFICATION FOR LIVE ANIMALS),必要时,还应当附有"健康和原产地证明书"(CERTIFICATES OF HEALTH AND ORIGIN),以及其他必要的文件,并写明托运人24小时可以联系上的电话号码,以便于承运人遇到紧急情况时可以同托运人联系。

例:运输活体动物的航空货运单,附两种文件及联系方式

Handling Information	
SHIPPER'S CERTIFICATION FOR LIVE ANIMALS ATTACHED **CERTIFICATE OF HEALTH AND ORIGIN ATTACHED** **SHIPPER'S 24 HOUR CONTACT: +86 21 5555 8888 ATTN MR. WU**	
	sci

⑤从美国出发的货物,声明货物的出口符合美国的管理规定

Handling Information
These commodities, technology or software were exported from the USA in accordance with the Export Administration Regulations. Diversion contrary to USA law prohibited.

⑥关于对货物的特别操作注意事项

如:"STORE IN COOL PLACE"(存放在凉爽的地方)等。

⑦其他必要的说明

如:"THIS SHIPMENT CONTAINS NO SOLID WOOD PACKING MATERIALS"(本票货物没有使用硬木包装材料)。

(21A)SCI(对海关的特别申报)

此栏目仅对欧盟国家之间的运输适用。

(22A)No. of Pieces (件数)

RCP (运价相加点)

填入货物的包件数。

如果货物的运价是使用分段相加运价的(至某些无直达运价公布的较小城市),在所列件数的下方填入运价相加点的城市三字代码。

例: 15

TYO

表示货物的运价是以东京这点相加的。

(22B)Gross Weight (毛重)

填入货物的毛重,如货物的毛重为28千克,填为28.0。

如果用集装器作为包装的货物,另起一行填入所用的集装器的自重,并应当与"Rate Class"栏内填入的集装器附加标示代码"X"对为一行。

(22C) kg (千克)

1b (磅)

自我国始发使用千克,在此处的第一行填入"K"代码。

(22D) Rate Class（运价类别）

填入适用的运价类别代码。

常用的运价类别代码如下：

M—Minimum Charge（最低运价）

N—Normal Rate（45 千克以下的每千克基准普通货物运价）

Q—Quantity Rate（45 千克以上的每千克普通货物运价，可以有多个质量分界点）

P—International priority service rate（国际优先服务货物运价）

C—Specific Commodity Rate（指定商品的每千克运价，可以有多个质量分界点）

R—Class Rate Reduction 附减等级运价（适用于书报、杂志、盲人读物、作为货物托运的行李等）

S—Class Rate Surcharge 附加等级运价（适用于贵重货物、活体动物、尸体）

U—Unit Load Device Basic Charge or Rate（集装设备货物基本运费或者运价）

E—Unit Load Device Additional Rate（集装设备货物附加运价）

X—Unit Load Device Additional Information（集装设备货物附加标示代码）

Y—Unit Load Device Discount（集装设备货物打折）

W—Weight Increase（重量增加运价）

(22E) Commodity（商品项目编号）

Item No.

填入指定商品运价的商品项目编号，如：

2195 为上海/北京至日本东京、大阪等地的服装、纺织品指定商品运价项目代号。

2211 为上海/北京至纽约、旧金山、西雅图、洛杉矶、波特兰、温哥华、蒙特利尔的服装、纺织品指定商品运价项目代号。

如果使用的是附减的等级运价，填入运价类别代码，后接应收运价的百分比（不附% 符号），并与“Rate Class”栏内所填入的运价类别代码“R”对为一行。如：运价为 N 的运价 33% 折扣的，应表示为 N 67（R N67）。

如果使用的是附加的等级运价，填入运价类别代码，后接应收运价的百分比（不附% 符号），并与“Rate Class”栏内所填入的运价类别代码“S”对为一行。

如：M 的运费附加 50% 的，应表示为 M150（S M150）

N 的运价附加 100% 的，应表示为 N200（S N200）

Q 的运价附加 10% 的，应表示为 Q110（S Q110）

Q 的运价 100% 的，应表示为 Q100（S Q100）

(22F) Chargeable Weight（计费重量）

填入计费重量。

体积重量 6000 立方厘米等于 1 千克。如果体积重量大于实际毛重的，计费重量应为体积重量。

例：一票货物的实际毛重 500 千克，体积 5.2 立方米

体积重量：$\frac{5.2}{0.006}$等于 867 千克

如果使用较高重量分界点的较低运价能获得较低的运费时，计费重量应为该较高的重量。

TACT 运价	
M	320.00
N	68.34
45	51.29
500	44.21
1000	41.03

例:一票货物自上海运往巴黎

实际毛重:480 千克

比较运费:①480 ×51.29 = CNY24,619.20

②500 ×44.21 = CNY22,105.00

这票货物的计费重量应为 500 千克,使用 44.21 元运价。

(22G)Rate/Charge(运价/运费)

填入运价或运费。

运价为每千克的运价,运费为最低运费或者承运人规定的收费数额。填入航空公司的航空货运单的运价、运费应当是 TACT 运价、运费或者承运人公布的运价、运费

(22H)Total(合计)

填入本行所列货物的运费。

每一行所填入的内容都必须对齐。

(22I) Nature and Quantity of Goods(incl. Dimensions or Volume)货物品名和数量(包括尺寸或体积)

填入货物的品名和数量包括尺寸或者体积。要求写明货物的尺寸或者体积,实在不能提供尺寸或者体积的,可写为"NO DIMENSIONS AVAILABLE";但是使用承运人的集装设备作为包装运输货物的,则不必要写明尺寸或者体积。

例 1:化学品,但证明不是危险品的

ABRASIVE PASTE NOT RESTRICTED DIMS 50 ×50 ×30CM ×3

例 2:危险品,填入危险品的品名。

在"Handling Information"栏内必须填入"DANGEROUS GOODS AS PER ATTACHED SHIPPER'S DECLARATION"或者"DANGEROUS GOODS AS per attached DGD"字样。

Nature and Quantity of goods (incl. Dimensions or Volume)
TOLUENE SULPHONIC ACID DIMS 35 ×35 ×35CM ×1

例 3:危险品,根据国际航协《危险品规则》属于"Dangerous Goods in Excepted Quantity"(例外数量危险品)

在"Handling Information"栏内,不需要作任何说明。

Nature and Quantity of goods (incl. Dimensions or Volume)
DENTAL KITS DANGEROUS GOODS IN EXCEPTED QUANTITY NO DIMENSIONS AVAILABLE

例 4:放射性物质的“例外包装件”(Excepted Package)在符合国际航协《危险品规则》规定的条件下,在航空货运单的“Nature and Quantity of Goods”栏内,填写了货物品名后应当填入以下适用内容及 UN 编写:

①RADIOACTIVE MATERIAL,EXCEPTED PACKAGE-LIMITED QUANTITY OF MATERIAL(放射性物质,例外包装件 - 限制数量的物质);

②RADIOACTIVE MATERIAL,EXCEPTED PACKAGE-INSTRUMENTS(放射性物质,例外包装件 - 仪器);

③RADIOACTIVE MATERIAL,EXCEPTED PACKAGE-ARTICLES(放射性物质,例外包装件 - 物品);

④RADIOACTIVE MATERIAL,EXCEPTED PACKAGE-ARTICLES MANUFACTURED FROM NATURAL URANIUM(放射性物质,例外包装件 - 天然铀制造的物品);

⑤RADIOACTIVE MATERIAL,EXCEPTED PACKAGE-ARTICLES MANUFACTURED FROM DEPLETED URANIUM(放射性物质,例外包装件 - 贫铀制造的物品);

⑥RADIOACTIVE MATERIAL,EXCEPTED PACKAGE-ARTICLES MANUFACTURED FROM NATURAL THORIUM(放射性物质,例外包装件 - 天然钍制造的物品);

⑦RADIOACTIVE MATERIAL,EXCEPTED PACKAGE-EMPTY PACKAGING(放射性物质,例外包装件 - 空包件)。

例:

Nature and Quantity of goods (incl. Dimensions or Volume)
BALANCE WEIGHTSRADIOACTIVE MATERIAL EXCEPTED PACKAGE ARTICLES MANUFACTURED FROM DEPLETED URANIUM UN2909 DIMS 50 ×50 ×45CM ×1

在“Handling Information”栏内,不需要作任何说明。

对货物中含有保鲜用的干冰,填写方法请见下例:

例:

Nature and Quantity of goods (incl. Dimensions or Volume)
FROZEN FISH DRY ICE 9-UN 1845 2 ×40 KG DIMS 75 ×75 ×45CM ×6

注:①9 表示是第 9 类危险品, UN 编号 1845,2 ×40 KG 表示 2 件货物中各内含有干冰净重 40 千克。②在“Handling Information”栏目内应填入“DANGEROUS GOODS-SHIPPER'S DECLARATION NOT REQUIRED”字样。

对活体动物而言，在活动物名称的前面应写明活动物的数量。

例：

Nature and Quantity of goods (incl. Dimensions or Volume)
2 LIVE DOGS DIMS 120×80×60CM×2

对贵重货物而言，在货物名称的下方应写明"VALUABLE CARGO"字样。

例：

Nature and Quantity of goods (incl. Dimensions or Volume)
BANKNOTES VALUABLE CARGO NO DIMENSIONS AVAILABLE

对其他特种货物，也要求在货物品名的下方或者"Handling Information"栏内注明特种货物的代码，如湿货的"WET"、鲜活易腐货物的代码等。鲜活易腐货物的代码如下：

PEF Flowers(鲜花)

PEM Meat(肉)

PEP Fruits and vegetables(水果和蔬菜)

PER All Perishable cargoes other than flowers, meat and fish/seafood as individual handling codes are designated for such codes(所有易腐货物，但不包括已有指定代码的鲜花、肉、鱼/海鲜)

PES Seafood/Fish(食用的海鲜/鱼)

对集装设备货物而言，在货物名称的下方应当填入集装设备号码，同时，与 Rate Class"栏目内填入的集装设备标示代码"X"对齐并列一行。

例：

No. of Pieces RCP	Gross Weight	Kg Lb	Rate Class	Commodity Item No.	Chargeable Weight	Rate/Charge	Total	Nature and Quantity of Goods (incl. Dimensions or Volume)
3	1329.0 405.0	K	C	2195	1800.0	18.80	33840.00	SILK CLOTHES
			X					AKE2225××
			X					AKE2275××
			X					AKE3375××
	1734.0							

对集装设备货物而言，如果在"No. of Pieces"栏目内填入的件数与集装设备内装入的货物件数不一致的，必要时在每一个集装设备号码的上方填入该集装器内所装的货物实际件数。

例:

No. of Pieces RCP	Gross Weight	K g L b	Rate Class	Commodity Item No.	Chargeable Weight	Rate/Charge	Total	Nature and Quantity of Goods (incl. Dimensions or Volume)
3	1329.0	K	C	2195	1800.0	18.80	33840.00	MACHINERY TOOLS
	405.0							40 SLAC
			X					AKE2225 × ×
								55 SLAC
			X					AKE2275 × ×
								65 SLAC
			X					AKE3375 × ×
	1734.0							

注:SLAC = Shipper Load and Count(托运人自装自数件数)

(22J) Total Number of Pieces(总件数)

如果在"No. of Pieces"栏中货物件数的填写是多行的,将上面各行的件数合计填入此栏内。

(22K) Total Gross Weight (总毛重)

如果在"Gross Weight"栏目中的填写是多行的,将上面各行的毛重合计填入此栏内。

(22L) Total 运费总计

如果在上方的"Total"栏中的填写是多行的,将上面各行的运费合计填入此栏内。

(22A)至(22I)填写例:

每一行的填写都必须对齐。

例1:上海至东京货物,工具1箱5千克(运费为最低运费)

TA CT 运价:	M	230.00
	N	30.22
	45	22.71
0008	300	18.80
0300	500	20.61
1093	100	14.71
2195	500	18.80

例中:

0008　为(水果,新鲜蔬菜)Fruit, vegetables-fresh

0300　为(鱼(可食用的),海产食品)Fish(edible), seafood

1093　为(蠕虫(沙蚕等))Worms

2195　①(成包、成卷、成块未进一步加工或制造的纱、线、纤维、布)Yarn, thread, fibres, cloth-not further processed or manufactured/exclusively in bales, bolts, pieces.

②(服装、纺织制品)Wearing apparel, textile manufactures

No. of Pieces RCP	Gross Weight	Kg Lb	Rate Class	Commodity Item No.	Chargeable Weight	Rate/Charge	Total	Nature and Quantity of Goods (incl. Dimensions or Volume)
1	5.0	K	M		5.0	230.00	230.00	CIOTHES DIMS 25 × 30 × 25CM × 1

例 2:上海至东京货物 工具 1 箱 10 千克(运价为 N 的运价)(运价见例 1)。

No. of Pieces RCP	Gross Weight	Kg Lb	Rate Class	Commodity Item No.	Chargeable Weight	Rate/Charge	Total	Nature and Quantity of Goods (incl. Dimensions or Volume)
1	10.0	K	N		10.0	30.22	302.20	MACHINARY TOOLS DIMS 45 × 30 × 30CM × 1

例 3:上海至东京货物, 服装 1 箱 38 千克 (靠级到计费重量 45 千克,使用 45 千克的运价)(运价见例 1)。

No. of Pieces RCP	Gross Weight	Kg Lb	Rate Class	Commodity Item No.	Chargeable Weight	Rate/Charge	Total	Nature and Quantity of Goods (incl. Dimensions or Volume)
1	38.0	K	Q		45.0	22.71	1021.95	CIOTHES DIMS 70 × 45 × 50CM × 1

运费计算:30.22 × 38 = 1 148.36 元

22.71 × 45 = 1 021.95 元(靠级到 45 千克的较高重量的较低运价计算运费,获得比较低的运费)

例 4:上海至东京货物,皮鞋 2 箱 25 千克 (计费重量为体积重量)(运价见例 1)。

No. of Pieces RCP	Gross Weight	Kg Lb	Rate Class	Commodity Item No.	Chargeable Weight	Rate/Charge	Total	Nature and Quantity of Goods (incl. Dimensions or Volume)
2	25.0	K	N		33.5	30.22	1012.37	LEATHER SHOES DIMS 40CM × 50CM × 50CM × 2

体积重量计算:40cm × 50cm × 50cm × 2 ÷ 6000 = 33.33333 = 33.5 千克

计费重量小数点的取舍办法:

计费重量以 1.0 千克或者 0.5 千克为单位,如

0.5 千克 = 0.5 千克

0.6 ~ 0.9 千克 = 1.0 千克

0.1 ~ 0.4 千克 = 0.5 千克

关于货物的尺寸或者体积的填写方法,可以使用以下 3 种:

如:"85 ×55 ×45CM ×15"表示 15 件货物的尺寸都为 85cm ×55cm ×45cm。

或者

3.16M^3(或 CU. M)

或

3.16 CU. M(CUBIC METER)

或者

3.16CBM(CUBIC METER)

例 5:上海至东京货物,服装 40 箱 1 000 千克,以集运货物发运(运价见例 1)。

No. of Pieces RCP	Gross Weight	K g L b	Rate Class	Commodity Item No.	Chargeable Weight	Rate/Charge	Total	Nature and Quantity of Goods (incl. Dimensions or Volume)
40	1000.0	K	C	2195	1000.0	18.80	18800.00	CONSOLIDATION AS PER ATTACHED LIST DIMS 70 ×40 ×45CM ×40

例 6:上海至东京货物,现钞 1 箱 5 千克(贵重货物)(运价见例 1)。

贵重货物的最低运费为一般货物最低运费的 200%。

No. of Pieces RCP	Gross Weight	K g L b	Rate Class	Commodity Item No.	Chargeable Weight	Rate/Charge	Total	Nature and Quantity of Goods (incl. Dimensions or Volume)
1	5.0	K	S	M200	5.0	460.00	460.00	BANKNOTES VALUABLE CARGO NO DIMENTSIONS AVAIABLE

例 7:上海至东京货物 REAL PERALS (珍珠) 4 箱 50 千克 (贵重货物)(运价见例 1)。

贵重货物的运价为 45 千克以下基准普通货物的 200%。

No. of Pieces RCP	Gross Weight	K g L b	Rate Class	Commodity Item No.	Chargeable Weight	Rate/Charge	Total	Nature and Quantity of Goods (incl. Dimensions or Volume)
4	50.0	K	S	N200	50.0	60.44	3022.00	REAL PEARLS VALUABLE CARGO DIMS 45 ×45 ×35CM ×4

例 8:上海至东京货物,化妆品 25 件 500 千克,不属于国际航协《危险货物规则》规定的危险货物(运价见例 1)。

No. of Pieces RCP	Gross Weight	Kg Lb	Rate Class	Commodity Item No.	Chargeable Weight	Rate/Charge	Total	Nature and Quantity of Goods (incl. Dimensions or Volume)
25	500.0	K	Q		500.0	22.71	11355.00	COSMETICS NOT RESTRICTED DIMS 60 ×40 ×35CM ×15 DIMS 65 ×55 ×30CM ×10

例 9：上海至东京危险品(PERFLUORO(ETHYL VINYL ETHER))仅可装货机,10 箱 100 千克(运价见例 1)。

危险品的处理费,在(23)(其他费用)栏中写明。

Handling Information

DANGEROUS GOODS AS PER ATTACHED SHIPPER'S DECLARATION

CARGO AIRCRAFT ONLY

sci

No. of Pieces RCP	Gross Weight	Kg Lb	Rate Class	Commodity Item No.	Chargeable Weight	Rate/Charge	Total	Nature and Quantity of Goods (incl. Dimensions or Volume)
10	100.0	K	Q		100.0	22.71	2271.00	PERFLUORO (ETHYL VINYL ETHER) DIMS 45 ×40 ×30CM ×10

例 10：上海至巴黎危险品(PHENYLENEDIAMINES),15 箱 515 千克,可以装客机。

TACT 运价：		
	M	320.00
	N	68.34
	45	51.29
	500	44.21
	1000	41.03

危险品处理费,在(23)(其他费用)栏中写明。

Handling Information

DANGEROUS GOODS AS PER ATTACHED SHIPPER'S DECLARATION

sci

No. of Pieces RCP	Gross Weight	Kg Lb	Rate Class	Commodity Item No.	Chargeable Weight	Rate/Charge	Total	Nature and Quantity of Goods (incl. Dimensions or Volume)
10	515.0	K	Q		515.0	44.21	22768.15	PHENYLENEDIAMINES DIMS 80 ×60 ×55CM ×10

例 11：上海至东京货物，汽车备件 10 箱 300 千克,其中 5 箱为危险品(运价见例 1)。危

险品的处理费,在(23)(其他费用)栏中写明。

Handling Information 5 PACKAGES-DANGEROUS GOODS AS PER ATTACHED SHIPPER'S DECLARATION								sci
No. of Pieces RCP	Gross Weight	K g L b		Rate Class Commodity Item No.	Chargeable Weight	Rate/Charge	Total	Nature and Quantity of Goods (incl. Dimensions or Volume)
10	300.0	K	Q		300.0	22.71	6813.00	AUTOMOTIVE PARTS DIMS 80×50×35CM×10

例12:上海至东京货物,汽车备件和油漆10箱300千克,其中3箱为危险品,以集运货物发运(运价见例1)。危险货物的危险货物处理费,在(23)(其他费用)栏中写明。

Handling Information 3 PACKAGES-DANGEROUS GOODS AS PER ATTACHED SHIPPER'S DECLARATION								sci
No. of Pieces RCP	Gross Weight	K g L b		Rate Class Commodity Item No.	Chargeable Weight	Rate/Charge	Total	Nature and Quantity of Goods (incl. Dimensions or Volume)
10	300.0	K	Q		300.0	22.71	6813.00	CONSOLIDATION AS PER ATTACHED LIST DIMS 55×45×35CM×10

例13:上海至东京,鲜鱼,用干冰保鲜(干冰属于危险品)20箱490千克(靠级到500千克的0300项目编号指定商品运价(运价见例1)。根据国际航协《危险规则》的规定,托运人不需要提供"SHIPPER'S DECLARATION FOR DANGEROUS GOODS"。

Handling Information DANGEROUS GOODS-SHIPPER'S DECLARATION NOT REQUIRED								sci
No. of Pieces RCP	Gross Weight	K g L b		Rate Class Commodity Item No.	Chargeable Weight	Rate/Charge	Total	Nature and Quantity of Goods (incl. Dimensions or Volume)
20	490.0	K	C	0300.0	500.0	20.61	10305.00	FROZEN FISH DRY ICE 9-UN 1845 20×4KG DIMS 55×45×42CM×10 DIMS 55×55×45CM×10

运费计算:490×22.71 = 11 127.90 元

500×20.61 = 10 305.00 元(靠级到 500 千克 0300 项目编号的较高质量的较低运价的指定商品运价计算运费,获得比较低的运费)

例 14:上海至东京货物,图书 30 箱 400 千克(运价见例 1)。

自我国始发图书的运价为 45 千克以下基准普通货物运价的 50%。

No. of Pieces RCP	Gross Weight	Kg Lb	Rate Class	Commodity Item No.	Chargeable Weight	Rate/Charge	Total	Nature and Quantity of Goods (incl. Dimensions or Volume)
30	400.0	K	R	N50	400.0	15.11	6044.00	BOOKS DIMS 45×45×36CM×30

例 15:上海至东京货物,活狗 6 条 3 笼 100 千克,运价为 45 千克以下基准普通货物运价的 150%(运价见例 1)。

No. of Pieces RCP	Gross Weight	Kg Lb	Rate Class	Commodity Item No.	Chargeable Weight	Rate/Charge	Total	Nature and Quantity of Goods (incl. Dimensions or Volume)
3	100.0	K	S	N150	300.5	45.33	13621.67	6 LIVE DOGS DIMS 121×80×62CM×3

体积计费质量:121cm×80cm×62cm×3÷6000 = 300.08 = 300.5 千克

例 16:上海至东京货物,丝绸服装 5 个 LD3 集装箱(丝绸服装质量 2 215 千克,空箱自重每箱 125 千克)。

承运人规定 1 个 LD3 集装箱的最低计费质量为 600 千克(运价见例 1)。

No. of Pieces RCP	Gross Weight	Kg Lb	Rate Class	Commodity Item No.	Chargeable Weight	Rate/Charge	Total	Nature and Quantity of Goods (incl. Dimensions or Volume)
5	2215.0 625.0	K	C X X X X X	2195	3000.0	18.80	56400.00	SILK GARMENTS AKE2225×× AKE2275×× AKE3375×× AKE2656×× AKE3356××
	2840.0							

例 17:自上海至巴黎货物 MACHINARY PARTS 和 CLOTHES 等 40 箱 940 千克,作为集运货物发运(靠级到 1 000 千克的运价)(运价见例 10)。

No. of Pieces RCP	Gross Weight	K g L b	Rate Class		Chargeable Weight	Rate/Charge	Total	Nature and Quantity of Goods (incl. Dimensions or Volume)
				Commodity Item No.				
40	940.0	K	Q		1000.0	41.03	41030.00	CONSOLIDATION AS PER ATTACHED LIST DIMS 55 ×50 ×45CM ×40

运费计算：44.21 ×940 =41 557.40 元

靠级:41.03 ×1000 =41 030.00 元(靠级到 1 000 千克的较高重量的较低运价计算运费，获得比较低的运费)

例 18：自上海至巴黎货物

5000 BABY POULTRY（鸡雏）50 箱 500 千克(运价见例 10)。

查 TACT Rules 第 3 章第 3 节第 3.7.2 项动物运价表,在 2 区和 3 区之间鸡雏的运价为 45 千克以下基准普通货物运价(Normal GCR)。

No. of Pieces RCP	Gross Weight	K g L b	Rate Class		Chargeable Weight	Rate/Charge	Total	Nature and Quantity of Goods (incl. Dimensions or Volume)
				Commodity Item No.				
50	500.0	K	S	N100	500.0	68.34	34170.00	5000 BABY POULTRY NO DIMENSIONS AVAILABLE

例 19：自上海至温哥华活动物 42 LIVE RABBITS(活兔子) 6 笼 95 千克

适用运价:45 千克以下基准普通货物运价的 150%。

TACT 运价：M　420.22

N　51.58

45　38.70

100　36.13

300　33.54

500　30.97

体积计费质量:65cm ×50cm ×30cm ×6 ÷6000 =97.5 千克。

No. of Pieces RCP	Gross Weight	K g L b	Rate Class		Chargeable Weight	Rate/Charge	Total	Nature and Quantity of Goods (incl. Dimensions or Volume)
				Commodity Item No.				
6	95.0	K	S	N150	97.5	77.37	7543.58	42 LIVE RABBITS DIMS 65 ×50 ×30CM ×6

例 20:自上海至巴黎货物(运价见例 10)。

一份航空货运单内运输适用多种运价的货物

书本 50 箱 500 千克

皮包 50 箱 750 千克

No. of Pieces RCP	Gross Weight	K g L b	Rate Class		Chargeable Weight	Rate/Charge	Total	Nature and Quantity of Goods (incl. Dimensions or Volume)
				Commodity Item No.				
36	500.0	K	R	N50	500.0	34.71	17085.00	BOOKS DIMS 45×45×40CM×36
40	750.0		Q		750.0	44.21	33157.50	LEATHE BAGS DIMS 45×47×38CM×40
76	1250.0						50242.50	

如果适用不同运价的货物比较多,单页无法全部列清航空货运单的“No. of Pieces”、“Gross Weight”、“Class Rate”的情况下,可以通过附加“延长页”(Extension List)的办法解决。

在航空货运单的货物品名和数量栏内必须写明“SEE THE EXTENSION LIST”字样,货物的总体积也在此栏内写明。货物的总件数、总毛重和总运费应当列在航空货运单的“No. of Pieces”、“Gross Weight”、“Total”栏内。

延长页的联数应与航空货运单的联数一样多,航空货运单的各联都应当附上一份延长页。

需要在航空货运单的操作注意事项“栏内填写的内容较多而无法全部列清时,也可以使用延长页的办法办理,但必须在航空货运单的操作注意事项”栏内写明“SEE THE EXTENSION LIST”字样。

(23)Other Charges(其他费用)

①将在始发地承运人和代理人收取其他费用填入此栏目。其他费用只可以全部预付或者全部到付。

②将已知在运输途中或者在目的地产生的其他费用填入此栏目。其他费用只可以全部预付或者全部到付。

③填入此栏目的到付其他费用,航空公司作垫付款处理,收取垫付款手续费。

④在运输途中或者在目的地产生的其他费用,如未列入本栏目的,由承运人在目的地向收货人收取。

⑤所填入的其他费用数额应列明其他费用项目代码或者名称。

其他费用的代码请见 TACT Rules 第 6 章第 6.2 节。在国际航空货运业务中常用的其他费用代码如下:

AW…………航空货运单费(Air Waybill fee)

CD…………目的地报关服务费(Clearance and Handling-destination)

CH…………始发地报关服务费(Clearance and Handling-origin)

DB…………垫付费用附加费(Disbursement fee)

FC…………到付费用附加费(Charge collect fee)

FE…………一般操作费(Handling charge, general)

HR…………尸体和骨灰附加费(Human remains)

LA…………活体动物附加费(Live animals)

MY…………应付发行航空货运单的承运人燃油附加费(Fuel surcharge-due issuing carrier)

PA…………鲜活易腐货物附加费(Perishables-Handling)

PB…………凉/冷库、冰库(柜)使用费(Cool/cold room, freezer)

PK…………包装费(Packaging)

PU…………提货费(Pick up)

RA…………危险品处理费(Dangerous goods fee)

航空公司接受危险品,收取危险品费。自我国始发危险费不得低于 80 美元(见 TACT Rules 4.5 节)

SC…………安全费(Security charge)

SD…………目的地地面运输费(Surface charge-destination)

SO…………始发地仓储费(Storage-origin)

SR…………目的地仓储费(Storage-destination)

SU…………始发地地面运输费(Surface charge-origin)

UH…………集装设备使用费(ULD handling)

XD…………战争险附加费(War risk surcharge/premiums)

战争险附加费有的承运人使用 MS 或者 SC 代码。

MA…………应付代理人的杂项费用(Miscellaneous due agent)

MA 代码表示无适用代码可以使用的应付代理人的杂项费用(MA code is used if the miscellaneous charge is due agent but cannot be further identified)

MB…………未明确应付承运人或者代理人的其他费用(Miscellaneous unassigned)

MB 代码表示无适用代码可以使用的应付代理人或者承运人的杂项费用(MB code is used if the miscellaneous charge cannot be determined as being due agent or due carrier)

MC…………应付承运人的杂项费用(Miscellaneous due carrier)

MC 表示无适用代码可以使用的应付承运人的杂项费用(MC code is used if the miscellaneous charge is due carrier but cannot be further identified)

MD to MN…应付最后承运人的杂项费用(Miscellaneous due last carrier)

MO to MX…应付发行航空货运单的承运人的杂项费用(Miscellaneous due issuing carrier)

MZ………… 应付发行航空货运单的承运人的杂项费用(Miscellaneous due issuing carrier)

在上述其他费用代码的后面加“C”代码,表示应付承运人的其他费用,加“A”代码表示应付代理人的其他费用。

使用电子方式传印航空货运单的,应当使用以上代码;非使用电子方式传印航空货运单的也建议使用上述代码,但是,也可以使用白话说明,例如:TERMINAL FACILITY CHARGE 200.00 DUE CARRIER;又如:PACKAGING FEE 50.00 DUE AGENT。

无人提取退回原始发地的货物,应当向原收货人收取但未收取的全部费用,应当填入新的航空货运单的“Other Charges”栏目内。

(24A)及(24B) Weight Charge (质量运费)

如果航空运输的质量/体积运费(Weight/Volume charge)是预付的,填入(24A)格内,如是到付的,填入(24B)格内。

质量/体积运费、声明价值费和税金只可以全部预付或者全部到付。

(25A)及(25B)Valuation Charge(声明价值费)

如果托运人对运输有声明价值的,填入承运人根据规定收取的声明价值费。

如果声明价值费是预付的,将声明价值费填入(25A)格内,如是到付的,填入(25B)格内。

质量/体积运费、声明价值费和税金只可以全部预付或者全部到付。

声明价值费的计算:

货物的价值每千克超过SDR17(特别提款权),托运人要求声明价值的,承运人收取声明价值费。托运人的声明价值应当为整票货物的价值,不可以只声明一票货物中部分件数的价值。声明价值费最低为整票货物的实际毛重平均计算每千克超过SDR17部分的0.75%。SDR17等于多少CNY,需要查阅国际航协运价手册规则卷第3章第3.2节。

例:货物质量:200千克,声明价值:CNY70 000.00

声明的价值费计算:

(70 000.00 - 200 × 190) × 0.75% = CNY240.00

其中,190为当时SDR17等于CNY190。

货物自本站发出后不能再要求办理声明价值,也不可以要求更改声明价值金额。

(26A)及(26B)Tax(税金)

适用时,填入税金。但在"Other Charges"栏内不要列明税金的代码及数额。

如果税金是预付的,将税金数额填入(26A)格内,如是到付的,填入(26B)格内。

质量/体积运费、声明价值费和税金只可以全部预付或者全部到付。

(27A)及(27B)Total Other Charges Due Agent (应付代理人的其他费用合计)

如果应付代理人的其他费用是预付的,除特殊情况外,本栏不应当使用,因为对于预付的其他费用,代理人应当直接向托运人收取。如果应付代理人的其他费用是到付的,将"Other Charges"栏内所列的应付代理人的其他费用合计填入(27B)格内。

(28A)及(28B) Total Other Charges Due Carrier(应付承运人其他费用合计)

如果应付承运人的其他费用是预付的,将"Other Charges"栏内所列应付承运人的其他费用合计填入(28A)格内,如果是到付的,填入(28B)格内。

(29A)及(29B)Untitled Box(无名栏)

不需要填写此栏。

(30A)及(30B)Total Prepaid及Total Collect (预付总计及到付总计)

将以上各栏的费用数额分别预付、到付合计,预付的,填入(30A)格内,到付的,填入(30B)格内。

(23)至(30)栏填写方法例:

如果航空货运单的(14A)、(14B)(WT/VAL)及(15A)、(15B)(Other Charges)的"PPD"、"COLL"栏内所表示的付款方式预付或者到付与(24A)至(30B)栏目内所填写的付款方式不一致时,应当以(24A)至(30B)栏目内所填写的付款方式为准。

例1: Weight Charge CNY 25000.00,Valuation Charges CNY 310.00,Total Other Charges Due Carrier 650.00.00,全部预付,见例1表。

表 1

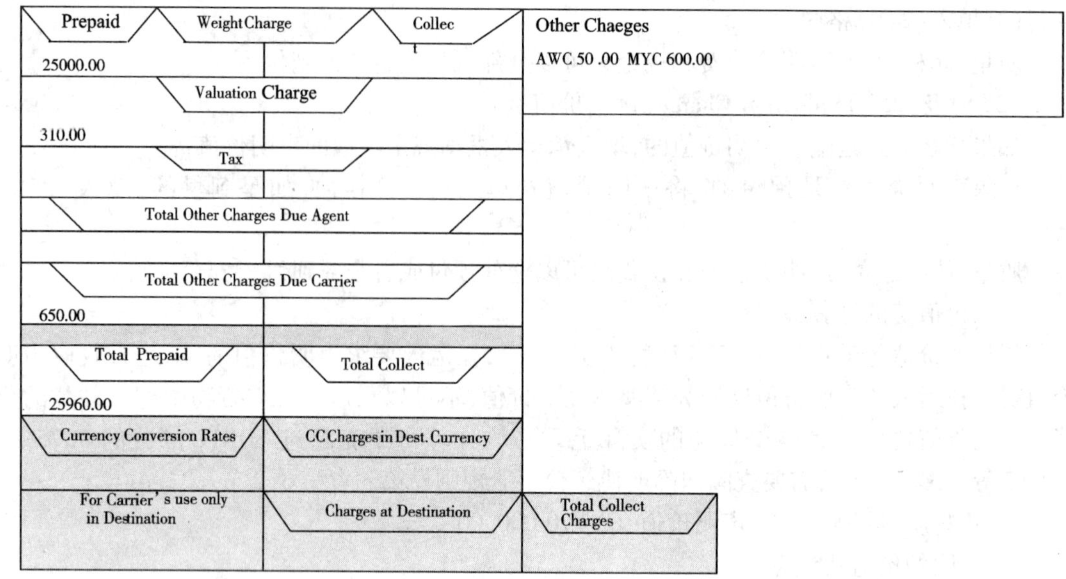

Prepaid	Weight Charge	Collect	Other Chaeges
25000.00			AWC 50 .00 MYC 600.00
	Valuation Charge		
310.00			
	Tax		
	Total Other Charges Due Agent		
	Total Other Charges Due Carrier		
650.00			
Total Prepaid		Total Collect	
25960.00			
Currency Conversion Rates		CC Charges in Dest. Currency	
For Carrier's use only in Destination	Charges at Destination	Total Collect Charges	

例 2：Weight Charge CNY 24000.00，Other Charges Due Agent 610.00，Other Charges Due Carrier CNY 2107.00，全部到付，见例 2 表。

表 2

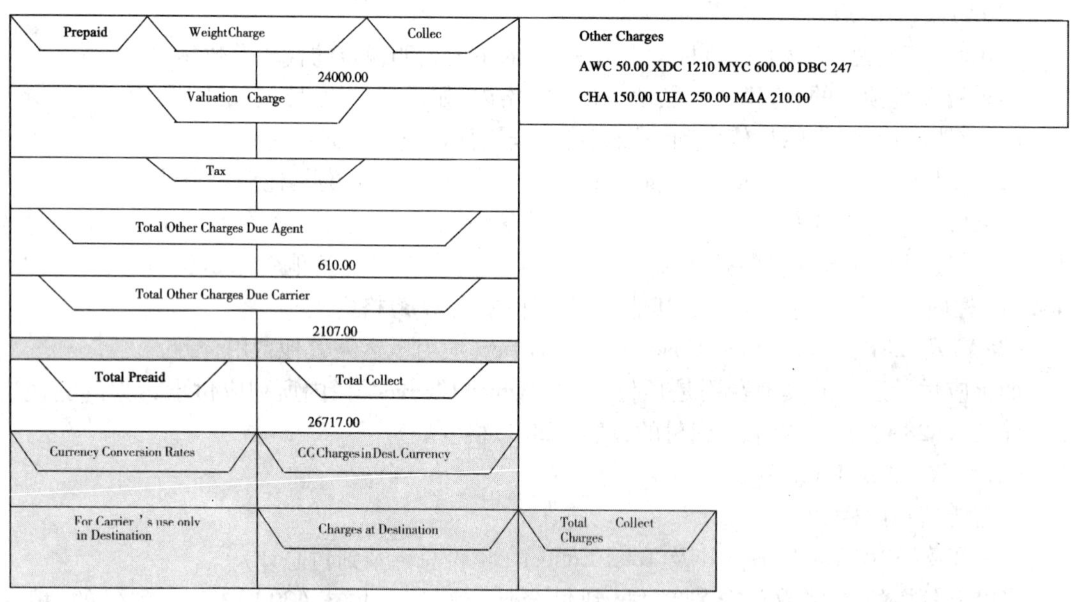

Prepaid	Weight Charge	Collec	Other Charges
		24000.00	AWC 50.00 XDC 1210 MYC 600.00 DBC 247
	Valuation Charge		CHA 150.00 UHA 250.00 MAA 210.00
	Tax		
	Total Other Charges Due Agent		
		610.00	
	Total Other Charges Due Carrier		
		2107.00	
Total Preaid		Total Collect	
		26717.00	
Currency Conversion Rates		CC Charges in Dest. Currency	
For Carrier's use only in Destination	Charges at Destination	Total Collect Charges	

根据 TACT Rules 第 4 章第 4.2 节规定，对于到付其他费用，发行航空货运单的航空公司收取垫付费用附加费(Disbursement fee)，Disbursement fee 为全部到付其他费用的 10%，但不得少于 USD20.00。

到付其他费用数额(Disbursement amount)不得超过 weight charge，但当 weight charge 低于 USD100.00 时，到付其他费用数额可以为 USD100.00。

例 3：Weight Charge 24000.00 到付，其他费用 1320.00 预付。

(31) Shipper's Certification Box(托运人签字栏)

表 3

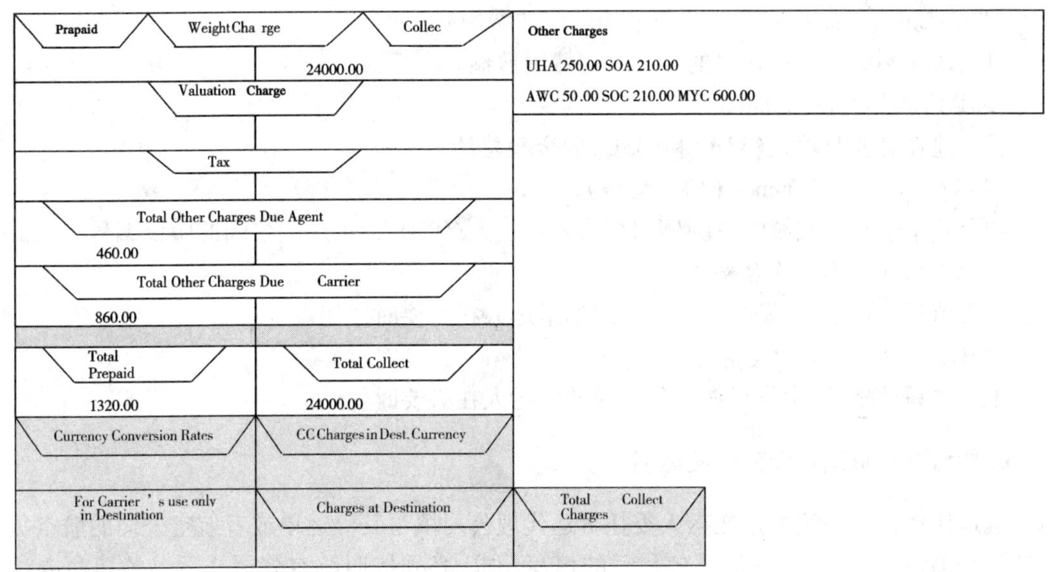

Prapaid Weight Charge Collec

24000.00

Valuation Charge

Tax

Total Other Charges Due Agent

460.00

Total Other Charges Due Carrier

860.00

Total Prepaid

1320.00

Total Collect

24000.00

Currency Conversion Rates

CC Charges in Dest. Currency

For Carrier's use only in Destination

Charges at Destination

Total Collect Charges

Other Charges

UHA 250.00 SOA 210.00

AWC 50.00 SOC 210.00 MYC 600.00

填入托运人或者其代理人的名称。根据 1999 年《蒙特利尔公约》第七条第三款规定，承运人和托运人的签名可以用印就或者用戳记(The signature of the carrier and that of the consignor may be printed or stamped)。

例 1:集运货物

HAIDA EXPRESS INTERNATIONAL TRANSPORTATION CO. ,LTD. , SHANGHAI

Signature of Shipper or his Agent

例 2:非集运货物

MACHINERARY IMP. & EXP. CO. ,LTD. , SHANGHAI

Signature of Shipper or his Agent

(32A)、(32B)及 (32C) Carrier's Execution Box(承运人签字栏)

填入制单的日期、地点、承运人或者其代理的名称。根据 1999 年《蒙特利尔公约》第七条第三款规定，承运人和托运人的签名可以用印就或用戳记(The signature of the carrier and that of the consignor may be printed or stamped)。

日期填写的顺序:日(Day)、月(Month)、年(Year)。月份可以用全称也可以用缩写。

例:05 OCT 2008　　SHANGHAI　　EXPRESS AIR SERVICE, SHANGHAI

Executed on (Date)　at (Place)　　Signature of Issuing Carrier or its Agent

(33) For Carrier's Use at Destination(目的地承运人使用)

填制航空货运单时不必要填写(33A)至(33D)各栏，由目的地收取费用的承运人在必要时使用。

(33A) Currency Conversion Rate(货币换算比价)

目的地在必要时填入货币换算比价。

(33B) Collect Charges in Destination Currency (目的地货币到付费用数额)

目的地在必要时将(30B)栏目的到付金额根据(33A)栏内的比价，填入目的地应收取的货币数额。

(33C) Charges at Destination(目的地收取的费用)

目的地在必要时填入在目的地收取的费用数额。

(33D) Total Collect Charges(到付总计)

目的地在必要时填入(33B)和(33C)的金额总计。

(34A) Reference Number (协议编号)

如果此格子是白底纹的,在必要时,填入托运人/代理人/承运人之间的协议编号。

(34B) Untitled Box 无名格子

不必填写此格子,由发行航空货运单的承运人在必要时使用。

(34C) Untitled Box 无名格子

不必填写此格子,由发行航空货运单的承运人在必要时使用。

6. 如何填写货运代理公司托运书?

货运代理公司托运书是托运人委托货运代理公司填写其分运单或者航空公司的航空货运单的委托书(见表8-2)。托运书各栏目的填写要求,必须按照航空公司托运书的填写办法和要求进行填写(见第四章表4-1)。但必须注意第(16)栏目"可否用分运单"的填写。如果托运人接受分运单运输货物的,在可的□格子内输入"√"记号;如果托运人不接受分运单运输货物的,在否的□格子内输入"√"记号。

××货运代理公司托运书×× Air Transportation Co., Ltd.

Shipper's Letter of Instructions for Issuing Air Waybill 表8-2

托运人名称和地址 Shipper's Name and Address (必要时填入电话和传真号码 Insert Tel. & Fax. No. if required) (1)	请贵公司在收到货物时凭此托运书代替我们填制航空货运单,在航空货运单上以我们(我)的名义或代替我们(我)签名,并根据贵公司的合同条件和/或航空承运人的合同条件发运货物。Your are hereby requested and authorised upon receipt of the consignment described herein to prepare and sign the Air Waybill in our (my) name or on our (my) behalf and dispatch the consignment in accordance with your Condition of Contract and/or the air carrier's Conditions of Contract. 我们(我)保证:We (I) certify that: □本票货物的内容与所填写的品名一致并符合航空运输安全要求。The contant(s) of this consignment is (are) properly identified by name and meet the requirements of air carriage for safety. □本票货物不属于危险货物,也不含有任何危险物品或物资。This shipment is not dangerous goods and does not contain any article or substance subject to the applicable dangerous regulations. □本票货物属于危险货物,每件所装入的危险物品或物质的数量在适用的危险货物规则的限制以内。本票货物符合适用的危险货物规则规定的航空运输条件。This consignment contains dangerous goods. The dangerous article(s) or substance(s) contained in each
收货人名称和地址 Consignee's Name and Address (必要时填入电话和传真号码 Insert Tel. & Fax. No. if required) (2)	

<table>
<tr><td colspan="4" rowspan="3">另请通知 Also Notify
(必要时填入电话和传真号码 Insert Tel. & Fax. No. if required)

(3)</td><td colspan="2">package is(are) within the limitation of the applicable Dangerous Goods Regulations. This shipment is in proper condition for carriage by air according the applicable Dangerous Goods Regulations.
□ 本票货物中不含国家或国际适用的法律和政府规定禁止运输的任何物品和物资。This consignment does not contain any article or substance forbidden by applicable national and international laws and governments regulations.
托运人签名(盖章)　　(20)
Signature of Shipper
经办人 Agent:
Tel.
Fax.
日期 Date:</td></tr>
<tr><td colspan="2">对运输声明价值 Declared Value for Carriage
(6)</td></tr>
<tr><td colspan="2">对海关申报价值 Declared Value for Customs
(7)</td></tr>
<tr><td>始发地机场 Airport of Departure
(4)</td><td>目的地机场 Airport of Destination
(5)</td><td colspan="4">要求预定舱位和运输路线 Space Booking and Routing Requested
(8)</td></tr>
<tr><td colspan="6">唛头、操作注意事项和附航空货运单文件 Marks and Numbers, Handling Information and Documents to be attached to the Air Waybill
(9)</td></tr>
<tr><td>件数和包装方式
No. of Pieces/Kind of Packing</td><td colspan="2">毛重
Gross Weight (kg)</td><td colspan="2">货物品名和数量
Nature and Quantity of Goods</td><td>尺寸或体积
Dimensions or Volume</td></tr>
<tr><td>(10)</td><td colspan="2">(11)</td><td colspan="2">(12)</td><td>(13)</td></tr>
<tr><td colspan="2">运费付款方式(请写明其中一种)
Weight/Valuation Charges (Specify one)
(14)</td><td colspan="2">始发地其他费用付款方式(请写明其中一种) Other Charges at Origin (Specify one)(15)</td><td colspan="2">可否用分运单 May this shipment be shipped as consolidation? (16)
可 Yes□　否 No□</td></tr>
<tr><td>预付 Prepaid</td><td>到付 Collect</td><td>预付 Prepaid</td><td>到付 Collect</td><td rowspan="2">进仓时间 Date/Time Delivering to Warehouse</td><td rowspan="2">进仓编号 Shipping No. to Warehouse</td></tr>
<tr><td></td><td></td><td></td><td></td></tr>
<tr><td colspan="4">运价/运费 Rate/Charges (17)</td><td>(18)</td><td>(19)</td></tr>
</table>

分运单 House AWB No.:(21)　制单日期 Date of Issuance:(22)　制单人 Prepared by:(23)

总运单号码 Master AWB No.:(24)制单日期 Date of Issuance:(25)　制单人 Prepared by:(26)

7. 如何填写集运人的分运单?

分运单的格式和内容采用与航空公司的航空货运单基本相同的格式和内容,但是,分运单必须在单的上部加上"Master Air Waybill No."(总运单号码)一项,还必须注意以下几个方面:

(1)分运单的编号。

如果分运单号码没有印刷在分运单上,应按照本公司的编号系统进行编号,编号必须是受控的。

(2)其他各栏目的填写方法,说明如下:

①Shipper's Name and Address(托运人名称和地址)

填入货物实际托运人的名称和地址。

②Consignee's Name and Address(收货人名称和地址)

填入货物实际收货人的名称和地址,必要时填入收货人的电话和传真号码。

③Notify Party(另通知人)

填入除了实际收货人以外应当另通知货物到达的人的名称和地址,必要时填入该另通知人的电话和传真号码。如无另通知人的,此栏可留空白。

④Currency(货币)

在总运单的这一栏内,自我国始发的货物应当填入我国人民币代码"CNY"。但是,对于分运单,填入这一栏内的货币代码应当为与客户确定的运费结算的货币的代码。

对于费用预付分运单,因为在本地收取费用,填入"CNY"代码。对于费用到付分运单,如果协议规定用美元结算的,填入"USD"代码。

⑤运价、运费栏的填写

填写总运单时,必须列明运价和运费。在总运单上所列明的运价、运费应当是TACT公布运价、运费或者发行航空货运单的承运人公布的运价、运费。填入分运单上的运价或者运费应当是集运人或者分理人与实际托运人或者收货人商定的运价或者运费,可以列明运价、运费,或者只列运费不列运价,或者不列运价也不列运费,填为"AS ARRANGED"("如商定")"AS AGREED"("如约定")。

8. 如何按航空公司提供的净价靠级?

填入航空公司的航空货运单的运价应当是TACT公布运价或者航空公司公布的运价。

自我国始发的各航空公司根据市场需求向各货运代理公司提供净价(net rates)。使用各航空公司提供的净价时应注意各航空公司要求其货运代理公司在填写其航空货运单时,要求提供的净价的重量级别,以便于该货运代理公司正确向其支付运费。

例1:上海-巴黎货物,承运人××

货物衬衣26箱毛重286千克,运费付款方式预付(按照XX航空公司提供的300千克重量靠级)

XX航空公司提供的运价(未含燃油附加费和战争附加费):

CDG FRA LHR LUX AMS:	M/N/45	100kg	300kg	500kg	1000kg
	5%	27.80	26.00	24.00	23.00

注:CDG = Charles De Gaulle Airport, Paris(法国巴黎戴高乐机场)

FRA = Frankfurt(德国法兰克福)

LHR = Heathrow Airport, London(英国伦敦希思罗机场)

LUX = Luxembourg(卢森堡)

AMS = Amsterdam(荷兰阿姆斯特丹)

TACT PVG-CDG公布运价:		
	M	320.00
	N	68.34
	45	51.29
	500	44.21
	1000	41.03

填写方法如下：

No. of Pieces RCP	Gross Weight	Kg Lb	Rate Class	Commodity Item No.	Chargeable Weight	Rate / Charge	Total	Nature and Quan cityof Goods (incl. Dimensions or Volume)
20	286.0	K	Q		300.0	51.29	15387.00	SHIRTS CU.M 1.44

Prepai	Weight Charge	Collec
15387.00		
	Valuation Charge	
	Tax	
	Total Other Charges Due Agent	
	Total Other Charges Due Carrier	
680.20		
Total Prepaid 16067.20		Total Collect
Currency Conversion R		CC Charges in Dest. Currency
For Carr ier 's use only in Destination	Charges at Destinatioı	Total Collec Charges

Other charges
AWC50.00 MYC287.00 XDC343.20

注：燃油附加费和战争附加费应当按照实际毛重或者计费重量计算，需向有关航空公司核实，有的航空公司同意按照实际毛重计算，有的航空公司则规定应当按照计费重量计算。

应付航空公司运费比较：26.00×300＝7 800.00 元

27.80×286＝7 950.80 元

按照航空公司提供的运价 300 千克靠级，填入计费重量 300 千克，以明确向航空公司支付为 300 千克、每千克运价 26.00 元。但是在航空货运单上仍应填入 TACT 公布运价。

注：TACT PVG 至 CDG 并无公布 300 千克重量级运价。

应付航空公司运费：26.00×300＝7 800.00 元

其他费用：680.20 元

合计：7800.00 元＋680.20 元＝8 480.20 元

9. 托运人将货物交承运人后，还有提出要求和处置货物的权利吗？

承运人接受了货物和航空货运单生效后，货物在目的地交付给收货人或其代理人之前，托运人有提出要求和处置货物的权利。

(1)可以提出改变航空货运单的内容和运输费用付款方式的要求

①托运人可以要求承运人更改航空货运单上所填入的内容或者在航空货运单上加入新的内容，但是，货物自始发地发出后，托运人不可以要求改变对运输的声明价值和保险金额。

②货物在目的地交付给收货人或者其代理人之前，托运人可以要求将运费和其他费用的付款方式到付改为预付或者预付改为到付，也可以要求改变向收货人收取的与运输本票货物

有关的代收的其他费用数额。

(2)托运人有处置货物的权利

根据1999年《蒙特利尔公约》第十二条规定,在承运人接受了货物和航空货运单生效后,货物在目的地交付给收货人或者其代理人之前,托运人在履行运输合同的全部义务的条件下,可以行使以下权利:

①在出发地机场或者目的地机场将货物提回;

②在途中的任何经停时中止运输;

③要求在目的地点或者途中将货物交给非原指定的收货人;

④要求将货物运回出发地机场。

托运人行使以上权利时必须是同一票航空货运单或者货物收据项下的全部货物,不可以只是其中一部分货物。

托运人行使以上权利时,应在履行运输合同规定的全部义务的条件下。运输合同规定的义务的责任是指航空货运单的内容和《合同条件》的规定。

托运人行使以上①至④项权利时,承运人应当要求托运人出示他所收执的那份航空货运单或者货物收据。这里说的托运人所收执的那份航空货运单或者货物收据,是指ORIGINAL 3 (FOR SHIPPER)的航空货运单或者交给托运人的正本货物收据。因为正本是托运人同承运人所订立的运输合同存在的凭证。如果承运人没有这样做,给该份航空货运单或者货物收据的合法持有人造成损失的,承运人应当承担责任,但是,如果承运人有证据证明这种损失是由于托运人的过错造成的,不妨碍承运人对托运人的追偿权。根据承运人采纳并编入自己的《货物运输条件》的国际航协《货物运输条件》第7条第7.1款规定,托运人也可以使用承运人规定的书面格式向承运人发出上述指示(Instructions)。

托运人行使权力时,应当书面向承运人提出,并保证支付因此而产生的一切费用。

1999年《蒙特利尔公约》第十二条第二款规定,承运人收到托运人的指示后,如果托运人的指示不可能执行的,承运人必须立即通知托运人。根据这一款规定,可以理解为承运人收到托运人的指示时,它必须办理,如果托运人的指示不可能执行的(包括损害了承运人或者其他托运人的利益或者托运人的指示超过了承运人的权利范围的),承运人必须立即通知托运人,否则承运人必须承担责任。

如果托运人认为承运人拒绝执行其指示,造成托运人损失而进行诉讼,要求承运人赔偿因此而造成的损失时,必须进行举证。

托运人不得行使此种处置权而使承运人或者其他托运人遭受损失,并应当偿付因行使此种权力而产生的费用。

货物运抵目的地机场后,收货人提取了货物或者要求承运人交付货物或者交给航空货运单(即航空货运单ORIGINAL 2 (FOR CONSIGNEE)),或者已表示了要接受货物的,托运人的权利就告终止。但是,收货人拒绝接受货物,或者无法同收货人联系的,托运人就恢复其对货物处置权。

第九章　航空货物运出程序

1. 在航空货运单填写完毕后，承运人可以将货物运出境吗？

根据《中华人民共和国进出口商品检验法》和《中华人民共和国海关法》等法律法规规定，出境货物的托运人必须向检验检疫机构和海关申报、经检验检查合格放行后，航空公司才可以将货物装上飞机运出境。承运人必须将每一个航班的出境货物舱单和航空货运单等单证送交海关核验。另外，航空货物装上飞机前必须经过安全检查。以上条件称为"可运出条件"。

2. 航空公司如何将货物运出境？

根据《国际民用航空公约》(1944 年 12 月 7 日订于芝加哥)规定，飞机的出境和入境必须向当地海关、移民局和检疫等机构进行申报，以获得这些政府机构对飞机离境、入境的放行许可。

总申报单是飞机离境、入境对当地海关、移民局和检疫等机构的总的申报。总申报单上列有飞机的注册编号、经营者名称、机组名单、旅客和货物等情况，并写明飞机在入境前的消毒等情况。

在国际航班上，每一个起飞站都必须准备总申报单，除了需要向装机站本站海关、移民局和检疫机构申报外，还必须根据下一站需要的数份将总申报单送上飞机供下一站在飞机到达后向海关、移民局和检疫机构申报之用。在总申报单上必须盖上起飞站海关放行章。

航空公司对每一票装上飞机的货物都必须列入货物舱单。货物舱单是附于总申报单的文件。货物舱单同时是装机站向卸机站移交货物的交接文件。对于没有装货的航班，航班的起飞站也应当编制一份"没有货物"("NIL")的货物舱单。

3. 航空公司如何将货物列入舱单？

航空公司都建立舱位控制制度，对于订妥舱位的货物和其他紧急货物，舱位控制室向机场出境货物操作部门发出一份"订妥舱位的货物通知单"(FBL-Freight Booked List)或者"装机货物通知单"(CBA-Cargo Boarding Advisory)。机场出境货物操作部门依据 FBL 或者 CBA 核对航空货运单和货物；对于没有列入 FBL 或者 CBA 的货物，如果飞机的舱位和载量许可，除了特别指定必须用指定的航班/日期运出的货物外，机场出境货物操作部也将它们列入货物舱单将货物运出。列入货物舱单运出境的货物必须符合"可运出境条件"。

4. 对贵重货物、活体动物等特种货物，承运人应采取什么特别措施？

(1)贵重货物因为贵重，容易被盗贼所盯住。为了防止贵重货物失窃，必须采取安全措施，以保证贵重货物运输的安全。

在货物运出前，承运人的装机站应当提前与卸机站联系，在得到卸机站能够确保安全接收货物的条件下，才可以将贵重货物运出。使用 SITA 通信线路发电报时，最好使用本公司内部的密码发出。如果运输货物的航班有中途站的，贵重货物的运输信息也应当通知该站；但是，贵重货物的运输应当尽量减少知道贵重货物发运信息的人范围。贵重货物的装机应采取安全措施,货物应当装在本公司规定的保险柜或者货舱内。贵重货物各环节的交接应当使用交接单。

(2)对于容易被盗窃的货物(Vulnerable Cargo),航公空司也应当采取必要的安全管理措施。

(3)对于活体动物货物,航空公司的装机站应当提前与卸机站联系,要求卸机站做好接受货物的准备工作,包括通知当地的检疫机构和收货人。如果运输活体动物的航班有中途站的,活体动物货物的运输信息也应当通知该站。

(4)对于超大和特别重的货物,装机站也应当提前与卸机站联系,要求卸机站准备好卸机设备和做好卸机的准备工作,除了已经知道该卸机站已经有足够的卸机设备外。

5. 托运人在订妥货物舱位后,由于因承运人未按照预定的航班运输货物,承运人应当如何处理?

发生这种情况时,承运人应当通知托运人并安排尽早的航班/日期将货物运出;如果货物的运输路线有第二程、第三程……的,承运人应当负责订妥续程航班的舱位,并告知托运人。

6. 托运人选择空运方式运输,但承运人采用两种以上运输方式将其货物运抵目的地,是否可以?

1999 年《蒙特利尔公约》第十八条第四款规定,"承运人未经托运人同意,以其他运输方式代替当事人各方在合同中约定采用航空运输方式的全部或者部分运输的,此项以其他方式履行的运输视为在航空运输期间。"

航空货运单正本的右上方印刷有当事人的约定:

"It is agreed that the goods described herein are accepted in apparent good order and condition (except as noted) for carriage SUBJECT TO THE CONDTIONS OF CONTRACT ON THE REVERSE HEREOF. ALL GOODS MAY BE CARRIED BY ANY OTHER MEANS INCLUDING ROAD OR ANY OTHER CARRIER UNLESS SPECIFIC CONTRARY INSTRUCTONS ARE GIVEN HEREON BY THE SHIPPER, AND SHIPPER AGREES THAT THE SHIPMENT MAY BE CARRIED VIA INTERMEDIATE STOPPOING PLACES WHICH THE CARRIER DEEMS APPROPRIATE. THE SHIPPER'S ATTENTION IS DRAWN TO THE NOTICE CONCERNING CARRIERS LIMITATION OF LIABILITY. Shipper may increase such limitation of liability by declaring a higher value for carriage and paying a supplementary charge if required."

【译文】

"双方确认,承运人完好无损地收运此票货物(除非另有写明)。双方应遵守航空货运单背面的"合同条件"。承运人可以使用任何其他方式运输本票货物包括陆运或者任何其他承运人,除非托运人在航空货运单上另有不同的特别指示。托运人同意此票货物的运输可以经过承运人认为合适的中途经停地点。请托运人注意承运人关于赔偿责任限额的通知。托运人可以通过声明较高的价值并支付所需的附加费的方式来提高赔偿限额。"

航空货运单正本"合同条件"第 9 条规定:承运人可以在适当考虑托运人利益的条件下不经事先通知变更承运人、航空器或者运输方式。

承运人采纳并编入自己的《货物运输条件》的国际航协《货物运输条件》第 6 条第 6.3 款

6.3.2 项规定如下：

“Carrier is authorised to carry the consignment without notice wholly or partly by any other means of surface transportation or to arrange such carriage”.

【译文】

“承运人有权不经通知，将全部或者部分货物改为任何方式的地面运输或者安排这种运输。”

所以说，承运人使用卡车代替有关航空区段的运输是可以的。如果托运人不同意承运人的这种做法，他应当在航空货运单上写明。

7. 如果航班上发生有货无单、有单无货等不正常情况时，承运人应当采取什么措施？

如果航班上发生有货无单、有单无货等不正常情况时，承运人应当立即进行查询并填写货物/邮包不正常情况报告，见表9-1所示。对于重要货物和紧急货物，承运人应当通知托运人。

在《报告单》中，运输差错代码（Discrepancy Codes）表示如下：

货物/邮包不正常情况报告 Cargo/Mail Irregularity Report 表9-1

编号 Ref. No.

<table>
<tr><td colspan="2">航班/日期
Flight/Date</td><td colspan="2">始发地机场
Airport of Departure</td><td colspan="2">目的地机场
Airport of Destination</td><td colspan="2">货运单号码/件数及质量
AWB No./PCS and WT</td><td colspan="2">邮袋号码
Mail Bag No.</td><td colspan="2">受影响的件数/质量
PCS/WT Affected</td></tr>
<tr><td colspan="3">□进港 Inbound
□出港 Outbound</td><td colspan="3">□ 库中核对
In Warehouse Checking</td><td colspan="3">□卸机站通知
Informed by Unloading Station</td><td colspan="3">□其他 Others
□(需写明 Please Specify)</td></tr>
<tr><td colspan="2">不正常情况种类
Kinds of Irregularity</td><td colspan="10">(1)□多收货运单 FDAW (2)□多收货物 FDCA (3)□少收货运单 MSAW (4)□少收货物 MSCA (5)□多收邮件路单 FDAV (6)□多收邮袋 FDMB (7)□少收邮件路单 MSAV (8)□少收邮袋 MSMB (9)□少装货物 SSPD Cargo (10)□少送出运单 SSPD AWB (11)□卸下 OFLD (12)□错卸 OFLD by Error (13) □运过至本站 OVCD to This Station (14)□运过至他站 OVCD to Other Station (15)□贴错标签 Mislabeled Cargo (16)□标签交叉贴错 Cross-labeled (17) □标签掉落 Missing Label (18)□破损 Damaged (19)□ 受潮 Wetted (20)□泄漏 Leakage (21)□腐坏 Deterioration (22)□污染 Stained (23)□动物死亡 Death of Live Animal (24) □动物得病 Sickness of Live Animal (25)□动物逃逸 Live Animal Escaped (26)□其他 Others(需写明 Specify)</td></tr>
<tr><td colspan="2">采取的措施
Actions Taken</td><td colspan="10">(1)□查找 Tracing (2) □通知装机站 Informed Point of Loading
(3)□通知卸机站 Informed Point of Unloading (4)□重新包装 Re-Packed
(5) □通知邮政 Informed Postal Office (6)□通知收货人 Informed Consignee
(7) □通知托运人 Informed Shipper (8)□通知检疫站 Informed Quarantine Office
(9)□其他 Others(需写明 Please Specify)：</td></tr>
<tr><td colspan="3">经办人 Prepared By</td><td colspan="3">核实人 Checked By</td><td colspan="2">日期 Date</td><td colspan="4">报告送 Reported to：
(1)□IRR Controller 监控员
(2)□Duty Office Manager 值班经理</td></tr>
<tr><td colspan="8">造成事件或事故的原因 The Reason(s) caused the incident or accident：
(1)□包装不良 Improperly Packing (2) □在运输中 During the Transportation
(3) □操作不当 Improperly Handling (4) □其他 Others(需写明 Please Specify)：</td><td colspan="4">结果 Result(s)：</td></tr>
<tr><td colspan="3">经办人 Prepared By</td><td colspan="3">核实人 Checked By</td><td colspan="3">日期 Date</td><td colspan="3">备注 Remarks</td></tr>
</table>

①货物(Cargo)：

a. Found Air Waybill (FDAW) 多收航空货运单

收到的航空货运单没有列入货物舱单,也没有收到货物(An Air Waybill which has been received in excess, unmanifested and without cargo)。

b. Found Cargo (FDCA)多收货物

在核对货物时,发现收到的货物没有列入货物舱单,也没有收到航空货运单或者不能识别属于哪一票货物(Cargo which has been received unmanifested and without documents, found during warehouse checks or cargo which cannot be identified)。

c. Missing Air Waybill (MSAW) 少收航空货运单

货物已列入货物舱单并收到了货物,但航空货运单没有收到(An Air Waybill has not been received on the flight for which the cargo is manifested and loaded)。

d. Missing Cargo (MSCA)少收货物

货物已列入航班货物舱单,但没有收到货物(Cargo which has not been received on the flight for which it is manifested)。

②邮件(Mail)：

a. Found Mail Document (FDAV)多收邮件路单

收到了邮件路单,但没有收到邮袋(An AV7 sheet which has been received on the flight but without mail bag)。

b. Found Mail Bag (FDMB)多收邮袋

收到了邮袋,但没有收到邮件路单(Mail bag which has been received on the flight but without AV7 sheet)。

c. Missing Mail Document (MSAV)少收邮件路单

收到了邮袋,但没有收到邮件路单(Mail bag which has been received on the flight but without AV7 sheet)。

d. Missing Mail Bag (MSMB)少数邮袋

没有收到邮袋,但收到了邮件路单(Mail bag which has not been received on the flight but AV7 sheet has been received)

③其他(Miscellaneous)

a. Definitely Loaded (DFLD)肯定装上；

货物或者邮袋肯定装上了飞机(Cargo or mail bag has been definitely loaded on board the flight)。

b. Offloaded (OFLD)卸(拉)下；

货物或者邮袋在始发站被卸下或者在中途站被卸下(Cargo or mail bag which has been removed from an aircraft at origin, or at a station between point of loading and point of unloading)。

c. Overcarried (OVCD)运过站；

货物没有在货物舱单或者邮件路单上所列的卸机站卸下,运过了站(Cargo or mail bag which has been carried beyond the point of unloading detailed in the cargo manifest or AV7 sheet)。

d. Shortshipped (SSPD) 少装；

货物或者邮袋已列入航班货物舱单或者邮袋路单,但没有装上飞机(Cargo or mail bag which has been manifested or listed in AV7 sheet, but not loaded on the flight)。

e. Concealed Damage 隐损;

货物在目的地交付给收货人或者其代理人或者海关当局后才发现损坏。一般情况下,在没有打开包装之前,不能发现货物的内容损坏。(Damage which was not discovered until after delivery to the consignee or his agent or to Customs authorities at destination。Under normal condition that the physical damage to the conents of the package(s) can not be discovered unless it (they) is(are) unpacked)。

f. Mislabelled Cargo 贴错标签;

货物上的标记显示该货不属于所贴的货物标签之货物(Cargo which has identification marks bearing reference to a consignment to which it does not belong)。

g. Substitute Air Waybill 代货单;

在没有原航空货运单的情况下,使用代货单运输货物(An Air Waybill which will be used to cover the forwarding of the cargo in the absence of the original Air Waybill)。

第十章　货物的装舱、装板、装箱、垫材和捆绑固定

1. 如何将散装货物系留在散装舱内?

为了货物和飞机的安全,必须对货物的装舱进行妥善的安排,基本要求如下:

(1)将软质包装和抗挤压及抗碰撞的货物(如硬纸箱包装的服装)装在靠近散装舱的最前面舱壁或者最后面舱壁的位置上,以防止货物损坏散装舱的舱壁。

(2)一般货物堆垛办法:大件货、重件货装在下部,轻货、小货、易碎货、不可压的货物装在其他货物的上部,使用货压货、货挤货的办法将货物固定住,防止货物倾倒。

(3)装舱的顺序:先装一般货物,其次是邮包,行李装在舱门口附近,快件可以与邮包装在一起。

(4)活体动物的装舱、危险品的装舱以及其他特种货物的装舱要求,均按具体规定操作。

(5)单件重量在150千克以上(含150千克)的货物装入散装舱时,应当进行捆绑固定,除非在只有一个航段的航班上该舱的货物已经装满,且该货物被装在其他货物的中间用其他货物固定,才可以不进行捆绑固定。装入散装舱或者网隔舱的货物均衡装高到达3/4的,就视为已经装满。

(6)对于圆桶或其他容易滑动或滚动的货物,不论其重量多少,装入散装舱时,必须进行捆绑固定,除非将这类货物装在其他货物的中间用其他货物固定住,才可以不进行捆绑固定。但是,单件货物重量250千克以上装入散装舱的,应当适当进行必要的捆绑固定。

(7)对于重件和不规则的货物需要铺放垫材和捆绑固定的,应进行铺放垫材和捆绑固定。

(8)不可倒置的货物,必须正放,必要时进行捆绑固定,以确保固定住货物。

(9)特别要注意对危险品的捆绑固定固定工作,防止危险品倒下损坏,造成危险品的内容泄漏,发生爆炸、燃烧、中毒或者腐蚀等事故。

(10)装入散装舱的货物必须将门网网好,以防止货物倒下压住舱门使舱门不能被打开;如果散装舱分隔为若干隔舱的,也应当将隔舱网网好。如图10-1所示为散装舱的布局。

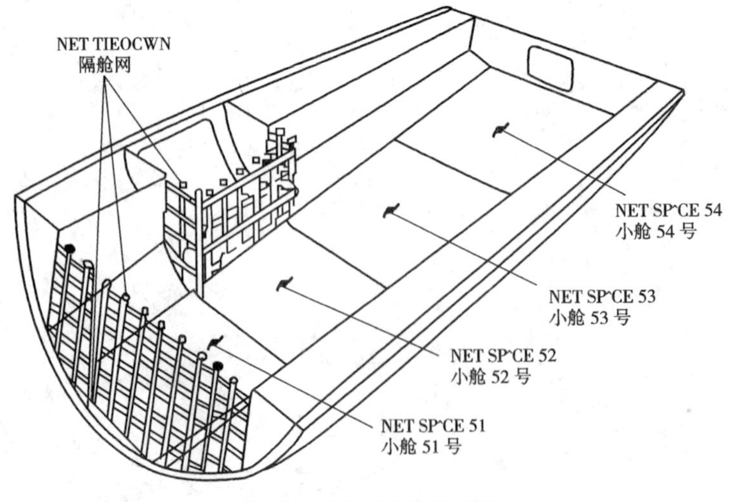

图10-1　散装舱布局示意图

2. 如何将集装板和集装箱货物固定在货舱内？

宽机体的下舱和货机的主货舱安装了集装板和集装箱固定装置，如图 10-2 所示，将集装板和集装箱固定在货舱内。如果有固定装置损坏或丢失，应当按规定减少货物的装载量甚至不能装载货物。

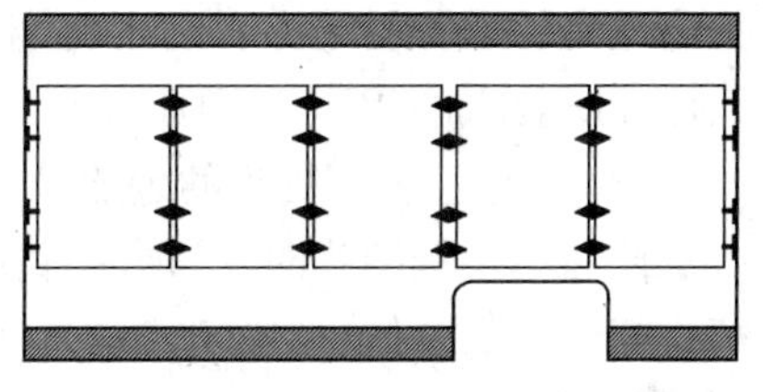

图 10-2　宽机体飞机下舱集装板固定装置示意

3. 将货物装入集装板和集装箱时应当注意哪些事项？

将货物装入集装板和集装箱时应注意以下几点：

（1）检查集装设备的可用性

开始往集装设备里装入货物之前，必须对所要使用的集装设备进行检查，以保证其可用性。检查的主要项目如下：

①对集装板进行检查

a. 集装板的边和角已损坏的不可以使用；

b. 装板的铆钉松动或者掉落的不可以使用（在 2 只松动或者掉落的铆钉的中间至少 5 只铆钉必须是完好的）；

c. 集装板的插扣轨道的插座必须是完好的，插座已损坏或者打滑的不可以使用；

d. 集装板已裂开的不可以使用；

e. 集装板底部破裂的不可以使用；

f. 集装板应当平坦，放在平地上自平地至板角底面翘起不得超过 5 厘米。在板上装了货物后，板边翘起不得超过 3.2 厘米。

②对货网进行检查

集装板货网的尺寸及质量必须符合以下要求：

a. 货网的尺寸必须大于所使用的集装板的尺寸和货物的装高高度的尺寸。

使用前，必须查看货网上所挂的集装板尺寸标示牌上标识的尺寸；

b. 超过使用年限的货网不可以使用，使用前查看货网上所挂的标示牌上的使用年限；

c. 货网应当是一个完整的网，货网相连比较近的位置，两处以上网绳断裂的不可以使用；

d. 绳股已磨坏或者腐坏的不可以使用；

e. 货网的插扣必须齐全，插扣损坏或者打滑的不可使用。

③对集装箱进行检查

a. 对集装箱的底板参照上述①进行检查；

b. 集装箱结构框架不可以破裂或者弯曲，铆钉、螺栓不可以松动或者掉落，箱身的墙板如有破洞，直径不得超过 2.5 厘米，如出现两个破洞，相隔距离应少于 30.5 厘米，在长 1.5 米以内，不得有两个破洞；

c. 集装箱的箱身和天花板应当完好，不可以破裂，天花板不可以凸起碰到飞机货舱天花板；

d. 集装箱的门板不得因变形而无法关闭，门板破洞直径不得超过 2.5 厘米，如有两个破洞的，相隔距离应少于 30.5 厘米，但不得超过两个破洞。门的插销和门闩不可以已损坏，应能够关住门。无框架弓形集装箱的整个门网必须完好，门口的网插扣应当齐全，插扣损坏或已打滑的，则不得使用。

（2）清洁

往集装设备里装入货物之前，应对集装设备进行清洁，清除集装设备内的赃物和积水等，以保证所装入的货物或者邮包不受污染。

(3)注意集装板货物的装舱位置的朝向、高度和形状限制

使用集装板装货时，必须注意板在货舱内的位置上是板的长边朝机身的外侧或者是板的短边朝机身的外侧，还必须注意货物的装高高度(包括板的厚度在内)和形状的限制。

(4)披罩塑料薄膜

为了防止下雨时将货物淋湿，在集装板的板面上应当披上一大块没有损坏的塑料薄膜(0.05 毫米厚)，将货物装在塑料薄膜之上。装完货物后拉起铺在板面的塑料薄膜，包住集装板货物的下半部，然后在货物上面罩盖上一大块没有损坏的塑料薄膜(对于贵重仪器应当盖两张)，将罩盖在货物上面的塑料薄膜覆盖在下方拉起的塑料薄膜的外侧，使整板的货物都包在塑料薄膜中。对于特别怕潮湿的货物(如贵重仪器等)，应当在板面的所披的塑料薄膜上铺上垫材垫高，将货物装在垫材上，以避免下雨时可能泄进板面的水与货物接触。对于挂衣箱，在挂衣箱上必须罩上塑料薄膜套。

(5)不可以将货物压住集装板货网的插扣轨道

将货物装入集装板时，不能将货物压在集装板的货网插扣的插轨上，装货线应当保持自集装板的边缘往里约 9 厘米位置，见图 10-3 所示。

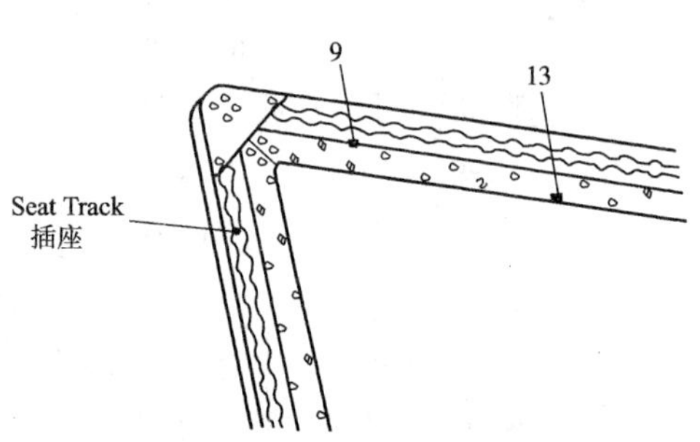

图 10-3　集装板货网插扣插轨示意图

(尺寸单位:cm)

(6)货物堆垛办法

①装入集装设备一般货物的堆垛，应采取大件货、重件货装在下部，轻货、小货、易碎货、不可压的货物装在其他货物的上部。应当尽量采取货物交错堆垛的办法将货物堆高，以避免货物倒下，如图 10-4 所示。同一批货物应当尽量装在同一块板上或者箱内，但为充分利用集装设备的容积，也可以分开不同的板或者箱。

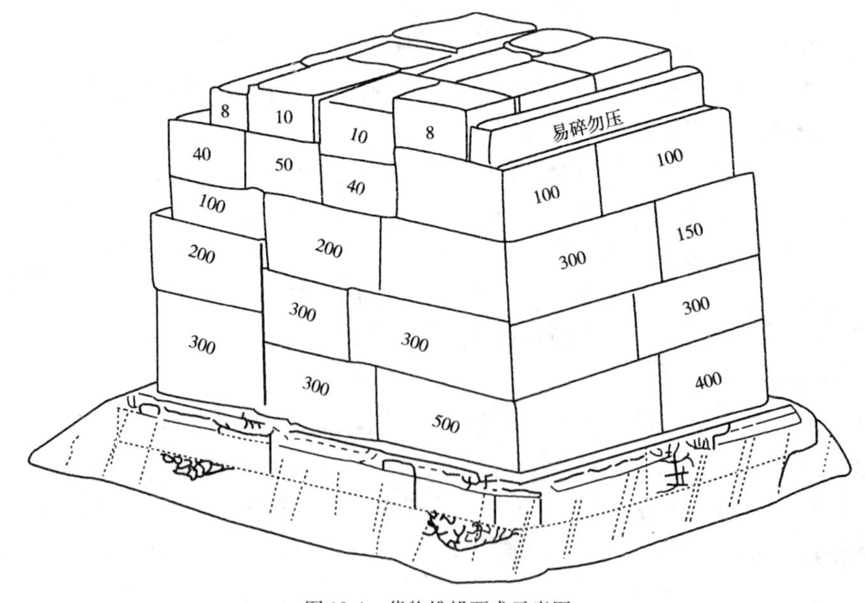

图 10-4　货物堆垛要求示意图

(尺寸单位:kg)

②货物的质量从板(箱)的中部(如图 10-5 所示)往四周分布应当均衡。重件和大件货物应当装在集装板或者集装箱的中部。如果重件货物装在集装板或者集装箱的中部,没有其他合适的货物可以装在重件货物的周围以能够压平集装板或者集装箱,并能够均衡地分布货物的质量时,或者货物的质量超过飞机地板的承载力时,必须在重件货物的下方铺放有足够长度和宽度的垫材,以使装上货物的集装板不会翘起,能够顺利地被货舱内的固定装置固定。

(7)量型

使用量型架或者量型尺量丈集装板货物的高度和形状,以保证所装的货物不会超过所要装入的货舱的位置的高度和形状限制,如图 10-6 和图 10-7 所示。

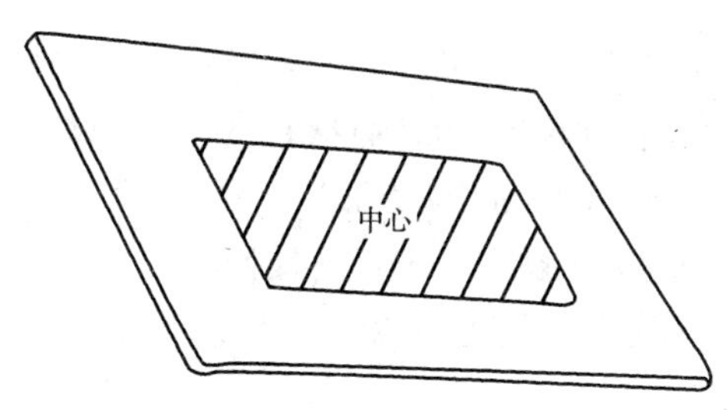

图 10-5 集装板的中心示意图(尺寸单位:cm)

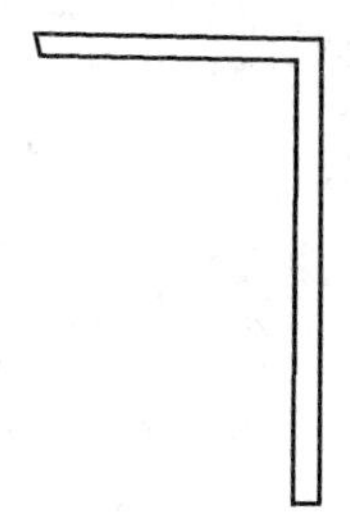

图 10-6 量形尺示意图

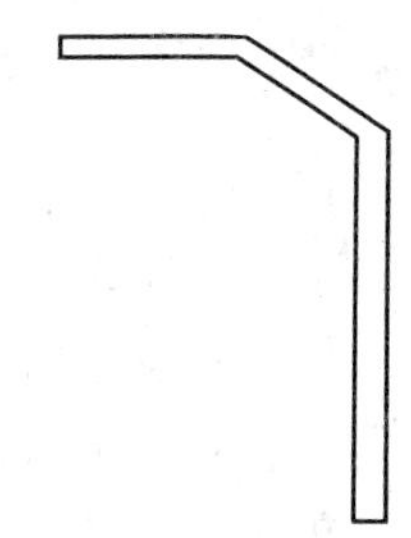

图 10-7 量形尺示意图

(8)对不可倒置货物的要求

不可倒置的货物,必须正放,必要时进行捆绑固定,以确保固定住。特别要注意对危险品的固定工作,防止危险品泄漏,发生爆炸、燃烧、中毒或者腐蚀等事故。

(9)集装板货物挂网

把集装板的货网解开,分清长边和短边,先挂一边(即将货网上的插扣牢固地插入集装板的货网插扣轨道的插座内),然后将货网拉至货物的顶部,再挂其他三边。全部货物必须网在货网内。货网要拉紧,如果网拉得不紧,当飞机起飞、降落时或者飞行中,因颠簸会造成货物倾斜或者倒下,但如果拉得过紧,则会造成集装板的两边或者四边翘起,使集装板不能被货舱内的固定装置固定。

223.5 厘米 ×317.5 厘米和 243.8 厘米 ×317.5 厘米集装板的货网插扣数量:单插扣的,每一长边不得少于 8 只,每一短边不得少于 5 只;双插扣的,每一长边不得少于 5 只,每一短边不得少于 4 只。如果缺少,应另加网扣,可使用同样质量的绳子系上插扣,勾结成网,将货物网住,最好是附加尼龙带将货物捆绑固定住。货网的绳索不得拖在地上,应当扎缠在网上,以避免缠住地面杂物或者飞机货舱内的设备。

网好的集装板货物,如图 10-8 所示。应注意如下 3 点:

①有扣子的网,用扣子拉紧。

②有钩子的网,用钩子拉紧。

③无扣子、无钩子的网,用软质短绳拉紧、结扎牢。

(10)检查

货物装箱后,由检查员进行如下检查:

①货物的挂网或者关门及捆绑固定应符合要求;

②集装板货物的装高高度和形状不得超过所要装入

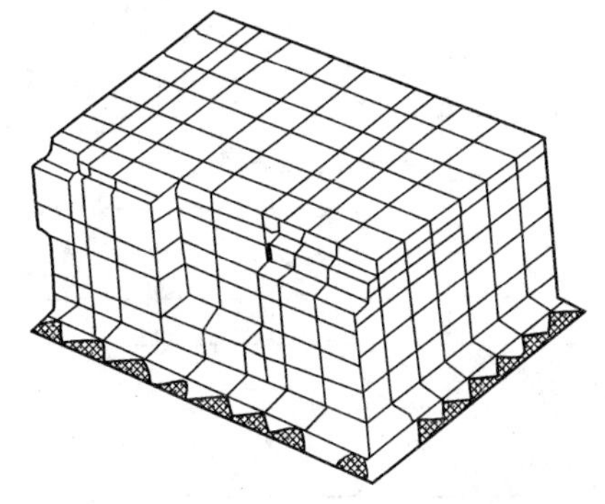

图 10-8 网好的集装板货物示意图

的飞机货舱位置的高度及形状限制；

③装入集装板或者集装箱的货物的质量不得超过该集装板或者集装箱的最大装载量限制和所要装入的货舱位置的许可装载量限制；

④集装板或者集装箱的四边板面应当平坦，不可以翘起(自滚轴车的滚轮水平面至集装板边轨道的上面，翘起不得超过3.2厘米)；

⑤特种货物的装板、装箱应当符合要求；

⑥安全性应当有保证；

⑦其他注意事项已经落实。

4. 什么是不符合标准的集装设备?

不符合标准的集装设备是指不符合美国联邦航空局技术标准C90(简称FAA TSO-C90)的集装设备。根据国际航空运输协会《机场操作手册》(Airport Handling Manual)AHM311规定，不可以使用不符合标准的集装设备来装载单件150千克以上的重货或者因货物的性质、形状及密度可能对安全构成危害的货物。另外，美国FAA规定在货机主货舱上不可以使用不符合标准的集装设备来载运货物，除非附加妥善的捆绑固定。

5. 如何计算集装板和集装箱所装的货物的重量?

将货物装入集装板和集装箱后，必须过磅或者统计每一块集装板和每一个集装箱所装入的货物重量，并填写板(箱)货物清单(见表10-1所示)和挂(插)货物和邮包板(箱)牌，见表10-2所示。

①板(箱)货物清单。应当将装入集装板和集装箱的货物货运单号码、件数和重量等信息登记在板(箱)货物清单上。

板(箱)集装货物清单 表10-1

ULD Cargo List

No.：

Flight No./Date： Point of Unloading： Departure Time：

ULD No.	AWB No.	Number of Pieces	Weight (kg)	Destination	Number of Pcs Loaded	Total Weight Loaded	Remarks
Total							

Loaded by： Checked by：

货物和邮包板(箱)牌　　表 10-2

<table>
<tr><td colspan="3">○　　CONTAINER/PALLET
× × Airlines　　ID CODE：</td></tr>
<tr><td colspan="3">DESTINATION</td></tr>
<tr><td colspan="3">NET WEIGHT (kg)</td></tr>
<tr><td colspan="3">TARE WEIGHT (kg)</td></tr>
<tr><td>LOADED AT</td><td>FLIGHT</td><td>POSITION ON A/C</td></tr>
<tr><td>LOADED AT</td><td>FLIGHT</td><td>POSITION ON A/C</td></tr>
<tr><td colspan="3">CONTENTS</td></tr>
<tr><td colspan="3">REMARKS：</td></tr>
</table>

②挂(插)货物和邮包板(箱)牌。使用集装板装载货物的,装完货物或者邮包挂好货网后,必须挂上货物和邮包板(箱)牌,写明集装板的号码、卸机站站名、板的毛重、货物或者邮包的净重、装机站名和装入的内容(货物或者邮包)等。货物和邮包板(箱)牌必须挂两张,分别挂在集装板货物的两侧目视的高度位置上。

使用集装箱装载货物或者邮包的,装完货物后,必须插上货物和邮包板(箱)牌,写明集装箱的号码、卸机站站名、箱的毛重、货物或者邮包的净重、装机站名和装入的内容(货物或者邮包)等。

装有危险货物的集装器,必须挂(插)危险货物板(箱)牌(见表10-3所示),并在“Remarks”栏内写明该集装设备内所装入的危险品的代码。对于只可装货机的危险品,应写明“CARGO AIRCRAFT ONLY”或者“CAO”(只可装货机)字样。

危险货物板(箱)牌　　表10-3

(正面)

ID CODE

FLIGHT　　FLIGHT

(背面)

6. 飞机的装载量有哪些限制?

飞机的装载量有以下限制:

(1)飞机结构装载量限制。

往飞机货舱装入货物时,必须注意货物的装载量不得超过以下装载限制:

a. 纵向装载量限制(Linear(Running) Load Limitations);

b. 面积装载量限制(Area Load Limitation);

c. 货舱装载量限制(Compartment Load Limitation);

d. 位置装载量限制(Position Load Limitation);

e. 累积装载量限制(Cumulative Load Limitation);

f. 联合装载量限制(Combined Load Limitation);

g. 两侧装载量不对称的限制(Asymmetrical Load Limitation);

h. 区装装载量限制(Zone Load Limitation);

i. 集装设备的装载量限制(ULD Load Limitation)(装入集装设备的货物可以限量超过其最大装载量,但必须进行舱内附加捆绑固定,本章未加以介绍)。

(2)飞机的主货舱和下货舱的部分舱位的装载量限制。

例:

a. 第1区

主货舱装载量限制5 000千克

下货舱装载量限制1 800千克

主货舱和下货舱合计装载量限制6 400千克

b. 第2区

主货舱装载量限制6 000千克

下货舱装载量限制2 400千克

主货舱和下货物合计装载量限制7 700千克

第1区主货舱的舱位最大装载量为5 000千克,其相对的下货舱最大装载量为1 800千克,但是,上下两个舱位合计最大装载量限制为6 400千克。在这种情况下,如果主货舱已装载货物5 000千克,下货舱就只能装载1 400千克货物,或者下货舱已经装载货物1 800千克时,主货舱就只能装载4 600千克货物。第2区的装载量限制必须同第1区一样,按照第2区主货舱和下货舱的装载量限制及主货舱和下货舱合计装载量限制来进行装载量的调整,以此类推。

(3)累积装载量限制。

累积装载量限制规定了飞机机身前部分和后部分的各个位置的装载量。装载量不得超过此限制,以防止飞机前机身和后机身因超载而发生机身弯曲或者断裂。主货舱和下货舱有一个累积装载量的限制,也有一个往前机身和往后机身各区位的累积装载量限制,请参见表10-4:

货舱区位累计装载量限制表(例) 表10-4

第 3 区	第 2 区	第 1 区
主货舱装载量限制7 000千克	主货舱装载量限制6 000千克	主货舱装载量限制5 000千克
下货舱装载量限制3 400千克	下货舱装载量限制2 400千克	下货舱装载量限制1 800千克
主货舱和下货物合计装载量限制9 700千克	主货舱和下货物合计装载量限制7 700千克	主货舱和下货舱合计装载量限制6 400千克
←— Max. 21 700千克	←— Max. 13 000千克	←— Max. 6 400千克

(4)联合装载量限制。

飞机的每一个货舱都有一个装载量的限制,装载量不得超过此限制。飞机相连的两个或者3个货舱有一个联合装载量的限制,装载量不得超过此限制,请参见表10-5:

货舱联合装载量限制表(例) 表10-5

第 2 舱	第 1 舱
13 875千克	8 977千克
第1舱+第2舱联合装载量限制21 500千克	

对于货机来说,主货舱和下货舱的合计(累积)装载量限制,称为联合装载量限制。

(5)两侧装载量不对称的限制。

宽体飞机的主货舱除了机头和尾部不多的几块板位外,为两块集装板纵向并列的装舱方法。两侧的装载量可以不一致,但不得超过规定的限制,请参见表10-6:

货舱两侧装载量不对称限制表(例)　　表 10-6

每一侧最大装载量(Maximum Load per Side)(千克)	
左侧或右侧	右侧或左侧
8 280	8 280
8 500	8 065
9 000	7 565
10 000	6 565

(6)区装载量限制。

货机的主货舱和下货舱有一个区装载量限制,请参见表 10-7:

区装载量限制表(例)　　表 10-7

千　克 / 主 货 舱 Main Deck	D 区	E 区
主货舱最大装载量	9 710	9 710
下舱集装板最大装载量	5 030	5 030
区最大装载量	11 425	11 425

7. 集装设备的最大装载量和装舱位置有何限制?

(1)集装设备最大装载量

集装设备装载量(包括自重)不得超过该板(箱)生产厂家出厂验定的最大装载量限制。这种质量限制写在集装板的边上或者集装箱的箱身上。

符合美国联邦航空局技术标准 C90 或者国际航协标准集装设备的最大装载质量,请参见表 10-8:

集装设备最大装载量表　　表 10-8

底板尺寸代码	种类代码	底 板 尺 寸		最大装载量(千克)(包括自重)	备　注
		厘米	英寸	千克	
A	PAG/P1P	223.5×317.5	88×125	6 804	集装板
M	PMC/P6P	243.8×317.5	96×125	6 804	集装板
B	PBC/P2P	223.5×274.3	88×108	4 536	集装板
L	PLB	153.4×317.5	60.4×125	3 175	集装板
K	PKC	153.4×156.2	60.4×61.5	1 587	集装板
G	PGA/P7E	243.8×605.8	96×238.5	1 1340 ~ 13 608	20 英尺集装板
R	PRA	243.8×497.8	96×196	11 340	16 英尺集装板
M	AMA	243.8×317.5	96×125	6 804	M1 集装箱
G	AGA/ASG	243.8×605.8	96×238.5	11 340	M2 集装箱
K	AKE/AKC	153.4×156.2	60.4×61.5	1 587	LD1/LD3 集装箱
A	UAP/UAK	223.5×317.5	88×125	6 033	LD7(Igloo)
A	AAP	223.5×317.5	88×125	6 033	LD9

另外,还必须注意集装设备面积的承载力。符合标准的一般集装板和集装箱的面积承载

力为 1 464 千克/平方米,20 英尺集装板面积承重力为 1 953 千克/平方米。

(2)集装设备的装舱位置装载质量限制

装入集装设备的货物质量(包括集装设备自重)不得超过该集装设备所要装入的货舱位置的最大装载质量限制,请参见表 10-9 和表 10-10。

B747-400 客机下货舱 表 10-9

集装设备种类	前板箱舱(千克)	后板箱舱(千克)
PAG/P1P	4 626	4 626
PMC/P6P	5 035	5 035

B747-400F 主货舱 表 10-10

位置	PAG 装载量限制(千克)	PAG 装载量限制(千克)
DL/DR	6 000	6 000
EL/ER	6 000	6 000
FL/FR	6 000	6 804

飞机货舱集装设备固定装置损坏或者失灵时,必须按照装载手册的规定减少货物装载质量或者不可以装载货物。

8. 灵柩和骨灰的装板(箱)和装舱有无特别要求?

(1)灵柩不可以与食品和活体动物装在一起。可以使用集装板的货网将灵柩的包装箱网住,必要时,加些绳子或者尼龙带。必须注意小心操作,不可损坏包装箱。

对于客机来说,灵柩货物应当在旅客上机前就装上货舱,而且不可以同意托运人在机坪进行追悼仪式。

(2)骨灰(urns)箱可以作一般货物处理,但必须注意小心操作,不可以损坏包装箱。

9. 鲜活易腐货物的装板(箱)和装舱有无特别要求?

鲜活易腐货物的装板和装舱有以下特别要求:

(1)食品

食品不可以与有毒物质和感染性物质靠近装在一起,也不可以与活体动物、灵柩靠近装在一起,尽可能离得远一些。

(2)肉类和海鲜

肉类和海鲜货物必须装在防漏水的包装内(如将肉类装入密封的塑料袋内),然后装入外包装内。肉类货物应当作为湿货处理。

鲜肉和鲜鱼的温度保持在 0 ~5℃之间。

冻肉和冻鱼需要使用冷藏集装箱运输,温度保持在零下 12℃。

(3)孵蛋

孵蛋不可以与固体二氧化碳(干冰)靠近装在一起,也不可以与低温液体靠近装在一起。

飞行小时 24 小时以内的与需要贴 II 和 III 级黄色标签的放射性物质最少必须保持 0.5 米以上的距离,飞行小时 24 小时以上的与需要贴 II 和 III 级黄色标签的放射性物质最少必须保持 1 米以上的距离。

孵蛋的温度应保持在 15℃左右,最低不得低于 10℃,最高不得高于 27℃。

(4)鲜花

鲜花是不可以压的货物。鲜花应当作为湿货处理,且不可压。

鲜花不可以与鲜水果、蔬菜装入同一块板(箱)或者同一个货舱内,因为蔬菜或者鲜水果会释放一种称为乙烯的气体会加速鲜花的腐坏。

(5)鲜水果和蔬菜

对于包装箱有出气孔的鲜水果和蔬菜装入集装板时，行与行之间应保留一些空隙(可以用有孔的隔层硬纸板隔开)，使水果和蔬菜产生的潮气能够蒸发出。

(6)疫苗和医疗供应品

疫苗和人体器官/血液和一些药品是需要注意保冷的货物，应按照托运人的要求保存在适合的温度的地方。要控制从仓库拉出停机坪装机的时间，即装上飞机不久飞机就能起飞。

人体器官和血液与需要贴 II 和 III 级黄色标鉴的放射性物质不可以靠近混装，需要保持的距离参照国际航协《危险品规则》9.3D 和 9.3E 表。

人体器官和血液不能与灵柩货物靠近装在一起。

10. 湿货的装板(箱)和装舱有无特别要求?

湿货的装板和装舱有以下特别要求：

(1)湿货

湿货是指货物的包装内含有水的货物(如活鱼、活虾等)和因货物的性质会产生水的货物(如鲜花、活体动物、鲜鱼、鲜肉、肠衣、鲜兽皮等)。

水进入货舱内会腐蚀飞机的机件，对飞机构成危害，流出来的水还会弄湿其他货物，污染或者损坏其他货物、邮包；水流入飞机的电源，会造成短路，危害飞行安全。

(2)包装要求

易漏水或出水的货物必须装入密封的塑料袋(两层)或者塑料桶内，塑料袋或者塑料桶的封口(封盖)必须牢固和有效，确保不漏水。对于不能装入密封的塑料袋或者塑料桶的货物(如动物、鲜花等)，在包装箱(容器)的底板上必须铺设无破裂、无破洞完整的塑料布和吸水材料，注意应将这种铺上的塑料布或者其他材料自包装箱内侧的四周的墙铺高 15 厘米左右，以使货物可能漏出的水不漏出货物的包装箱。

由于飞机从地面飞往高空又从高空飞往地面气压的变化，从热带地区飞往寒带地区或者从寒带地区飞往热带地区温度的变化，而且，飞机起飞或者降落时有一定的角度，因此，液体的容器不可以完全装满，必须留有一定的空隙，以确保在膨胀的情况下液体不会漏出。

(3)湿货的装板(箱)、装舱

将湿货装入集装板(箱)时，为了防止水流出进入飞机的货舱腐蚀飞机的机件，必须在集装板(箱)的地板上铺上两层塑料布，然后将塑料布兜起。

将可能在飞机上发生漏水的湿货装入散装舱时，应将货物放在塑料布上，然后将塑料布兜起包住货物，再用黏胶带粘住，或者对于可能会产生水泄漏的货物，将货物装在一个大塑料盆内(盆的容积大于货物的体积)，然后用塑料布罩盖住盆的上方，再用黏胶带粘住，防止可能泄漏出的水漏进货舱。

将湿货装入集装板(箱)或者货舱时，必须保持正放，不可倒放。对于已经水泄漏或者封口(盖)已经损坏的货物，不可以装上飞机。

(4)湿货漏水进入货舱的处理方法

如果发现湿货已经漏水进入货舱时，应当采取措施将水擦干，并立即通知飞机维护部门。飞机维护部门必要时清理货舱及可能进了水的地板内部，擦干水。采取这种措施时，会造成飞机停场。因此，收运货物时必须采取有效的措施防止湿货水的泄漏。

11. 为什么重件货物必须铺放垫材？

飞机货舱的纵向和横向的装载量有一定的限制，货物的装载量不得超过飞机制造厂提供的这两项最大装载量的限制。如果货物的装载量超过这两项限制中的其中一项的，就会造成飞机货舱的地板的滚珠被压裂，从而压坏地板的框架和梁，甚至造成飞机永久性损坏，不能飞行。

为了保护飞机货舱地板的滚珠、框节机构和梁不受损坏，当装载重件货物时，必须在货物的下方铺放垫材，以扩大货物重量的分布大于纵向和横向（面积）的装载量限制，见图 10-9 和图 10-10 所示。对于圆形货物、底部带轮子（特别是铁轮子）、铁桶、凸底或者货物的底部安装有托木的货物，因为货物的质量高度集中在实际接地面积很短的长度或者很少的面积上，必须在轮子（特别是铁轮子）、铁桶、凸底（边）或者托木的下方铺放垫材，以扩大货物质量的分布大于纵向和横向（面积）的装载量限制。

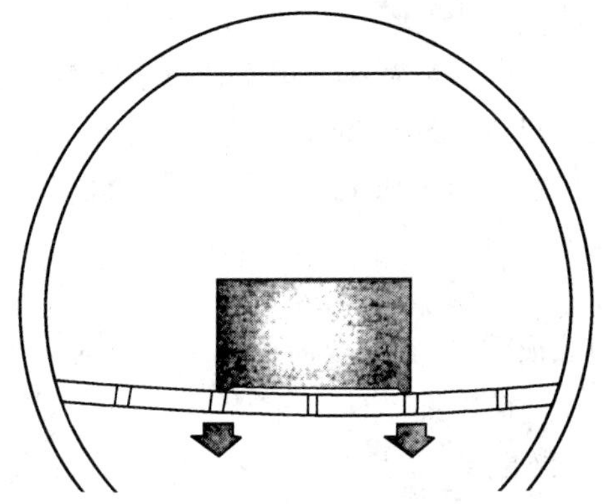

图 10-9　未铺垫垫材，损坏了地板示意图

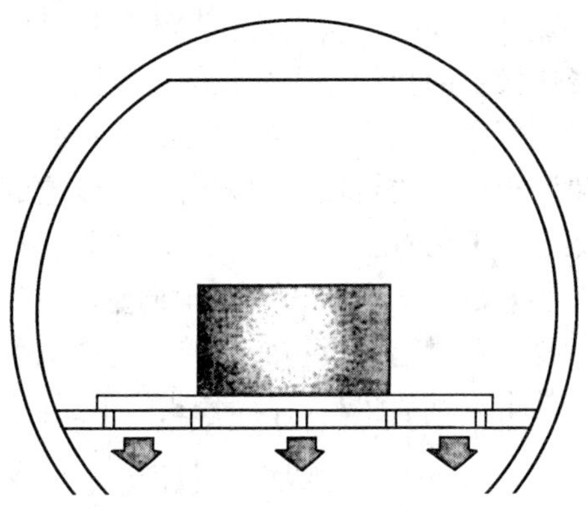

图 10-10　铺垫了垫材，地板完好无损示意图

垫材应当是粗长的木材、特制的铝垫条或者特制钢垫条。一般的木板和三夹板只能用来垫托主要用于散装舱 500 千克以下的货物。

对重件货物铺放垫材，扩大重件货物的质量分布，是确保货物的装载量不超过飞机地板纵向和横向（面积）装载量限制，保证飞机货舱的滚珠、框节机构和梁不受损坏的必要条件。

（1）纵向装载量限制

纵向装载量限制是指与机身同方向 1 英寸或者 1 米或者 1 英尺长的飞机地板容许装多少磅或者千克货物，此种数字在飞机出厂的载重量平衡手册中有具体说明。装载量不可以超过这个限制。对于圆形状且短的重件货物一定要注意这个限制。

不同的机型在飞机不同舱位上，有不同的纵向装载量限制。

以下为 B747－400 下货舱各舱位的纵向装载量限制参考数据。

前板箱舱和后板箱舱：2 071 千克/米。

散装舱：535～1 390 千克/米。

以下为 B747－400F 主货舱各舱位纵向装载量限制参考数据。

飞机站位 228.0～524.0：1 516 千克/米。

飞机站位 525.0～987：3 035 千克/米。

飞机站位 988.0～1480.0：5 177 千克/米。

飞机站位 1481.0～1980.0：3 035 千克/米。

飞机站位 2218.0～2365.0：642 千克/米。

(2) 面积(横向)装载量限制

货舱的面积装载量限制用千克/平方米或者磅/平方英尺表示。为了防止损坏飞机货舱的地板(滚珠、直梁和横梁等),在每1平方米的面积内,货物的装载量不得超过此限制。

不同的机型在飞机不同舱位上,有不同的面积装载量限制。

以下为一些机型各舱位的面积装载量限制参考数据。

波音系列飞机:下舱散装舱732千克/平方米,下舱板(箱)舱976千克/平方米

原产货机主货舱1 953千克/平方米,但最后一块板位488千克/平方米。客机改为货机的,数据与上述有差异,较少些。

空客系列客机:下舱散装舱732千克/平方米,下舱板(箱)舱976千克/平方米。

12. 如何铺放垫材?

(1) 重件货物的长应当装在与飞机机身同方向的位置上

长度比较长的货物应当装在与机身同方向的位置上。一般宽体货机主货舱集装板的摆放的方向除了机头和尾部几块板位外,均是集装板的长边与机身同方向,下货舱集装板摆放的方向则为集装板的短边与机身同方向。比较重的长件货物应当装在主货舱或者下货舱与机身同方向的集装板的位置上。

(2) 重件货物需要纵向和/或横向垫材计算

当货物的重量超过货物所要装入的飞机舱位的地板的纵向和/或面积装载量限制时,就必须在货物的下方铺放垫材,计算公式如下:

$$\text{纵向装载量(千克/米)} = \frac{\text{货物重量(千克)}}{\text{货物长(米)}} \tag{1}$$

$$\text{面积装载量(千克/米)} = \frac{\text{货物重量(千克)}}{\text{货物长(米)} \times \text{货物宽(米)}}$$

货物的长和宽应当以货物实际接触飞机货舱地板的长和宽进行计算。

(3) 重件货物最低需要铺放垫材宽度的确定

为了保证重件货物的重量分布不会超过飞机货舱地板面积装载量的限制,必须确定最低需要铺放横向垫材的宽度,计算公式如下:

①当不需要纵向垫材时:

$$\text{最低需要铺放垫材的宽度} = \frac{\text{货物重量(千克)}}{\text{面积装载量限制(千克/平方米)} \times \text{货物长(米)}} \tag{2}$$

②当需要纵向垫材时:

$$\text{最低需要铺放垫材的宽度} = \frac{\text{纵向装载量限制(千克/米)}}{\text{面积装载量限制(千克/平方米)}} \tag{3}$$

货物的长和宽应当以货物实际接触飞机货舱地板的长和宽进行计算。

最低需要铺放垫材的宽度,不是指每一根垫材的最低宽度,而是指用于铺放横向垫材的最低需要的宽度,也可以理解为每根横向垫材的最低长度。

③三种铺放垫材的办法

a. 当货物的重量超过纵向装载量限制时,就需要铺放纵向垫材,也可能同时需要铺放横向垫材,如图10-11所示。

虽然货物只需要铺放纵向垫材,但是由于货物的下方安装有纵向的托木,不能充分压住所有的纵向垫材的情况下,就应当同时铺放横向垫材(如图10-12~图10-14)。

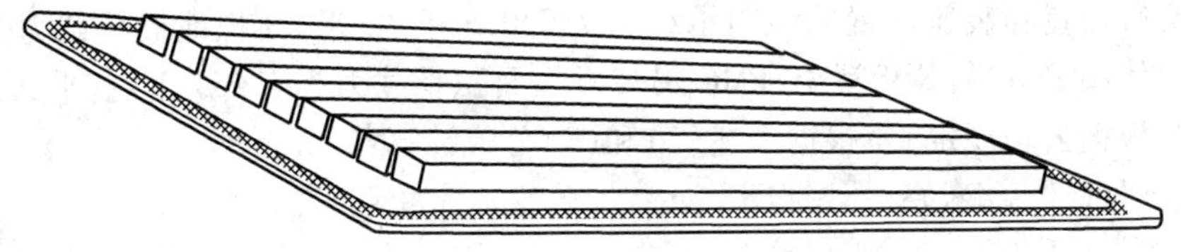

图 10-11 纵向垫材示意图

b. 当货物的重量超过面积重量限制时，就需要铺放横向和/或纵向垫材。

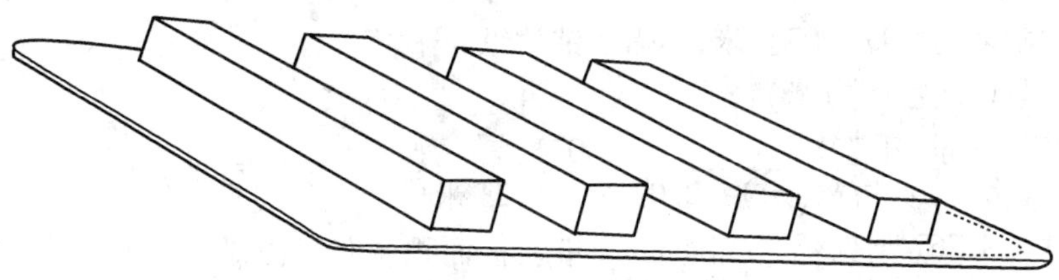

图 10-12 横向垫材示意图

c. 当货物的重量超过纵向和面积重量限制时，就需要同时铺放纵向和横向垫材。

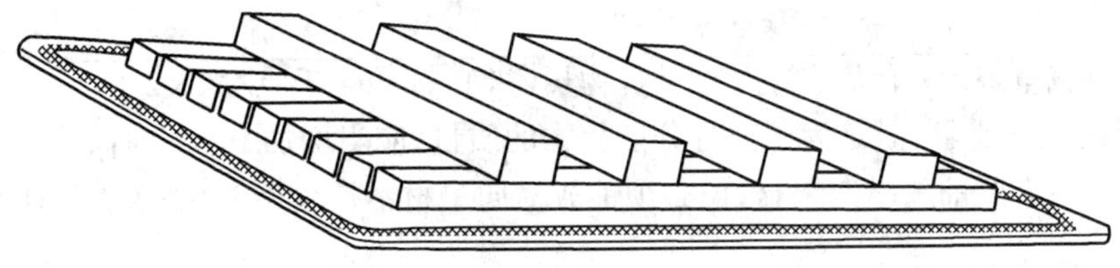

图 10-13 纵向垫材加横向垫材示意图

需要纵横两层垫材的，纵向垫材应当铺在下层，横向垫材铺在上层。

需要多少根垫材来铺放纵向和多少根垫材来铺放横向，取决于垫材的承受力强度。

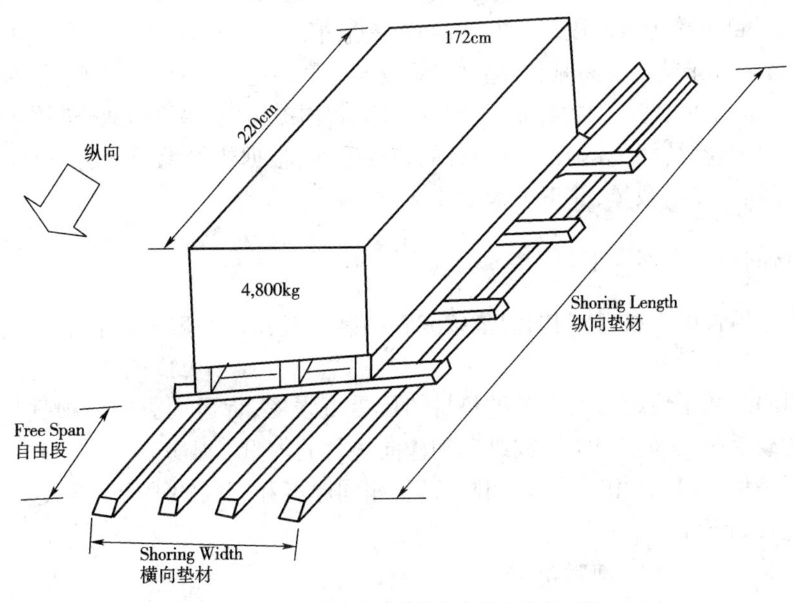

图 10-14 特制金属纵向垫材加横向垫材示意

假如一件4 500千克平底货，长2.07米，宽1.23米，装B747—400F主货舱与机身同方向的板位上，又假如货物装舱位置的纵向承载力为3 035千克/米，面积地板承载力为1 953千克/平方米。使用PMC集装板运出，PMC集装板的面积承载力为1 464千克/平方米（是否应考虑此数据，根据公司规定）。根据上述（2）和（3）公式计算：

纵向装载量（千克/米）：

$$=\frac{货物重量(千克)}{货物长(米)}$$

$$=\frac{4\ 500千克}{2.07米}=2\ 174千克/米$$

2 174千克/米<3 035千克/米，不需要铺放纵向垫材。

面积装载量（千克/平方米）：

$$=\frac{货物重量(千克)}{货物长(米)\times货物宽(米)}=\frac{4\ 500千克}{2.07米\times1.23米}=1\ 767千克/平方米$$

面积装载量1 767千克/平方米>PMC集装板面积装载量限制1 464千克/平方米，应当铺放横向垫材。

最低需要铺放垫材的宽度，当不需要铺放纵向垫材时：

最低需要铺放垫材的宽度

$$=\frac{货物重量(千克)}{面积装载量限制(千克/平方米)\times货物长(米)}=\frac{4\ 500千克}{1\ 464千克/米\times2.07米}=1.48米$$

1.48米是最低要求，但是为了充分分散货物的质量，应当增加10%左右。

此件货物不需要铺放纵向垫材，但必须铺放横向垫材不得少于1.63米。假如使用以下云杉木垫材时：

云杉木：11厘米（宽）×20厘米（厚）：需要5根或以上

15.2厘米（宽）×15厘米（厚）：需要7根或以上

10.2厘米（宽）×15厘米（厚）：需要9根或以上

垫材自集装板中心往四边扩展，铺放应当对称和均衡。铺放的纵向垫材的长度必须长于货物的长度，多出的部分称为自由段（如图10-14）。一般情况下，横向垫材铺放的宽度（长度）应当长于货物的宽度。如果垫材容易侧翻，垫材之间应当尽量靠近，以防止垫材侧翻。货物放在垫材上应当控制在集装板的中心范围内，前后和左右对称和均衡，以能够均衡地分散货物的重量。

垫材的数据，航空公司货运人员应当查阅装载手册，根据垫材承受力的强度确定使用的垫材的种类、长度和需要的数量，并正确地铺放垫材。

13. 对垫材的质量有何要求？

垫材应当是粗长的木材、特制的铝垫条或者特制钢垫条。一般的木板和三夹板只能用来垫托500千克以下的货物。

航空公司的装载手册中写明了各种垫材的承受力强度，货运人员应当根据货物的重量按照本公司的装载手册的规定确定铺放纵向和横向垫材的数量。

垫材必须是相同材料、相同平直、相同长度、相同厚度和相同的承受力强度。

常见的垫材如下：

枞木：15厘米（宽）×15厘米（厚）

10厘米（宽）×15厘米（厚）

云杉木:11 厘米(宽)×20 厘米(厚)

15 厘米(宽)×15 厘米(厚)

10 厘米(宽)×15 厘米(厚)

铁杉木:15 厘米(宽)×15 厘米(厚)

垫材的厚度越厚,垫材的承受力强度就越强。

用托垫特别重的重件货的纵向垫材,应当是特制的铝垫条或者特制钢垫条,其形状类似铁轨(见图10-15)或者使用最强承受力的粗厚木材。

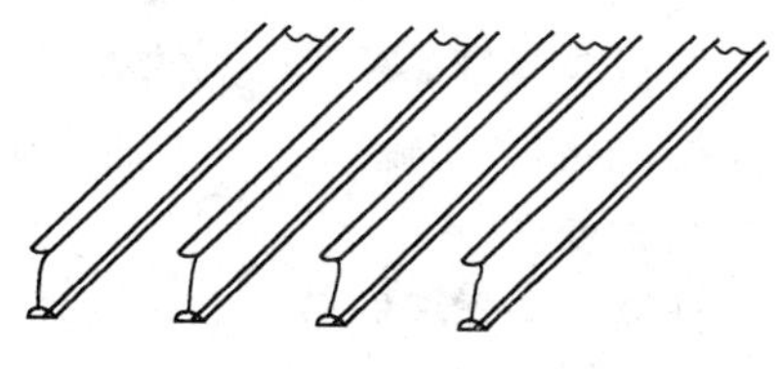
图 10-15　特制类似铁轨的纵向金属垫材示意

14. 如何确定需要的垫材?

确定货物是否需要垫材及需要铺放的数量,操作步骤举例说明:

例 1:一件平底货物 2 500 千克,长 2.3 米,宽 2.5 米,准拟用 B747 - 200 客机的下货舱进行 PMC 集装板运出。

第 1 步:

查阅装载手册得到以下数据:

所要装舱的板位飞机地板承载力:

货舱纵向装载量限制:2 071 千克/米

货舱面积装载量限制:976 千克/平方米

第 2 步:

计算飞机地板实际装载量:

$$纵向装载量=\frac{货物重量}{货物长}=\frac{2\ 500}{2.30}=1\ 087\ 千克/米$$

1 087 千克/米 <2 071 千克/米,不需要纵向垫木。

$$面积装载量=\frac{货物重量}{货物长\times货物宽}=\frac{2\ 500}{2.30\times2.50}=435\ 千克/平方米$$

面积装载量 435 千克/平方米 < 面积装载量限制 976 千克/平方米,不需要铺放横向垫材。但是,如果货物的下方安装有托木的,就可能需要铺放垫材了。

例 2:一件平底货物,重量 5 300 千克,长 2.70 米,宽 1.03 米,拟用 B747 - 200F 的主货舱使用 PMC 集装板运出。

第 1 步:

查阅装载手册得到以下数据:

货物所要装入的板位飞机地板承载力:

货舱纵向装载量限制:3 035 千克/米

货舱面积装载量限制:1 953 千克/平方米,但是 PMC 集装板的面积承载力为 1 464 千克/平方米,因此以 1464 千克/平方米进行计算比较妥(是否应考虑此数据,根据公司规定)。

第 2 步:

计算飞机地板实际装载量

$$纵向装载量=\frac{货物重量}{货物长度}=\frac{5\ 300}{2.70\text{m}}=1\ 963\ 千克/米$$

1 963 千克/米 <3 035 千克/米,不需要纵向垫材。

$$面积装载量 = \frac{货物重量}{货物长 \times 货物宽} = \frac{5\ 300}{2.70 \times 1.03} = 1\ 906\ 千克/平方米$$

面积装载量 1 906 千克/平方米 > 集装板面积装载量限制 1 464 千克/平方米(是否应考虑此数据,根据公司规定),需要铺放横向垫材。

第 3 步:

计算最低需要铺放横向垫材的宽度。

当不需要铺放纵向垫材时:

最低需要铺放横向垫材的宽度

$$= \frac{货物重量}{面积装载重量限制 \times 货物长} = \frac{5\ 300}{1\ 464 \times 2.70} = 1.34\ 米$$

用来铺放横向的每一根垫材的长度至少需要 1.34 米,但是,这种最低的长度需要增加 10% 左右。

第 4 步:

根据装载手册,选用垫材并确定需要铺放横向垫材的长度和数量。

如果选择以下枞木时:

枞木:15 厘米(宽) ×15 厘米(厚):需要 6 根或以上

10 厘米(宽) ×15 厘米(厚):需要 8 根或以上

垫材自集装板中心往四边扩展,铺放应当对称和均衡。铺放横向垫材的长度必须长于货物的宽度。如果垫木容易侧翻的,垫材之间应当尽量靠近,以防止垫木侧翻。货物放在垫材上应当控制在集装板的中心范围内,前后和左右对称和均衡,以均衡地分散货物的重量。

第 5 步:

总重量(货物的重量加上垫材的重量)与铺放了垫材后扩大的面积比较,总重量不得超过扩大的面积的许可的装载量限制。

另外,除了货物的装载量不得超过纵向装载重量限制和面积装载量限制外,还不得超过以下装载重限制:

- 货舱装载量限制
- 累积装载量限制
- 装舱位置装载量限制
- 联合装载量限制
- 两侧装载量不对称的限制
- 区装载量限制
- 集装设备的装载量限制

例 3:以图 10-14 为例,货物重量 4 800 千克,货物长 2.2 米,宽 1.72 米,准备使用 B747—200 客机改货机的 B747—200F 主货舱装在纵向的板位上使用 PMC 集装板运出。

第 1 步:

查阅装载手册得到以下数据:

货物所要装入的板位地板承载力:

货舱纵向装载量限制:2 071 千克/米

货舱面积装载量限制:976 千克/平方米

应注意客机改为货机的主货舱,纵向装载量和货舱面积装载量比原产机要低,有的位置低得较多。

第 2 步：

计算飞机地板实际装载量

$$纵向装载量 = \frac{货物重量}{货物长} = \frac{4\ 800}{2.2} = 2.182\ 千克/米$$

2 182 千克/米 >2 071 千克/米，需要铺放纵向垫材。这个纵向垫材的长度不等于 4 800 ÷ 2 071 = 2.32 米，比这个长度还要更长些。纵向垫材的长度需要多长和需要多少根垫材必须视垫材的承受力强度确定，根据装载手册的规定办理。

$$面积装载量(千克/平方米) = \frac{货物重量(千克)}{货物长(米) \times 货物宽(米)}$$

$$= \frac{4\ 800\ 千克}{2.20\ 米 \times 1.72\ 米} = 1\ 268\ 千克/平方米$$

面积装载重量 1 268 千克/平方米 > 面积装载量限制 976 千克/平方米，需要铺放横向垫材。

第 3 步：

计算最低需要铺放横向垫材的宽度。

当需要铺放纵向垫材时：

$$最低需要铺放横向垫材的宽度 = \frac{纵向装载量限制(千克/米)}{面积装载量限制(千克/平方米)} = \frac{2\ 071}{976} = 2.12\ 米$$

最低需要横向垫材的长度至少增加 10% 左右，即 2.33 米左右。

第 4 步：

根据装载手册，选用垫材并确定需要铺放纵向和横向垫材的长度和数量。

第 5 步：

总重量（货物的重量加垫材的重量）与铺放了垫材应扩大的面积比较，总重量不得超过扩大的面积的许可装载量限制，并不得超过纵向装载量限制。

另外，除了装载量不得超过纵向装载量限制和面积装载量限制外，还不得超过以下装载量限制：

①货舱装载量限制；

②累积装载量限制；

③装舱位置装载重量限制；

④联合装载量限制；

⑤两侧装载量不对称的限制；

⑥区装载量限制；

⑦集装设备的装载量限制。

例 4：一件货物（见图 10-16）重量 11 800 千克，长 3.10 米，宽 1.63 米，准备使用 B747 - 200F 主货舱使用 243.8 厘米 ×605.8 厘米集装板（20 英尺集装板）运出。

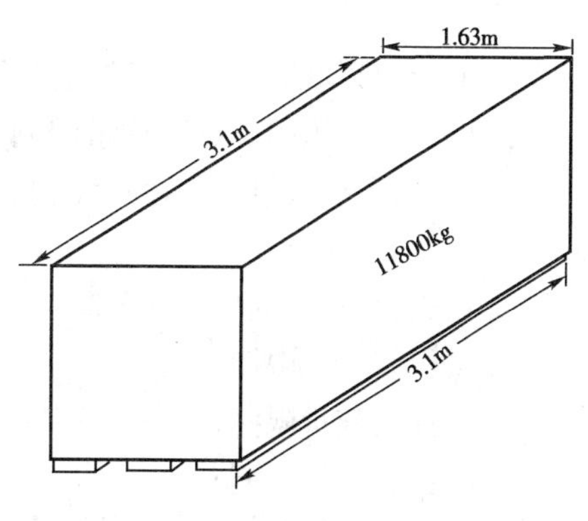

图 10-16　特大件货物示意

第 1 步：

查阅装载手册得到以下数据：

货物所要装入的板位地板承载力：

货舱纵向装载量限制：3 035 千克/米

货舱面积装载量限制:1 953 千克/平方米(20 英尺集装板面积承载力同样为 1 953 千克/平方米)

第 2 步:

计算飞机地板实际装载量

$$纵向装载重量 = \frac{货物重量}{货物长} = \frac{11\ 800}{3.10} = 3\ 806\ 千克/米$$

3 806 千克/米 > 3 035 千克/米,需要铺放纵向垫材。

因为货物很重,建议使用特制的铝材或者钢材类似铁轨形状的垫材来垫托货物,长度必须足够长。这个纵向垫材的长度不等于 11 800 ÷ 3 035 = 3.89 米,比这个长度还要更长些,要求接近板的长度。纵向垫材的长度需要多长和需要多少根垫材必须视垫材的承载力强度确定,根据装载手册的规定办理。

注意:如果货物的长度伸出板外,货物伸出板外的部分也必须使用同种垫材垫托,否则货物超出板外的部分就可能被折变形或者折断。

$$面积装载量 = \frac{货物重量}{货物长 \times 货物宽} = \frac{11\ 800}{3.10 \times 1.63} = 2\ 335\ 千克/平方米$$

面积装载量 2 335 千克/平方米 > 面积装载量限制 1 953 千克/平方米,需要铺放横向垫材。

第 3 步:

计算最低需要铺放横向垫材的宽度。

当需要铺放纵向垫材时:

最低需要铺放垫材的宽度

$$= \frac{纵向装载量限制}{面积装载量限制} = \frac{3\ 035}{1\ 953} = 1.554\ 米$$

也就是说,用来铺放横向的每一根垫材的长度至少需要 1.554 米。货物的实际宽度为 1.63米,如果货物是平底的,可以不需要铺放横向垫材,但是此件货物的下方安装了 3 条纵向的托木(skids)造成了货物不能充分压到所铺放的纵向垫材上,因此需要铺放横向垫材,建议以 1.63 米为基础增加 10% 左右。

第 4 步:

根据装载手册,选用垫材并确定需要铺放纵向和横向垫材的长度和数量。用于铺放纵向的垫材应当是特制类似铁轨的金属垫材(见图 10-15),用于铺垫横向的垫材也应当是特制金属垫材。垫材的铺垫方法,见图 10-14,但用于横向的金属垫材需要 5 根以上。

第 5 步:

总重量(货物的重量加上垫材的重量)与铺放了垫材后扩大的面积和长度比较,总重量不得超过扩大的面积的许可装载量限制,并不得超过纵向装载量限制。

另外,除了装载量不得超过纵向装载量限制和面积装载量限制外,还不得超过以下装载量限制:

①货舱装载量限制;

②累积装载量限制;

③位置装载量限制;

④联合装载量限制;

⑤两侧装载量不对称的限制;

⑥区装载量限制；

⑦集装设备的装载量限制。

例 5：以图 10-17 为例，货物重量为 2 250 千克，货物长为 2.2 米，宽为 1.52 米，货物的底部只安装了两条托木的实际货物接触面积为，0.14 米 ×1.52 米 ×2 = 0.426 平方米。承运人准备使用 PMC 集装板装 B747 - 400 客机的下货舱运出。因为 B747 - 400 下货舱的集装板的短边与飞机同一方向（纵向），所以货物装在 PMC 集装板上纵向应为 1.52 米。

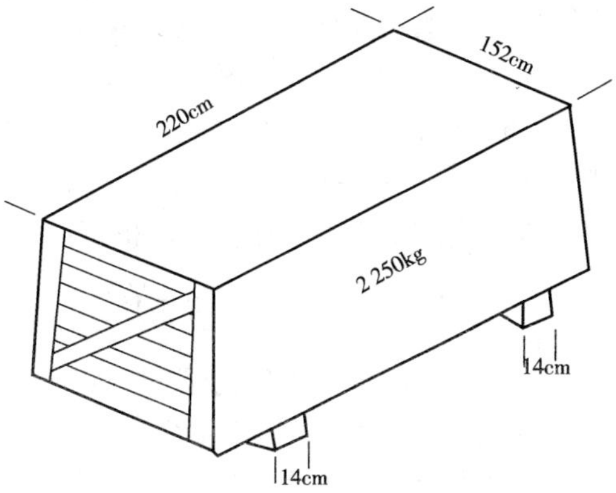

图 10-17　货物的底部安装的托木示意图

第 1 步：

查阅装载手册得到以下数据：

货物所要装入的板位地板承载力：

货舱纵向装载量限制：2 071 千克/米

货舱面积装载量限制：976 千克/平方米

第 2 步：

计算飞机地板实际装载量

$$\text{纵向装载量} = \frac{\text{货物重量}}{\text{货物长}} = \frac{2\ 250}{1.52} = 1\ 480\ \text{千克/米}$$

1 480 千克/米 <2 071 千克/米，不需要铺放纵向垫木。

$$\text{面积装载量} = \frac{\text{货物重量}}{\text{货物长} \times \text{货物宽}} = \frac{2\ 250}{0.14 \times 1.52 \times 2} = 5\ 287\ \text{千克/平方米}$$

面积装载量 5 287 千克/平方米 > 面积装载量限制 976 千克/平方米，需要铺放横向垫材。

第 3 步：

计算最低需要铺放垫材的宽度。

当不需要铺放纵向垫材时：

$$\text{最低需要铺放垫材的宽度} = \frac{\text{货物重量}}{\text{面积装载量限制} \times \text{货物长}} = \frac{2\ 250}{976 \times 1.52} = 1.52\ \text{米}$$

1.52 米是最低需要铺放横向垫材的长度，但应当增加 10% 左右。

第 4 步：

根据装载手册，选用垫材并确定需要横向垫材的长度和数量。

第 5 步：

总重量（货物的重量加垫材的重量）与铺放了垫材后扩大的面积比较，总重量不得超过扩大的面积的许可总装载量限制。

15. 如何对捆绑固定设备的承受力和可用性进行检查？

使用捆绑固定设备进行捆绑固定货物前，必须检查并核实所要使用的捆绑固定设备的承受力和可用性：

（1）核实所要使用的双插口或者单插口的最大承受力；

（2）不可以使用已经损坏或者打滑的插扣和插座；

(3)核实所要使用的尼龙带或者绳子的最大承受力；

(4)尼龙带必须是完整的，整条尼龙带或者绳子的承受力必须是相同的；

(5)不可以使用超过使用日期的尼龙带或者绳子，不可以使用扳扣损坏的尼龙带，不可以使用粘上油脂容易打滑的尼龙带或者绳子，不可以使用划破口深达 2 毫米的尼龙带或者绳子，不可以使用缝线断裂的尼龙带，也不可以使用松股或者股损坏的绳子；

16. 如何计算捆绑固定设备所产生作用力?

(1)货物的同一方向的捆绑固定必须使用同一条尼龙带或者绳子，不可以混合使用不同承受力的捆绑固定带或者绳子。

(2)用不同承受力的捆绑固定设备(尼龙带、绳子、插扣和货舱结构)组合来捆绑固定货物时，产生的捆绑固定作用力仅为最小的那一种捆绑固定设备的承受力所产生作用力。

一条尼龙带捆绑固定在货物两侧的捆绑固定插扣上(一侧各一只)，从货物的顶部往下捆绑固定或者往货物的前面绕过、往货物的后面绕过、往货物的左侧或者右侧绕过进行方向性捆绑固定，产生的捆绑固定作用力为那个最少捆绑固定设备的承载力的 2 倍。

①一条尼龙带将一件货物捆绑固定在两个同样承受力的插扣上，尼龙带从货物的顶部往下捆绑固定或者前面、后面、左侧或者右侧绕过进行方向性捆绑固定货物，产生的承受力为这两个插扣承受力之和，其条件是这条尼龙带必须具有这种承受力。

例:两个插扣每一个的承受力为 500 千克，尼龙带的承受力为 2 250 千克，产生的捆扎力为 1 000 千克，如图 10-18 所示。

②一条尼龙带将一件货物捆绑固定在两个不同承受力的插扣上，尼龙带从货物的顶部往下捆绑固定或者前面、后面、左侧或者右侧绕过进行方向性捆绑固定货物，产生的承受力仅为那个较小承受力插扣的 2 倍，其条件是这条尼龙带必须具有这种承受力。

例:两个插扣一个承受力为 907 千克，另一个为 2 250 千克，尼龙带的承受力为 2 250 千克，产生的捆扎力为 1 814 千克，如图 10-19 所示。

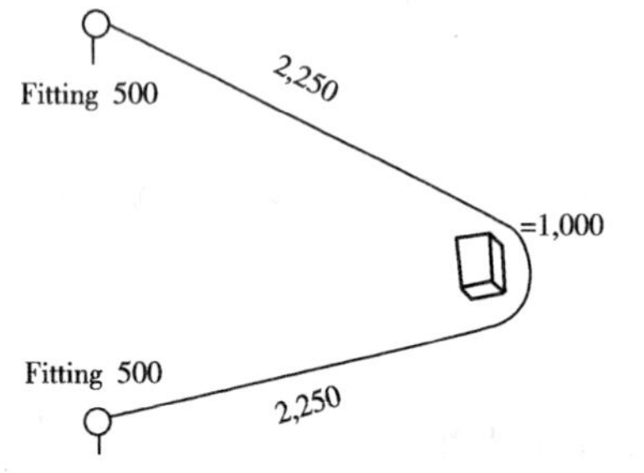

图 10-18 捆绑固定作用力计算示意(单位:千克)

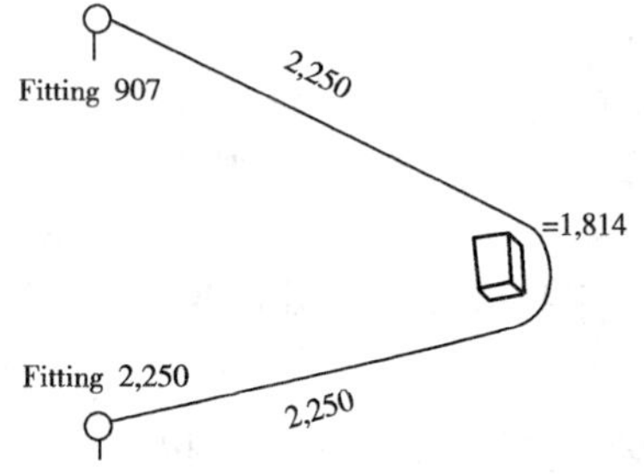

图 10-19 捆绑固定作用力计算示意(单位:千克)

③使用两个相同承受力的插扣和一条绳子捆绑固定货物，绳子的承受力小于插扣，绳子从货物的顶部往下捆绑固定或者往前面、后面、左侧或者右侧绕过进行方向性捆绑固定货物，产生的承受力为绳子承载力的 2 倍，其条件是这两个插扣必须具有这种承受力。

例:两个插扣每一个的承受力为 907 千克，绳子的承受力为 450 千克，产生的捆扎力为 900 千克，如图 10-20 所示。

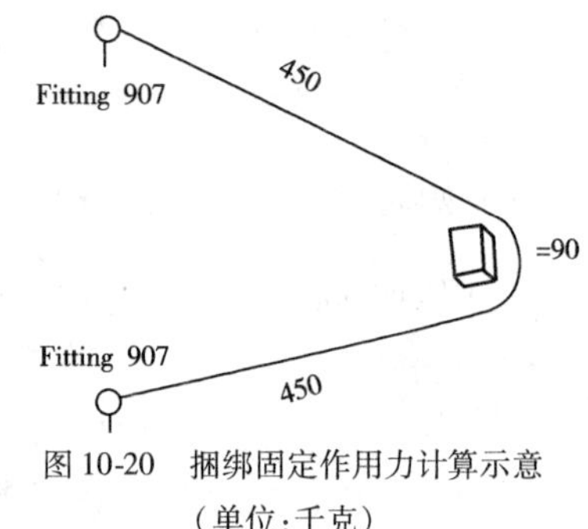

图 10-20 捆绑固定作用力计算示意(单位:千克)

(3)用不同承受力的捆绑固定设备(尼龙带、绳子、插扣和货舱结构捆绑固定点)组合来捆绑固定货物,产生的捆绑固定作用力仅为最小的那一种捆绑固定设备的承受力所产生作用力。

如果尼龙带一端捆绑固定在一只插扣上,另一端直接捆绑固定在货物上,没有从货物的顶部或者前面、后面、左侧或者右侧绕过进行方向性捆绑固定,产生的捆绑固定作用力为那个最少捆绑固定设备的承载力的 1 倍(见图 10-21 和图 10-22 所示)。

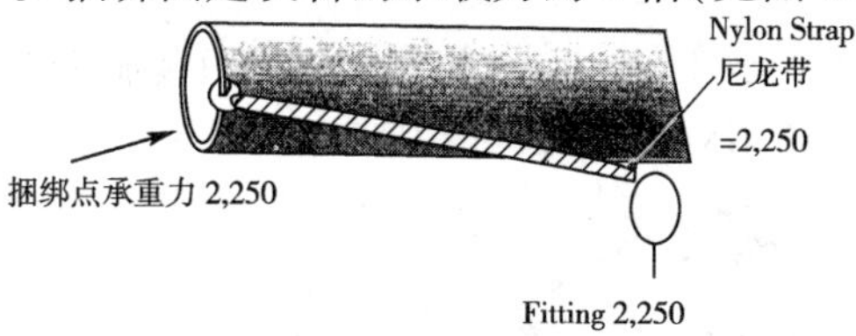

图 10-21 一端直接捆绑固定在货物上(钢管)的捆绑固定示意(单位:千克)

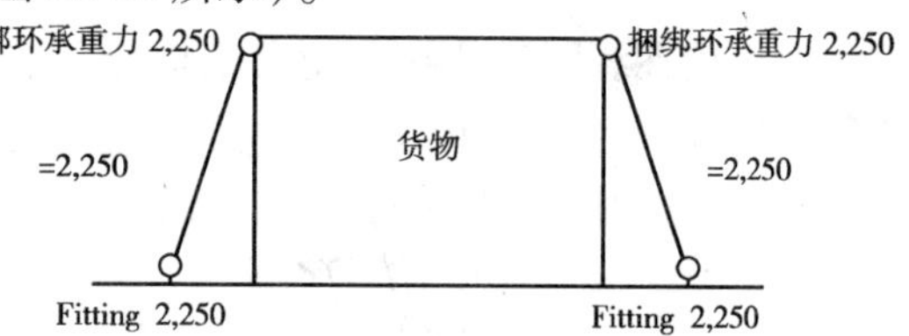

图 10-22 一端直接捆绑固定在货物上的捆绑固定示意(单位:千克)

17. 货物的方向性捆绑固定有哪些注意事项?

货物的方向性的捆绑固定需注意以下几点:

(1)角度的要求

尼龙带或者绳子的各个捆绑固定角度应当控制在 30°以内,以达到捆绑固定的最佳效果(如图10-23所示)。

在进行方向性捆绑固定时,尼龙带或者绳子应当尽量靠近货物,往下、往后、往前、往左侧或者往右侧拉长进行捆绑固定。

(2)货物两侧的捆绑固定设备需要对称

捆绑固定设备的安排应当对称,即:在货物的任何相对的两侧用于捆绑固定的插扣数量应当相同,作用于任何相同方向对称两侧的捆绑固定尼龙带或者绳子的数量应当相同。

(3)一个插扣或者捆绑固定环的方向性捆绑固定次数限制

最多 3 条作用于不同方向的尼龙带或者绳子可以捆绑固定在同一个插扣上,但只能一条作用于相同方向的尼龙带或者绳子捆绑固定在一个插扣上。

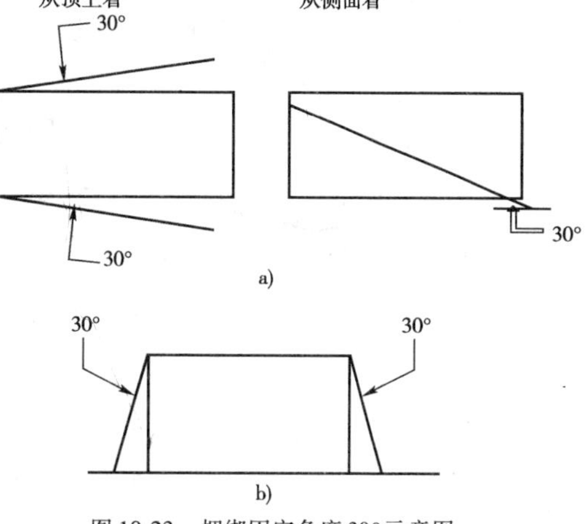

图 10-23 捆绑固定角度 30°示意图

a)限制往前往后和两侧移动;b)限制向上移动

(4)限制往上移动的捆绑固定尼龙带或者绳子的最少需要

用于捆绑固定向上移动的尼龙带或者绳子不得少于 2 条,分别安排在顶部货物中心的两侧。需要用 2 条以上尼龙带或者绳子来捆绑固定货物向上移动时,尼龙带或者绳子应均衡地分布在货物的中心周围。

(5)需要附加安全带

使用安全带(绳子)从货物的顶部往下将两侧平行状和斜坡状的捆绑固定尼龙带或者绳子倒拘打结固定住,或者使用其他方式将捆绑固定的尼龙带或者绳子固定住,以防止尼龙带或者绳子下滑,必要时对其他位置的捆绑固定尼龙带或者绳子也使用安全带(绳子)进行固定。

(6)捆绑固定货物的尼龙带或者绳子的捆绑固定紧应合适

①捆绑固定货物的尼龙带或者绳子必须捆紧,但不可以捆绑固定得太紧,这会造成集装板

的两边或者四边翘起，使集装板(箱)边不能被嵌入飞机货舱的固定装置；

②不可以将尼龙带或者绳子捆绑固定在货物有锋利边角的位置上，以防止尼龙带或者绳子被割断。

18. 你是否知道各种捆绑固定设备的承受力？

当使用捆绑固定设备时，必须查明设备上标示的最大承受力。单插扣主要用于散装舱重件货物的捆绑固定，用于板(箱)重件货物的捆绑固定最好使用双插扣，如图 10-24 ~ 图 10-28 所示。

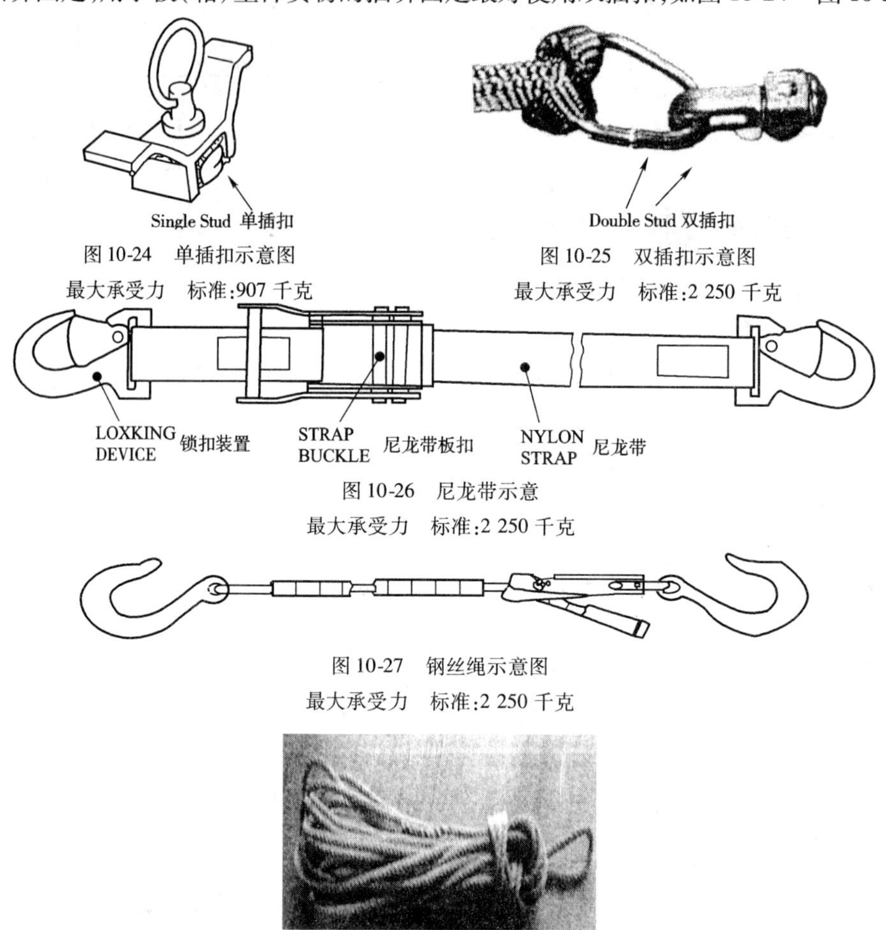

图 10-24　单插扣示意图

最大承受力　标准:907 千克

图 10-25　双插扣示意图

最大承受力　标准:2 250 千克

图 10-26　尼龙带示意

最大承受力　标准:2 250 千克

图 10-27　钢丝绳示意图

最大承受力　标准:2 250 千克

图 10-28　绳子示意

最大承受力

标准:450 千克(绳子的承受力需经生产厂家出具证明)

这种绳子是用尼龙加上棉花或者其他材料制成的，打结时不会打滑。

19. 如何计算需要的捆绑固定设备？

(1)重力

当飞机起飞、飞行中和降落以及滑行时，对装在飞机中的货物会产生一种移动的力量。

承载货物的飞机在产生移动时如图 10-29 所示，有以下几种情况：

①起飞时，向后移动；

②颠簸时，向上、向下、左右两边移动；

③降落时，向前、向下、左右两边移动。

重力可以查载重量平衡手册。我们使用以下重力数据来计算捆扎货物所需要的捆扎设备：

a. 向前移动——1.5；

b. 向后移动——1.5；

c. 两边移动——1.5；

d. 向上移动——2.1 ~ 2.8。

飞机在飞行中遇到颠簸、迫降或者遇到非正常情况时，飞机产生的重力更大，飞机上所装的货物移动也更大，会到达极限，因此，为了不损坏货物和飞机，对飞机所装的货物必须进行挂网或者捆扎。

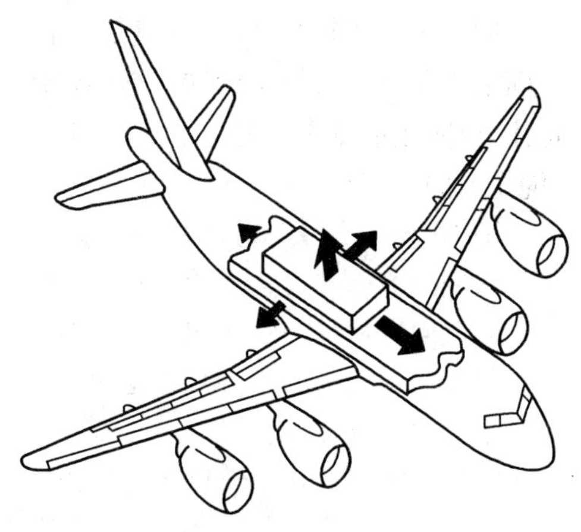

图 10-29　飞机飞行中产生的重力示意图

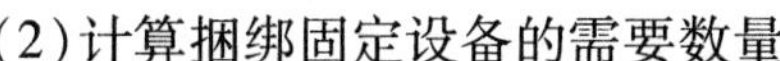

(2)计算捆绑固定设备的需要数量

①重力和捆绑固定设备。

有数种捆绑固定重件和大件货物办法，以下介绍的为推荐的办法。

a. 一件货物 400 千克准备装 B737 飞机散装舱运出，所需要的捆绑固定设备如下：

各个方向最低需要捆绑固定移动重量：

重力	货物重量(kg)	需要捆绑固定的重量(kg)
向前 1.5	×400	=600
向后 1.5	×400	=600
两边 1.5	×400	=600
向上 2.8	×400	=1 120

需要的捆绑固定设备：

单插扣的承受力：每只 907 千克

绳子的承受力：每条 450 千克

需要的设备如下：

单插扣：8 ~ 12 只

绳子：5 ~ 7 条(包括 1 条安全带)

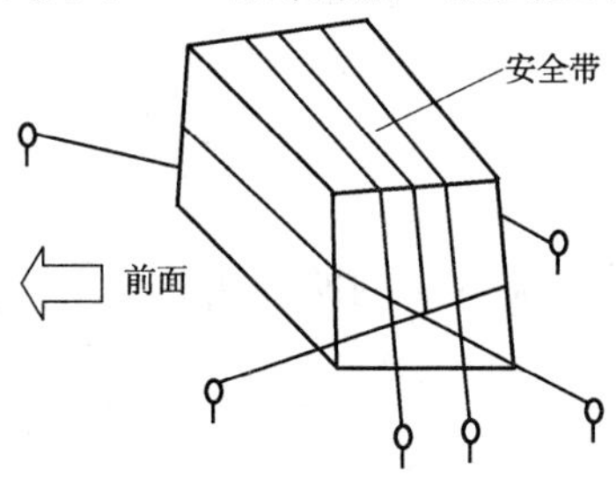

图 10-30　捆绑固定货物向上、向前、向后移动示意图

其中：

8 只单插扣。

1 条绳子捆绑固定货物向前移动。

1 条绳子捆绑固定货物向后移动。

2 条绳子捆绑固定货物向上移动加 1 条安全带。单插口之间的最低间隔距离为 30 厘米。

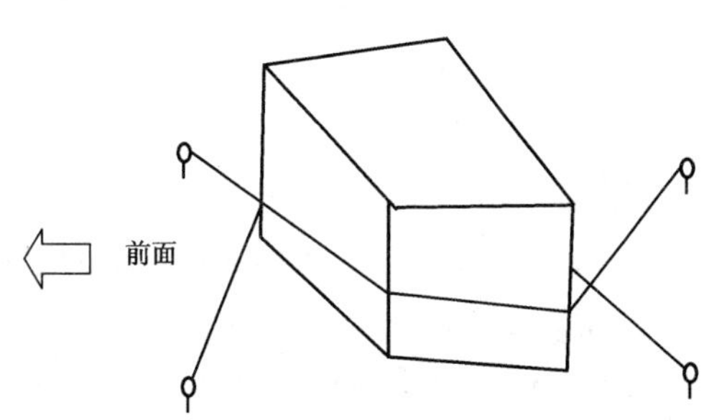

图 10-31　非矩形状货物应加捆绑固定货物向左和向右移动示意图

其中：

4 只单插扣。

1 条绳子捆绑固定货物向右移动和一条绳子捆绑固定货物向左移动。对于矩形状的货物，不需要进行左右两边捆绑固定，通过捆绑固定向其他方向移动的办法达到捆绑固定货物向左和向右移动的作用，但是对于非矩形状的货物，仍然需要捆绑固定货物向左和向右移动。

捆绑固定货物时,应当使用安全带(绳子)从货物的顶部往下两侧将平行状和斜坡状的捆绑固定尼龙带或者绳子倒钩打结固定住,或者使用其他方式将捆绑固定的尼龙带或者绳子固定住,以防止尼龙带或绳子下滑,必要时对其他位置的捆绑固定尼龙带或者绳子也使用安全带(绳子)进行固定。

图 10-30 和图 10-31 的捆绑固定办法达到的效果:

限制向前移动力: 900 千克 >600 千克

限制向后移动力: 900 千克 >600 千克

限制向两边移动力: 900 千克 >600 千克(此货物为矩形状,也可以不需要捆绑固定向两边移动)

限制向上移动力: 1 800 千克 >1 120 千克

b. 一件货物 3 000 千克准备装 B747—200F 下舱运出。货物为矩形状。不使用货网而使用尼龙带进行捆绑固定,所需要的捆绑固定设备如下:

各个方向最低需要捆绑固定移动重量:

重力	货物重量(kg)	需要捆绑固定的重量(kg)
向前 1.5	×3 000	=4 500
向后 1.5	×3 000	=4 500
两边 1.5	×3 000	=4 500
向上 2.8	×3 000	=8 400

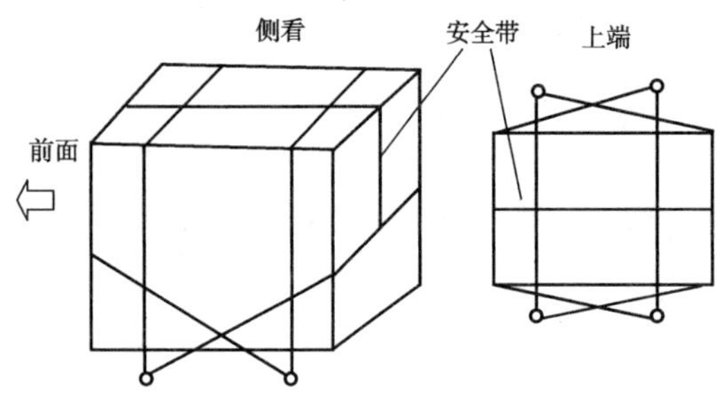

图 10-32　3 000 千克以下货物的标准捆绑固定示意图

其中:

4 只双插扣(每只承受力 2 250 千克)

1 条尼龙带捆绑固定货物向前移动(承受力 2 250 千克)。

1 条尼龙带捆绑固定货物向后移动(承受力 2 250 千克)。

2 条尼龙带捆绑固定货物向上移动(每条承受力 2 250 千克)。

1 条安全带倒拘固定捆绑固定向前、向后移动的尼龙带,以防止打滑失去捆绑固定的作用。

双插口之间的最低相隔距离为 50 厘米(如果使用单插扣,最低相隔距离为 30 厘米)。

注:本件货物为矩形状的货物,不需要进行左右两边捆绑固定,通过捆绑固定向其他方向移动的办法达到捆绑固定货物向左和向右移动的作用,但是对于非矩形状的货物以及货物的尺寸超出板外的货物,仍然需要捆绑固定货物向左和向右移动。

图 10-32 捆绑固定达到的效果:

限制向前移动力:4 500 千克

限制向后移动力:4 500 千克

限制向两边移动力:此货物为矩形状通过捆绑固定向其他方向移动的办法达到了限制向两边移动的效果。

限制向上移动力:9 000 千克 >8 400 千克

c. 一件货物 6 000 千克准备装 B747—200F 上舱运出,不使用货网而使用尼龙带进行捆绑固定,所需要的捆绑固定设备如下:

各个方向最低需要捆绑固定移动重量:

重力	货物重量(kg)	需要捆绑固定的重量(kg)
向前 1.5	×6 000	=9 000
向后 1.5	×6 000	=9 000

两边 1.5 ×6 000 =9 000

向上 2.8 ×6 000 =16 800

需要的捆绑固定设备：

双插扣的承受力：每只 2 250 千克

尼龙带的承受力：每条 2 250 千克

需要的设备如下：

限制向前移动需尼龙带:2

限制向后移动需尼龙带:2

限制向两边移动尼龙带:2(此货物为矩形状,不需要捆绑固定向两边移动)

限制向上移动尼龙带:4

固定尼龙带防止打滑的安全带:2

双插扣:8

捆扎办法如图 10-33 所示。

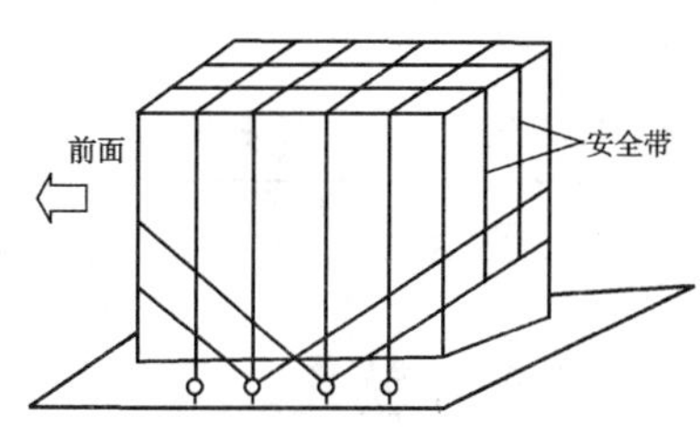

图 10-33 捆绑固定货物示意

其中：

8 只双插扣。

2 条尼龙带捆绑固定货物向前移动(每条承受力 2 250 千克)。

2 条尼龙带捆绑固定货物向后移动(每条承受力 2 250 千克)。

4 条尼龙带捆绑固定货物向上移动(每条承受力 2 250 千克)。

2 条安全带倒钩固定捆绑固定向前、向后移动的尼龙带,以防止打滑失去捆绑固定的作用。

双插口之间的最低相隔距离为 50 厘米(如果使用单插扣,最低相隔距离为 30 厘米)。

注意:本件货物为矩形状货物,不需要进行左右两边捆绑固定,通过捆绑固定向其他方向移动的办法达到捆绑固定货物向左和向右移动的作用,但是对于非矩形状的货物以及货物的尺寸超出板外的货物,仍然需要捆绑固定货物向左和向右移动。

图 10-33 捆绑固定达到的效果：

限制向前移动力:9 000 千克

限制向后移动力:9 000 千克

限制向两边移动力:此货物为矩形状通过捆绑固定向其他方向移动的办法达到了限制向两边移动的效果。

限制向上移动力:18 000 千克 >16 800 千克

d. 最低标准捆绑固定设备一览表

航空公司的货运人员应当按照装载手册的规定确定需要多少捆绑固定设备,最低标准捆绑固定需要的设备,如表 10-11 ~ 表 10-15 所示。

I. B747—200 下货舱货物装在 88/96 英寸 ×125 英寸的集装板上,不用网,使用尼龙带(承受力 2 250 千克)捆绑固定在双插扣上(每只承受力 2 250 千克)的最低标准捆绑固定需要的设备。

B747—200 货机下货舱最低标准捆绑固定设备参考表 表 10-11

货物重量	最低双插扣数量	标准尼龙带捆绑固定在两个双插扣上(插扣一边各一个)				
		重力为 1.5				重力为 2.8
千克	个	左侧	右侧	向前移动	向后移动	向上移动
1 500	4	1	1	1	1	2
1 501 ~3 000	4	1	1	1	1	2
3 001 ~4 500	6	2	2	2	2	3

Ⅱ. B747—200 货机上货舱货物装在 88/96 英寸 ×125 英寸的集装板上，不用网，使用尼龙带（承受力 2 250 千克）捆绑固定在双插扣上（每只承受力 2 250 千克）的最低标准捆绑固定需要的设备，如表 10-12 所示。

B747—200 货机上货舱最低标准捆绑固定设备参考表 表 10-12

货物重量	最低双插扣数量	标准尼龙带捆绑固定在两个双插扣上（插扣一边各一个）				
		重力为 1.5				重力为 2.8
千克	件	左侧	右侧	向前移动	向后移动	向上移动
2 000	4	1	1	1	1	2
2 001 ~ 3 000	4	1	1	1	1	2
3 001 ~ 4 200	6	2	2	2	2	3
4 201 ~ 6 000	8	2	2	2	2	4
6 001 ~ 6 600	10	3	3	3	3	5

Ⅲ. B747—200 货机上货舱货物装在 20 英尺的集装板上，不用网，使用尼龙带（承载力 2 250千克）捆绑固定在双插扣上（每只承载力 2 250 千克）的最低标准捆绑固定需要的设备，见表 10-13 所示。

货物装在 20 英尺集装板上的最低标准捆绑固定设备参考表 表 10-13

货物重量	最低双插扣数量	标准尼龙带捆绑固定在两个双插扣上（插扣一边各一个）				
		重力为 1.5				重力为 2.8
千克	件	左侧	右侧	向前移动	向后移动	向上移动
6 600	见表 10-12					
6 601 ~ 8 000	10	3	3	3	3	5
8 001 ~ 10 000	14	4	4	4	4	7
10 001 ~ 12 000	16	4	4	4	4	8
12 001 ~ 13 000	20	5	5	5	5	9

Ⅳ. 使用尼龙带（承受力 2 250 千克）捆绑固定在单插扣上（每只承载力 907 千克）的最低标准捆绑固定需要的设备，见表 10-14 所示。

尼龙带、单插扣最低数量参考表 表 10-14

货物重量	最低双插扣数量	尼龙带捆绑固定在两个双插扣上（插扣一边各一个）				
		重力为 1.5				重力为 2.8
千克	件	左侧	右侧	向前移动	向后移动	向上移动
2 000	8	2	2	2	2	4
2 001 ~ 3 000	10	3	3	3	3	5
3 001 ~ 4 500	14	4	4	4	4	7
4 501 ~ 6 000	20	5	5	5	5	10

Ⅴ. 在散装舱内使用绳子（承受力 450 千克）和单插扣（承受力 907 千克）进行捆扎的最低标准捆绑固定需要的设备，见表 10-15 所示。

散装舱最低标准捆绑固定设备参考表 表 10-15

货物重量	最低双插扣数量	尼龙带捆绑固定在两个双插扣上(插扣一边各一个)				
		重力为 1.5				重力为 2.8
千克	件	左侧	右侧	向前移动	向后移动	向上移动
300	4	1	1	1	1	2
301 ~ 600	4	1	1	1	1	2
601 ~ 900	6	2	2	2	2	3
901 ~ 1 200	8	2	2	2	2	4
1 201 ~ 1 500	10	3	3	3	3	5
1 501 ~ 1 800	12	3	3	3	3	6

表 10-11 ~ 表 10-15 所示标准,均应注意以下几点:

①绳子的捆绑固定最大角度为 30°,两只双插扣之间的最低相隔距离为 50 厘米,两只单插扣之间的最低相隔距离为 30 厘米;

②如果绳子捆绑固定在一只插扣上,另一端捆绑固定在货物上,绳子的数量必须在表上所列数量的基础上增加 1 倍;

③对于矩形状的货物,不需要进行左右两边捆绑固定,通过捆扎货物向其他方向移动的办法达到捆绑固定货物向左和向右移动的作用,否则应当进行左右两边捆绑固定。

e. 几种不规则货物的捆绑固定方法

Ⅰ. 超出板外货物

如果货物比较长,装在集装板上超出了板外,必须使用垫材垫高 10 ~ 15 厘米,将货物装在垫材上。因为如果没有这样做,货物就压住了集装板插口的插轨,无法进行挂网和捆绑固定货物,而且装在集装板上的货物在货舱内不但推行不了,还会碰坏飞机货舱地板的集装板固定装置。

对于超过板的尺寸的货物必须铺放垫材垫高 10 ~ 15 厘米,必须使用尼龙带捆绑固定,除了必须捆绑固定向上、向前和向后移动外,还必须捆绑固定向左右两边移动。捆绑固定向前、向后移动时,要注意使用安全带进行交叉倒钩打结,以固定捆绑固定带。

如果货物的尺寸在集装板的尺寸以内的,但压到集装板的插扣插轨的,也同样必须使用垫材垫高 10 ~ 15 厘米。

细长货物如钢管、塑料管和长梁等货物,必须使用钢丝捆绑固定紧,并用挡头盖盖住管子的两头,见图 10-34 所示,然后进行捆绑固定。

Ⅱ. 圆形状的重件货物

对于电缆、卷筒等圆形重件货物,托运人必须将货物安装在一个很结实的木材或者铁材制成的托盘上。使用楔子垫住这种货物的两侧,并使用钉子往下钉与下方的托盘钉在一起(或使用螺栓固定在一起)。这种托盘货物还应安装可以使用叉车操作的插座。

将这种重件货物装入集装板时,如果重量超过货舱地板纵向或横向装载量限制的,必须铺上垫材,确保货物的接地面积的质量不会超过飞机的地板的纵向和面积地板承载力。

对于这种货物必须使用尼龙带捆绑固定,除了必须捆绑固定向上、向前和向后移动外,还必须捆绑固定向左右两边移动。捆绑固定向前、向后移动时,要注意使用安全带进行交叉倒钩打结,以固定捆绑固定带。

Ⅲ.又高又窄的货物

又高又窄的货物容易倒下，造成损坏货物本身或者其他货物，也可能会损坏飞机设备。为了防止这种货物倒下，托运人必须在货物的两侧安装挡木挡住货物，并使其固定在下方的托盘上；同时，在货物的两侧安装支架固定在下方的托盘和货物的外包装上。

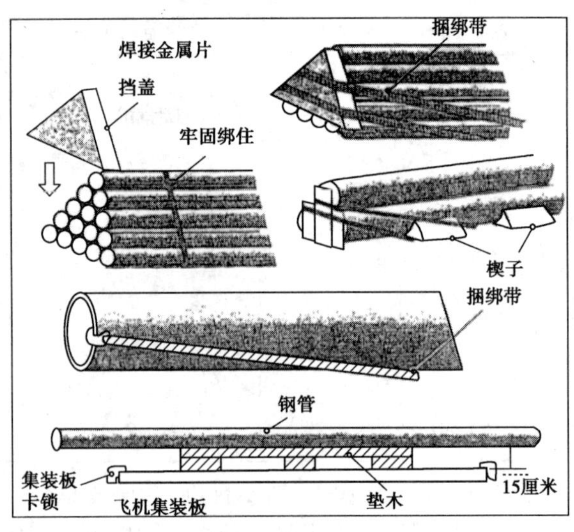

图 10-34　长管不规则货物捆绑固定示意

这种又高又窄的货物必须装在集装板的中部，使用尼龙带进行限制向上、向前、向后、向左右两侧移动的捆绑固定。

Ⅳ.空集装板的运输

空集装板的运输安排如下：

a）使用一块集装板作为基板，在这块基板上铺放 10～15 厘米厚的垫材，以便于安装插扣进行捆绑固定。垫材的承受力必须具有足够支撑基板之上所堆垛的空板的重量，铺垫的面积也必须具有足够分散基板之上所堆垛的空板的重量，以防止损坏飞机货舱。

b）使用下货舱运输的，在基板之上一般只能堆垛 20 块集装板，必须使用 3 条尼龙带、6 只双插扣进行横向捆绑固定，和 4 条尼龙带、8 只双插扣进行纵向捆绑固定。

c）使用主货舱运输的，在基板之上一般只能堆垛 38 块集装板，必须使用 4 条尼龙带、8 只双插扣进行横向捆绑固定，和 4 条尼龙带、8 只双插扣进行纵向捆绑固定。

对于 21～37 之间的空板运输，也必须使用 4 条尼龙带、8 只双插扣进行横向捆绑固定，和 4 条尼龙带、8 只双插扣进行纵向捆绑固定。

d）集装板的货网可以留在板上。如果将货网拆下了，应当将货网装在最上面的一块空板上，然后用基板的货网将这些货网住。

20.是否建立重件和大件货物铺放垫材和捆绑固定工作单制度？

建立重件和大件货物铺放垫材和捆绑固定工作单，工作单制度是防止发生危害飞机和货物安全的重要措施。对于装散装舱单件 150 千克以上货物，装下货舱板（箱）舱单件 1 000 千克以上货物，装主货舱单件 1 800 千克以上货物，以及对于圆桶、货物的下方带有托木、轮子或凸底（边）和接地面积小等重量高度集中的单件货物，建立这种制度是必要的。航空公司特种货物管理室负责管理此项工作。

铺放垫材/捆绑固定工作单式样，见表 10-16 和表 10-17。

21.监装的职责是什么？

为了保证飞机、货物、操作人员的安全和装载操作的效率，大型飞机的货物、邮包和行李的装载操作，安排监装员十分重要。监装员的主要职责如下：

（1）采取措施，以保证飞机、货物、邮包、行李和操作人员的安全，并为保证飞机装载操作的效率而努力。

铺放垫材/捆绑固定工作单 Shoring and Tie-Down Worksheet 表 10-16

<table>
<tr><td>(1)客户名称 Customer</td><td>(2)准备运出航班/日期 Date/Flight</td><td>(3)始发地/目的地 From/To</td><td>(4)机型 Aircraft</td></tr>
<tr><td>(5)毛重 Gross Weight(kg)</td><td>(6)件数 Pcs</td><td>(7)外表尺寸 Outer Dimensions
L W H</td><td>(8)接地托木、圆桶、轮子或凸底(边)尺寸 Dimensions of contact beams, skids, drum, wheels or chime:
L W x
L W x</td></tr>
<tr><td colspan="4">(10)准备装舱的位置 Proposed Loading Position(请写明主货舱或下货舱或散装舱的位置 Specify loading position in main deck, lower deck or bulk compartment)</td></tr>
<tr><td colspan="2">(11)准备装舱的位置地板每米纵向装载量限制 Linear Limit/M at the planned position where a heavy piece will be loaded</td><td colspan="2">(12)第(8)项中的货物接地面积是否超过了第(11)项的装载量限制? Is the contact area indicated in (8) exceeding the linear limit/M specified in (11)?</td></tr>
<tr><td colspan="2">(13)准备装舱的位置地板每平方米面积装载量限制 Area Load Limit/M^2 at the planned position where a heavy piece will be loaded</td><td colspan="2">(14)第(8)项中的货物接地面积是否超过了第(13)项的面积装载量限制 Is the contact area indicated in (8) exceeding the Area Limit/M^2 specified in (13)?</td></tr>
<tr><td colspan="2">(15)最低需铺放横向垫材的宽度多少? What is the minimum shoring width required?</td><td colspan="2">(16)纵向垫材的长度需要多少? What is the length of longitudinal shoring required?</td></tr>
<tr><td colspan="2">(17)准备使用何种垫材,粗长的木材、特制的铝垫条、特制钢垫条或木板及需要的数量(纵向的和横向的)What is the material to be used for shoring, lumbers, special aluminum beams, special steel beams or planks and numbers of the masterial required for shoring width and longitudinal shoring?</td><td colspan="2">(18)垫材的长、宽、厚相同吗? 相同平直吗? 具有足够的承受力强度吗? Are the shoring material the same length, width and thickness and provided enough stiffness?</td></tr>
<tr><td colspan="4">(19)需要的捆扎设备 Tie-Down Equipment Required:
双插扣的数量(2 250kg)Numbers of Double Stud:
单插扣的数量(907kg)Numbers of Single Stud:
尼龙绑带的数量(2 250kg)Numbers of Nylon Strap:
绳子 Ropes(请核实绳子的承受力)(Please verify the maximum strength of the ropes):
其他 Others</td></tr>
<tr><td colspan="4">(20)是否需要报告总部要求给予指示? Is it necessary to report to HQ for instructions?</td></tr>
<tr><td colspan="4">经办人 Prepared by: 检查人 Checked by: 站名 Station:</td></tr>
<tr><td colspan="4"></td></tr>
<tr><td colspan="3">报告总部特种货物管理室要求指示的日期 Date of reporting to Special Cargo Control Office, HQ for instruction</td><td>报告人 Reported by:</td></tr>
<tr><td colspan="4">特种货物管理员的批示 Instructions from Instructor of Special Load Control:

管理员 Instructor: 日期 Date:</td></tr>
</table>

铺放垫材/捆绑固定工作单背面 The Reverse of Shoring and Tie-Down Worksheet 表 10-17

公式 Formulas：

a. 纵向装载量(Linear Load)(kg/m) $= \dfrac{\text{货物重量(Cargo Weight)(kg)}}{\text{货物长(Cargo Length)(m)}}$

b. 面积装载量(Area Load)(kg/m²) $= \dfrac{\text{货物重量(Cargo Weight)(kg)}}{\text{货物长(Cargo Length)(m)} \times \text{货物宽(Cargo Width)(m)}}$

c. 当不需要铺放纵向垫材时(If longitudinal shoring is not required)：

最低需要铺放横向垫材的宽度(Minimum Required Shoring Width)

$= \dfrac{\text{货物重量(Cargo Weight)(kg)}}{\text{面积装载量限制(Area Load Limit)(kg/m}^2\text{)} \times \text{货物长(Cargo Length)(m)}}$

d. 当需要铺放纵向垫材时(If longitudinal shoring is required)：

最低需要铺放横向垫材的宽度(Minimum Required Shoring Width) $= \dfrac{\text{纵向装载量限制(Linear Load Limit)(kg/m)}}{\text{面积装载量限制(Area Load Limit)(kg/m}^2\text{)}}$

注意 Attention：

a. 当货物的重量超过纵向装载量限制时，就需要铺放纵向垫材，也可能同时需要铺放横向垫材(If the Linear Load Limit is exceeded, Longitudinal shoring will be required and Lateral shoring may be required)。

b. 当货物的重量超过面积装载量限制时，就需要铺放横向和/或纵向垫材(If the Area Load Limit is exceeded, Lateral and/or Longitudinal shoring will be required)。

c. 当货物的重量超过纵向和面积装载量限制时，就需要同时铺放纵向和横向垫材(If the Linear and Area Load Limit are exceeded, Longitudinal shoring and Lateral shoring will be required)。

(2)保证货物、邮包和行李装机的正常操作和安全。

(3)向飞机装载部门的航班装机组长提供装机单。根据航班载重平衡人员制作的装机单，指挥并监督飞机的装机。与航班载重平衡人员进行联系，按照装载平衡和舱位装载质量限制的要求指挥并监督飞机的装机，并确保飞机的装载不超过各舱位装载量的限制。将飞机的实际装载情况通知航班载重平衡人员。

(4)根据货运部门提供的各个集装设备的实际货物或者邮包的装载量和散装货物的数量报告单，进行必要的核对和检查。检查各个集装设备所装货物或者邮包的挂网和捆绑固定的情况，对于不符合安全要求的挂网或者捆绑固定，应通知货物部门加固或重新挂网或者捆绑固定，以确保符合安全要求。对于空板运输的挂网和捆绑固定也同样必须进行检查，以确保符合安全要求。根据客运部门提供的各个集装箱和散装行李的数量，进行必要的核对和检查，并核实集装箱的门确实闩好。

(5)要求货运部门及时将货物送至停机坪的飞机附近安全区，要求装机部门及时将装机平台车和传送带车等设备开至飞机附近并要求安全操作。

(6)根据危险品、活体动物、易腐、大件/重件等特种货物的装舱要求，正确安排并指挥装舱，将“特种货物装机机长通知单”送交给机长并进行必要说明。

(7)确保一等舱和公务舱旅客的行李装在靠近舱门的位置上，其次是一般旅客的行李。

(8)检查并落实各个集装设备确实被货舱内的固定装置牢固固定，以确保飞机在起飞、降落或者飞行中各个集装设备不会移动，以保证飞机和货物或者邮包的安全。

(9)检查并落实飞机的货舱门被正确关闭，散装舱的门网被正确挂好。

(10)与客运部门协调旅客登机时间。

(11)与航班操作的各有关部门进行协调和沟通。

(12)检查并落实客货运航班文件及时被送上飞机。

(13)在“装载分布单”上签名并承担责任。

(14)遇航班延误时，进行必要的装机时间调整，特别要注意对活体动物和易腐货物的装机时间控制。如果在已经装完货物后发生航班延误，应注意对活体动物和易腐货物的处理，必要时打开货舱门通气。

(15)填写飞机装载记录。

(16)处理其他事项。

第十一章　到达航班货物的核对与交付

1. 承运人如何核对到达航班的货物?

接受航班到达货物和邮件的货运人员应当在航班到达前根据飞机的载重量电报，板箱电报、航班舱单电报和特别服务要求电报等资料准备好卸机单,做好接机的准备工作。除了行李必须以最快的速度卸下外,应当优先卸下的货物如下:

(1)活体动物。航班到达后应当尽快打开装有活体动物的货舱门,给活体动物一点时间适用地面的温度等环境,然后卸下并尽快送往仓库放在凉爽的地方,注意不可以将活体动物长时间放在停机坪受曝晒、雨淋或风吹。

(2)快件;

(3)邮包;

(4)鲜活易腐货物。

接机的货运人员在飞机到达时应上机取下航空货运单和货物舱单等文件。

对于贵重货物,应在卸机时当场核对清楚;对于一般货物,通常情况下,在仓库中进行核对。

货运人员应当根据货物舱单核对每一票货物的航空货运单是否收到;然后,根据货物舱单核对每一件货物外面所贴的货物识别标签查核列入货舱舱单的每一票货物是否全部收到。在核对货物的同时,应当检查货物的包装有无破损或者货物有无泄漏等情况。

货运人员在核对航空货运单和货物的过程中发现的有单无货、有货无单、破损等不正常情况,应当在货物舱单的相关栏目或者行列上写明,然后发电报向装机站查询,并填写"货物/邮包不正常情况报告"。

2. 货物运抵目的地后,承运人如何向收货人发出货物到达通知?

(1)1999 年《蒙特利尔公约》第十三条第一款规定:"除托运人已经根据第十二条行使其权利外,收货人于货物到达目的地点,并在缴付应付款项和履行运输条件后,有权要求承运人向其交付货物。"

根据 1999 年《蒙特利尔公约》第十三条第二款规定,在货物运达目的地后,除另有约定或者接到托运人的其他指示外,承运人应当负责立即向航空货运单上所写的收货人发出货物到达通知。

(2)国际航协《货物运输条件》第 8 条第 8.1 款规定除另有约定或者接到托运人的其他指示外,承运人在货物运达目的地后,应当向航空货运单上所写的收货人和另通知人发出货物到达通知,该条款已被承运人采纳并编入到自己的《货物运输条件》中去。该款规定,可以使用一般的方式通知收货人。但是,许多航空公司在实际操作中对于紧急货物,在收到货物始发地的运输信息后,就向收货人预告货物的到达信息。

货物的到达通知可以使用"货物到达通知单",见表 11-1 所示的方式通知收货人和另通知人,并交给航空货运单上所附的发票、装箱单和航空货运单副本等文件。收货人在提取货物时将航空货运单正本2交给收货人。使用电话通知货物的到达也是许多航空公司常用的通知方式。

承运人向收货人和另通知人发出货物的到达通知后，提取货物和支付到付的运输费用就成了收货人的责任。

航空公司“货物到达通知单”

××航空公司货物到达通知单 表11-1

××AIRLINES

Notice of Cargo Arrival

查询编号 Ref.

收件人 To:____________________

地址 Address:____

兹有贵公司(您)以下货物已于____月____日______航班运抵本站，请尽快办妥海关等部门货物放行手续后，到我处提取货物。The shipment consigned to you has arrived this station on ____________ by ______. After you obtain the release of the shipment from the Customs and other government authorities concerned, you are requested to pick up the shipment at our warehouse.

货运单号 AWB No.:	件数 No. of Piece(s):	毛重 Gross Weight

货物品名 Nature of Goods	另通知人 Also Notify

提货物时应付费用(到付)Must pay charges 质量运费 Weight Charge:____________ 声明价值费 Valuation Charge:____________ 其他费用 Other Charges:____________ 到付附加费 Charges Collect Fee ____________ 合计人民币(CNY):____________(因比价变动，折合人民币数额可能会有变动 The amount may be changed due to conversion rate)	随本单附文件 Documents attached: 货运单 Copy(ies) of AWB ____________ 发票 Invoice(s) ____________ 装箱单 Packing list(s) ____________ 其他(写明)Other(Specify) ____________

提货地点 Place at which to call to take delivery: ________________________________ 提货时间 Service hours:________________ 联系电话 Tel: 传真 Fax:	免费保管 Free storage: ______天 days 超过免费保管天数的，将按照规定收取保管费。Exceeding the free storage period, storage charge will be assessed.

收货人或其代理人提取货物时，请填妥所附去的交付收据并正式签名。When the consignee or his agent takes delivery of the shipment, the attached Delivery Receipt shall be duly prepared and properly signed.

如果货物到达目的地之日起到了14天收货人或其代理人对货物的到达通知未作出任何反应或未提取货物的，我们将作为无法交付货物处理。If the consignee or his agent does not respond to this Notice of Arrival or not pick－up the shipment within 14 days from the date of its arrival at the destination, we will handle this shipment as non－delivery cargo. 如果收货人或其代理人未在海关规定的期限内向海关申报并提取货物的，将按海关的有关规定上缴货物。If the consignee or his agent does not declare to the Customs within the time limitation as specified in the Customs regulations, the shipment will be seized by the Customs.

××航空公司______货运处______ Cargo Office, ×× Airlines

通知日期 Date:____________________

3. 对于运输费用到付的货物,收货人拒绝支付费用,承运人应如何处理?

根据 1999 年《蒙特利尔公约》第十三条第一款规定,收货人于货物到达目的地点,在缴付应付款项和履行运输条件后,才有权要求承运人向其交付货物。对于运输费用到付的货物,收货人应当履行运输合同的条件,向承运人支付到付的运输费用。

根据国际航协《货物运输条件》第 8 条第 8.6 款规定,如果收货人接受航空货运单和/或货物,他就有责任支付与运输有关的费用,该条款已被承运人采纳并编入到自己的《货物运输条件》中去。除非另有约定,托运人不得解除其支付这些费用的责任,并应当与收货人负有连带责任。如果收货人不同意支付到付的运输费用,承运人应当将费用到付改为预付由托运人支付;在收货人或者托运人支付了运输费用后,承运人才将货物和航空货运单正本 2 交给收货人。

根据《蒙特利尔公约》第十二条第四款规定,收货人拒绝接受货物,或者无法同收货人联系的,托运人恢复其处置货物的权利,因此,承运人应当与托运人联系要求其发出处置货物的指示。

4. 收货人提取货物之前是否需要办理货物检验检疫及海关的申报手续?

是的。入境货物的收货人必须向检验检疫机构和海关进行货物申报,经查验合格并已支付关税,在出具货物放行凭证(章)后,航空公司才可以将货物交付给收货人提取。

5. 收货人提取货物时应当办理哪些承运人的手续? 另通知人是否可以提取货物?

(1)收货人提取货物时,必须在航空货运单第 4 联"交付收据"或者代替航空货运单第 4 联"货物交付收据"上签收和盖章,见表 11-2 所示。提取货物的经办人也应当签名。承运人核实收货人后,将货物交付给收货人。

(2)银行为了确保贷给客户(航空货运单上所写的另通知人)的款项的安全,该客户必须将货物发给银行,作为抵押。通常情况下,银行并不提取货物,而由另通知人提取。银行如果认为该另通知人的信用是可靠的,会出具一份"放行货物通知单"见表 11-3 通知交付货物的航空公司将货物交付给另通知人提取。

另通知人提取货物时,必须提供航空货运单上的收货人出具的"放行货物通知单"。没有提供收货人出具的"放行货物通知单"的,另通知人不能提取货物。在"放行货物通知单"上必须有收货人正式的签名和盖章。

收货人和另通知人共同在"货物交付收据"上签名和盖章也是一种提取货物的方法。

6. 海关没收的货物,承运人是否需要承担责任?

根据国际航协《货物运输条件》第 8 条第 8.2 款第 8.2.2 项规定,承运人根据有关法律规定,将货物上缴海关或者政府部门时,就视为货物已经交付给收货人,承运人不承担任何责任。该条款已被承运人采纳并编入到自己的《货物运输条件》中去。

7. 承运人向收货人交付货物时,对于货物的破损,是否必须共同对货物进行检查并出具"货物检查报告"?

承运人向收货人交付货物时,对于破损的货物,可以与收货人共同对货物进行检查并出具"货物检查报告"以证明货物交付时的损坏情况,见表 11-4 和表 11-5 所示。有权利提取货物的人仍然必须在规定的期限内向承运人提出异议,否则,承运人不负责赔偿责任,并且索赔人丧失诉讼的权利。

交货单 Delivery Order 表 11-2

<table>
<tr><td colspan="2">货运单号 AWB No.：</td><td>件数 No. of Piece(s)：</td><td>毛重 Gross Weight</td></tr>
<tr><td colspan="2">货物品名 Nature of Goods</td><td colspan="2">托运人名称和地址 Shipper's Name and Address</td></tr>
<tr><td colspan="2">代理人名称 Agent Name</td><td colspan="2">收货人名称和地址 Consignee's Name and Address</td></tr>
<tr><td colspan="2">报关行 Customs Broker</td><td colspan="2">另请通知人 Also Notify</td></tr>
<tr><td colspan="4">货物交付收据(代替航空货运单第四联交付收据)
Delivery Receipt (In lieu of the No. 4 Copy, Delivery Receipt of the AWB)

完好无损地收到以上货物 Received in Good Order and Condition of the above mentioned goods
______________________________</td></tr>
<tr><td>地点 at (place)</td><td colspan="3">日期和时间 on (date/time)</td></tr>
<tr><td colspan="4">收货人签名和盖章 Signature of Consignee

备注 Remarks</td></tr>
</table>

放行货物通知单式样，见表 11-3 所示。

放行货物通知单 Cargo Release Form 表 11-3

日期 Date：

致 To：______

地址 Address：______

______

我们现在通知你们，同意将以下货物放行给航空货运单上所填写的另通知人提取。We hereby notify you that we are agreeable to release the shipment shown below in the table to the Notify Party shown in the AWB. The Notify Party will pick up the shipment.

航空货运单的收货人名称 The Consignee's Name Show in the AWB：

______

地址 Address：______

______

签名： 签章：

Signature of Consignee Seal

地址 Address：______

货运单号码 AWBNo.	货运单上所列件数 No. of Piece(s) Shown in the AWB	货运单上所列重量 Weight Shown in the AWB
始发地机场 Airport of Departure	目的地机场 Airport of Destination	运抵航班/日期 Arrived Flight/Date

货运单上所列托运人名称和地址 Shipper's Name and Address Shonw in the AWB	货运单上所列收货人名称和地址 Consignee's Name and Address Shown in the AWB
货运单上所列另通知人名称和地址 Name of Notify Party and Address Shonw in the AWB	货运单上所列货物品名和数量 Nature and Quantity of Goods Shown in the AWB

8. 什么是"无法交付货物"？承运人如何处理"无法交付货物"？

"无法交付货物"具有以下几方面内容：

(1)目的地收到货物后 14 天内(在新西兰、黎巴嫩和沙特阿拉伯为 21 天)，按照航空货运单上所写的收货人名称和地址通知货物到达，但还未能将货物交付给收货人的；

(2)收货人拒绝接受货物的；

(3)收货人拒付到付运费和其他费用的；

(4)其他事件影响向收货人交付货物的。

目的地从收到货物后，承运人按照航空货运单上的收货人名称、地址通知收货人提取货物，如果货物到了 14 天收货人未提取货物也无提取意向的，承运人必须发出"无法交付货物通知单”,见表 11-6。

“货物检查报告”× × Airlines

Cargo Inspection Report

表 11-4

(1) Ref. No.

<table>
<tr><td colspan="12">(2) MWB No.</td><td colspan="12">(3) HWB No.</td><td colspan="12">(4) PCS/Weight</td><td colspan="12">(5) Origin</td><td colspan="12">(6) Destination</td></tr>
<tr><td colspan="12">(7) Flight/Date</td><td colspan="12">(8) From</td><td colspan="12">(9) To</td><td colspan="24">(10) Date/Time/Place Damage Found</td></tr>
<tr><td colspan="30">(11) Shipper's Name and Address</td><td colspan="30">(12) Consignee's Name and Address</td></tr>
<tr><td colspan="12">(13) Nature of Goods</td><td colspan="24">(14) PC/WT of Each Damaged Package, according to AWB, Invoice and Packing List or Shown on package)</td><td colspan="24">(15) PC/WT of Each Damaged Package before Repacking</td></tr>
<tr><td colspan="20">(16) Shortage of Weight before Repacking (according to AWB, invoice and packing list)
☐ Nil ☐Yes____ kg</td><td colspan="20">(17) Marks and Labels on Package
☐This side up ☐Handle with care ☐Fragile ☐Do not drop ☐Glass ☐Do not lay flat ☐Umbrella ☐ Others ______</td><td colspan="20">(18) Handling Information in the AWB</td></tr>
<tr><td colspan="45">Details of Packing</td><td colspan="15">Details of Damage</td></tr>
<tr><td colspan="20">(19) Outer Packing
☐Cardboard box ☐Fibre drum
☐Corrugated carton ☐Plastic drum
☐Wooden box ☐Crate
☐Plywood box ☐Barrel
☐Plastic box ☐Bundle
☐Steel box ☐Styrofoam
☐Aluminum box ☐Suitcase
☐Steel drum ☐Loose
☐Aluminum drum ☐Other: ______
☐Plywood drum ____________</td><td colspan="20">(20) Inner Packing
☐Cardboard box. ☐Fitted case. ☐Corrugated liner. ☐Styrofoam liner. ☐Plastic bag. ☐Glass ware. ☐Glass bottle. ☐Earthenware. ☐Plastic box/bottle. ☐Glass ampoule. ☐Corrugated divider. ☐Wooden bracing. ☐Shredded paper. ☐Absorbent Material. ☐Cushioning material. ☐Wet proof ☐Other: ______</td><td colspan="20">(21) Conditions of Damage
Outer Inner
☐ Torn ☐
☐ Broken ☐
☐ Punctured ☐
☐ Crushed ☐
☐ Dented ☐
☐ Contents leakage ☐
☐ Seams open ☐
☐ Bands loose ☐
☐ Wetted ☐
☐ Stained ☐
☐ Other ☐
____________</td></tr>
<tr><td colspan="20">(22) Has consignee been advised before opening the package?</td><td colspan="20">(23) Date/Time Consignee Picked – up</td><td colspan="20">(24) ☐ Photographs Attached
☐ Other ____________</td></tr>
<tr><td colspan="20">(25) Comments of Inspector</td><td colspan="40">(26) Distribution: ☐ Consignee. ☐IRR Controller. ☐Cargo Office Manager. ☐The Carrier. ☐ With AWB. ☐The file ☐Others(Specify): ______________</td></tr>
<tr><td colspan="12">(27) Prepared by</td><td colspan="12">(28) Date/Time</td><td colspan="12">(29) Place</td><td colspan="12">(30) Signature of Office Manager</td><td colspan="12">(31) Signature of Consignee or Agent</td></tr>
</table>

The above report is not a legal notification of intention to file a claim nor a normal claim letter or claim form. No claim action will be taken if no complaint, normal letter or claim form is submitted within the time limitation stipulated on the Conditions of Contract.

× ×航空公司 表 11-5

货物检查报告 **Cargo Inspection Report**

（1）编号：

（2）航空公司货运单号码	（3）分运单号码	（4）件数/质量	（5）始发地点	（6）目的地点

（7）航班/日期	（8）装机站	（9）卸机站	（10）发现货物损坏的日期/时间/地点

（11）托运人名称和地址	（12）收货人名称和地址

（13）货物品名	（14）根据货运单、发票、装箱单或者货物上所写的，损坏的每一件货物的原质量	（15）损坏的每一件货物在重新包装以前的质量

（16）重新包装前短缺的质量（根据货运单、发票、装箱单确定）	（17）货物上的标记和操作标贴	（18）货运单上的“操作注意事项”中有任何说明吗？
□ 无 □是______千克	□不可倒置 □小心轻放 □易碎 □不可扔 □玻璃 □不可平放 □雨伞 □其他（需写明）______	

包装情况		损坏情况
（19）外包装	（20）内包装	（21）损坏情况
□硬纸板箱 □纤维板桶 □瓦楞纸板箱 □塑料桶 □木箱 □柳条箱/篮/篓 □三夹板箱 □琵琶桶或相似的桶 □塑料箱 □捆、包 □铁箱 □泡沫塑料箱 □铝箱 □行李箱 □铁桶 □未加包装 □铝桶 □其他（需写明） □三夹板桶 ____________	□纸板箱 □固定好的箱子 □瓦楞纸板衬垫 □泡沫塑料板衬垫 □塑料袋 □玻璃器皿 □玻璃瓶 □陶器 □塑料箱/瓶 □玻璃瓯 □瓦楞纸隔层 □其他（需写明） □木支撑架 ____________ □碎纸 □吸潮材料 □衬垫材料 □防潮	外包装 内包装 □撕裂 □ □破裂 □ □破洞/孔 □ □压破压裂 □ □凹陷 □ □内容泄露 □ □接缝处被打开 □ □捆绑固定被松开 □ □受潮 □ □污染 □ □其他（需写明） □ ____________

（22）打开包装前通知了收货人吗？	（23）收货人提取货物的日期/时间	（24）□ 附照片 □ 其他____________

（25）检查人意见	（26）报告送给：□收货人 □货物不正常情况监控人 □货运经理 □承运人 □附货运单 □存档 □其他（需写明）____________

（27）经办人签名	（28）日期/时间	（29）地点	（30）货运值班经理签名	（31）收货人或其代理人签名

本报告不属于必须向承运人发出保留或者提出索赔要求的法定通知文件，也不是正式索赔函件或索赔单。没有在“合同条件”规定的期间内正式向承运人发出异议书、索赔函件或者索赔单，承运人不接受索赔要求。

无法交付货物通知单　　表 11-6

××AIRLINES

Notice of Non－Delivery（Irregularity Report）（IRP）

Ref. No.

<table>
<tr><td colspan="2">To:</td><td colspan="3">Station Preparing Report:</td></tr>
<tr><td colspan="2">At:</td><td colspan="3">Date of Report Prepared:</td></tr>
<tr><td>AWB No. :</td><td>Arrived Flight/Date:</td><td colspan="3" rowspan="3">Station Preparing Report:
Address:
SITA Code:</td></tr>
<tr><td>No. of PCS</td><td>Gross Weight</td></tr>
<tr><td colspan="2">Nature of Goods</td></tr>
<tr><td colspan="2">Shipper's Name and Address</td><td colspan="3">Consignee's Name and Address</td></tr>
<tr><td colspan="2" rowspan="7">The above shipment was fell into Non－Delivery due to the following reasons:
☐Consignee does not respond to arrival notice
Notice Issued: 1st notice on ____________
2nd notice on ____________
____
☐Consignee refuses to pay charges
☐Consignee refuses to take delivery
☐Consignee address is incomplete
☐Consignee is unable to be located at the given address
☐Lack of document(s)
☐Others (specify) ______________________________
______________________________</td><td colspan="3">Charges due:</td></tr>
<tr><td></td><td>Currency</td><td>Amount</td></tr>
<tr><td>Weight/valuation charges</td><td></td><td></td></tr>
<tr><td>Other charges due agent</td><td></td><td></td></tr>
<tr><td>Other charges due carrier</td><td></td><td></td></tr>
<tr><td>Storage charge as of ______</td><td></td><td></td></tr>
<tr><td>Others (specify)
__________</td><td></td><td></td></tr>
</table>

Note:

☐ If no instruction is received within 30 days from the issuing date of this notice, you will be billed for the freight charges and/or other charges due.

☐ If no instruction is received within 15 days from the issuing date of this notice, you will be billed for the freight charges and/or other charges due.

____

(Signature of Officer Preparing Report)

____

(Title)

____

(Address)

SITA Code:

对于本公司航空货运单的货物，必须向货物始发地的收运处发出“无法交付货物通知单”。

对于其他航空公司的航空货运单的货物，必须向发行航空货运单的航空公司的货物始发地的货物收运处发出“无法交付货物通知单”。

为了能够及时地与货物始发地的收运处联系，“无法交付货物通知单”可以使用国际航空电讯集团(SITA)的通信系统将电报发出。

例1:首次发出无法交付货物通知电报(IATA Cargo—IMP 格式)见表11-7所示。其中，电报中斜体字的部分可以省略。

首次发出无法交付货物通知电报格式　　表11-7

编号	电报等级、发电人、收电人和电文内容
A	QD XXXXXXX
B	. PEKFFXX 170530
1	FRP
2	010 - 63555675SFOPEK/T5K330/COMPUTER PARTS
3	ISU/30OCT08/SFO
4	SHP
	/ABC TRADING LTD
	/277 JOHN STREET
	/SAN FRANCISCO/CA
	/US/***66633/TEL 350 1520 230***
5	CNE
	/COMPUTER IMPORT CO. LTD
	/22225 HAI NAN ROAD
	/BEIJING
	/CN
6	OSI/1ST IRP REPORT. SHPT ARRD PEK XX568/02NOV08. CNE DID NOT
	/ RESPOND TO ARVL NOTICE. CHARGES COLLECT TTL USD1500.00.
	/STORAGE CHARGE AS OF 17 NOV 2006 CNY480.00. PER DAY
	/CNY40.00
7	ATH/17NOV08/BEIJING/ZHANG

注:

1—电报种类识别代码(FRP)。FRP——Irregularity Report Message。

2—货运单号码、始发地和目的地/件数和重量/货物品名(Manifest Description of Goods)(最多为15个字符，可以为英文字母、数字、横线、句点或空格组成)。

对于分批货物，如航空货运单上的总件数80件，本批25件1500千克的情况下，表示为:P25K1500T80。

3—起行识别代码(ISU)(issued)/填开货运单的日(2个数字)、月(3个字母)、年(2个数字/城市(或机场)名称或3字代码。

4—起行识别代码(SHP)(Shipper)托运人名称和地址

/托运人的名称(最多为35个字符，可以为英文字母、数字、横线、句点或空格组成)。

/托运人的地址(最多为35个字符，可以为英文字母、数字、横线、句点或空格组成)。

/城市名(最多为17个字符，可以为英文字母、数字、横线、句点或空格组成)/州或省名称或2字代码。

/国家(地区)ISO代码/邮编/电话号码。

5—起行识别代码(CNE)(Consignee)收货人名称和地址

6—起行识别代码(OSI)(Other Service Information)(一行最多为65个字符，可以为英文字母、数字、横线、句点或空格组成)。

7—起行识别代码(ATH)(Authorization)/填开IRP的日、月、年/城市(或机场)名称或3字代码/签名。

无法交付货物通知,如使用自编格式,参见如下:

QD XXXXXXX

. PEKFFXX 170530

1ST NOTICE OF NON - DLVRY ISSUED 17 NOV 2008

SHPT 010 - 63555675 SFOPEK ISSUED ON 30 OCT 2008 AT SFO 5PCS/330K SFOPEK FRM XX568/02NOV08

SHPR ABC TRADING LTD

ADDR 277 JOHN STREET CMA SAN FRANCISCO CA. USA

CNEE COMPUTER IMPORT CO. LTD CMA BEIJING CHINA

ADRR 22225 HAI NAN ROAD CMA BEIJING CHINA

CNEE DID NOT RESPOND TO OUR ARVL NOTICE

CHARGES COLLECT TOTAL USD1500.00

STORAGE CHARGE AS OF 17 NOV 2008 CNY480.OO. PER DAY CNY40.00

ADIN

其中,ADIN 表示请接收电报人给予指示 advise instruction

例 2:第二次发出无法交付货物通知电报,见表 11-8 所示。

第二次发出无法交付货物通知电报格式 表 11-8

编号	电报等级、发电人、收电人和电文内容
A	QD XXXXXXX
B	. PEKFFXX 250150
1	FRP
2	010 - 63555675SFOPEK/T5K330/COMPUTER PARTS
3	ISU/30OCT08/SFO
4	SHP
	/ABC TRADING LTD
	/277 JOHN STREET
	/SAN FRANCISCO/CA
	/US/66633/TEL 350 1520 230
5	CNE
	/COMPUTER IMPORT CO. LTD
	/22225 HAI NAN R0AD
	/BEIJING
	/CN
6	OSI/2ND IRP REPORT. SHPT ARRD PEK XX568/02NOV08. CNE DID NOT
	/ RESPOND TO ARVL NOTICE. CHARGES COLLECT TTL USD1500.00.
	/STORAGE CHARGE AS OF 25 NOV 2008 CNY800.00. PER DAY
	/CNY40.00
7	ATH/25NOV08/BEIJING/ZHANG

无法交付货物通知,如使用自编格式,参见如下:

QD XXXXXXX

. PEKFFXX 250150

2ND NOTICE OF NON - DLVRY ISSUED 25 NOV 2008

SHPT 010 - 63555675 SFOPEK ISSUED ON 30 OCT 2008 AT SFO 5PCS/330K SFOPEK FRM XX568/02NOV08

SHPR ABC TRADING LTD

ADDR 277 JOHN STREET CMA SAN FRANCISCO CA. USA

CNEE COMPUTER IMPORT CO. LTD CMA BEIJING CHINA

ADRR 22225 HAI NAN ROAD CMA BEIJING CHINA

CNEE DID NOT RESPOND TO OUR ARVL NOTICE

CHARGES COLLECT TOTAL USD1500.00

STORAGE CHARGE AS OF 25 NOV 2008 CNY800.OO. PER DAY CNY40.00ADIN

例 3:发出 IRP 后收货人已提取货物更正通知,格式见表 11-9。

提取货物更正通知电报格式 表 11-9

编号	电报等级、发电人、收电人和电文内容
A	QD XXXXXXX
B	. PEKFFXX 270150
1	FRP
2	010 -63555675SFOPEK/T5K330/COMPUTER PARTS
3	ISU/30OCT08/SFO
4	SHP
	/ABC TRADING LTD
	/277 JOHN STREET
	/SAN FRANCISCO/CA
	/US/66633/TEL 350 1520 230
5	CNE
	/COMPUTER IMPORT CO. LTD
	/22225 HAI NAM ROAD
	/BEIJING
	/CN
6	OSI/FURTHER TO MY 2ND IRP OF 25 NOV 2008. CNE PICKED UP
	/ SHPT ON 27 NOV 2008
7	ATH/27NOV08/BEIJING/ZHANG

提取货物更正通知的自编格式参见如下:

QD XXXXXXX

. PEKFFXX 270150

IRP UPDATE

FURTHER TO MY 2ND IRP OF 25 NOV. 2008

SHPT 010 -63555675 SFOPVG ISSUED ON 30 OCT 2008 AT SFO 5PCS/330K SFOPEK FRM XX568/02NOV08

SHPR ABC TRADING LTD

ADDR 277 JOHN STREET CMA SAN FRANCISCO CA. USA

CNE COMPUTER IMPORT CO. LTD CMA BEIJING CHINA

ADRR 22225 HAI NAN ROAD CMA BEIJING CHINA

CNE PICKED UP SHPT ON 27 NOV 2008

发行航空货运单的航空公司的货物始发地收运处收到“无法交付货物通知单”后,应当向托运人发出“未交付货物通知托运人单”见表 11-10 和表 11-11 所示,要求托运人对于货物的处置发出指示。

未交付货物通知托运人单(英文版) 表 11-10

××AIRLINES

Notice of Non – Delivery to Shipper

☐1st Notice ☐2nd Notice ☐Final Notice Ref.: Date:

<table>
<tr><td colspan="3">Shipper's Name and Address</td><td colspan="4">Consignee's Name and Address</td></tr>
<tr><td colspan="3">Also Notify</td><td colspan="4">Nature of Goods</td></tr>
<tr><td>AWB No.:</td><td>No. of PCS</td><td>Gross Weight</td><td>Origin</td><td>Destination</td><td colspan="2">Arrived Flight/Date</td></tr>
<tr><td colspan="3" rowspan="7">The above shipment was fell into Non – Delivery due to the following reasons:
☐Consignee does not respond to arrival notice
Notice Issued: 1st notice on ______ 2nd notice on ______
☐Consignee refuses to pay charges
☐Consignee refuses to take delivery
☐Consignee's address is incomplete
☐Consignee is unable to be located at the given address
☐Lack of document(s)
☐Others (specify) ______</td><td colspan="4">Charges due:</td></tr>
<tr><td colspan="2"></td><td>Currency</td><td>Amount</td></tr>
<tr><td colspan="2">Weight/valuation charges</td><td></td><td></td></tr>
<tr><td colspan="2">Total other charges due agent</td><td></td><td></td></tr>
<tr><td colspan="2">Total other charges due carrier</td><td></td><td></td></tr>
<tr><td colspan="2">Storage charge as of ______</td><td></td><td></td></tr>
<tr><td colspan="2">Others (specify) ______</td><td></td><td></td></tr>
</table>

You are requested to advise us of your instruction for disposition of your shipment by using the Reply Slip below or send us your instruction in writing immediately upon the receipt of this Notice.

> The shipper shall pay all the charges which should have been but were not collected at the destination and all the charges for the reshipped or retuned cargo.

XX Airlines ______

(Name of Office)

______

(Signature & Title)

______

(Address)

Reply Slip (For Reply Use)

This refers to your unndelivered shipment notice (Ref. No. ______ Dated: ______) pertaining to the above mentioned shipment (AWB No. ______), we (I) herewith notify you to:

☐deliver the shipment to the consignee's name and address as the attachment (see the attachment)

☐return the shipment to us on charges collect in accordance with your tariff.

☐reship the shipment to the consignee (see the attachment) in accordance with your tariff.

All charges for the new AWB: ☐will be paid by us. ☐ will be paid by the new consignee.

All charges for the original AWB: ☐will be paid by us. ☐ will be paid by the new consignee

☐abandon the shipment in accordance with the local government regulations and your tariff.

☐hold the shipment until further notice.

Shipper: ______

(Signature)

Address:

Date:

Tel:

未交付货物通知托运人单（中文版） 表 11-11

××航空公司

交付货物通知托运人单

□第一次通知 □第二次通知 □最后通知 编号： 日期：

托运人名称和地址	收货人名称和地址
另请通知人	货物品名

货运单号码	件数	毛重	始发地	目的地	到达航班/日期

上述货物在目的地因以下原因未提取：

□收货人对于货物的到达通知无反应

发出通知日期：第一次__________

第二次__________

□收货人拒付费用

□收货人拒提货物

□收货人地址不详

□按照货运单上的收货人和地址找不到收货人

□缺少文件

□其他原因（写明）________________

应付费用：

	货币	金额
运费/声明价值费		
应付代理人其他费用合计		
应付承运人其他费用合计		
到____月____日应付保管费		
其他费用（写明）		

请在收到此通知单后，立即使用此单的回执或者另用书面通知你们对货物的处理意见。

货物在目的地收货人应付的但未付的运费及其他费用以及货物转运或退回原地等的所有费用，都应当由托运人承担

××航空公司货运处__________

（货运处名称）

地址：

电话：

回执（供答复用）

关于贵处"未交付货物通知托运人单"所述未提取货物（通知单编号：_____日期：_____货运单号码：__________），我们（我）通知如下：

□请按所附的收货人名称、地址通知收货人提货（请见附文）

□请按贵公司规定，费用到付将货物退回给我们

□请按贵公司规定，将货物转运至新的地点（新的目的地和收货人名称及地址见附文）

新航空货运单的所有费用：□由我们支付 □由新的收货人支付

原单的所有费用：□由我们支付 □由新的收货人支付

□请根据当地政府和贵公司的规定毁弃货物。

□暂存货物，等候通知

托运人：______________

（盖章签名）

地址：

日期：

电话：

9. 对于“无法交付货物”,如果托运人无答复意见,承运人如何处理?

(1)承运人自第一次“未交付货物通知托运人单”或者其他方式的通知发出之日起30日内没有收到托运人的处理意见的,可以一批或者分批公开或者不公开变卖货物或毁弃货物(见国际航协《货物运输条件》第8条第8.4款8.4.1项和TACT Rules第2章第2款第2.8.1项,该条款已被承运人采纳并编入到自己的《货物运输条件》中去)。

变卖或者毁弃货物必须遵守所在国(地区)适用的法律和规定。只有得到海关的批准后承运人才可以进行变卖或者毁弃。

在变卖或者毁弃货物之前,承运人应当通知航空货运单上所写的托运人(可以通过始发地货物收运处通知托运人)。

不论在货物目的地或者退回的地点,对于货物的变卖,承运人均可以使用变卖所得收入支付运输费用、仓储费、仓库使用费、地面运输费以及变卖的所需的费用等,如有多余的,按照托运人的要求退给托运人。但是,变卖并不免除托运人支付上述费用差额的责任。

如果货物退回原始发地,承运人通知了托运人货物到达后,如果托运人在货物到达之日起15日之内拒绝提取货物或者未付运输费用的,承运人可以全部或者部分公开或者不公开变卖货物。在变卖货物之前,承运人应当提前10天通知托运人(见国际航协《货物运输条件》第8条第8.4款8.4.2项和TACT Rules第2章第2.8节第2.8.1项,该条款已被承运人采纳并编入到自己的《货物运输条件》中去)。

变卖所得收入支付上述款项后,如有多余的,托运人没有要求退回的,按照有关法律法规办理。但是,变卖并不免除托运人支付上述费用差额的责任。

(2)根据国际航协《货物运输条件》第8条第8.5款第8.5.1项和第8.5.2项和TACT Rules第2章第2.8节第2.8.2项规定,鲜活易腐货物在承运人掌管期间发生延误,在货物的交付地点未被提取或者拒绝提取,或者因其他原因存在腐烂变质的可能时,承运人可以立即采取适当的步骤来保护自己和其他当事人的利益,包括但不限于销毁或者毁弃全部或者其中任何部分货物。承运人与托运人联系的为获得处置货物的指示所发生的通信费用,应当由托运人承担;承运人对全部货物或者其中的任何部分加以保存,风险及仓储的费用应当由托运人承担;或者可以不经事先通知,对货物或者其中的任何部分公开或者不公开进行变卖。

对货物的变卖不论发生在货物的目的地还是货物被退回的地点,承运人均有权用变卖的所得收入来支付自己和其他承运人所有费用、预付款和其他费用支出以及变卖发生的费用,如有任何余额按照托运人的指示处理。但是,对货物的变卖不得免除托运人和/或货主支付差额的任何责任。

10. 海关对于最终无法交付货物有上缴的规定吗?

《中华人民共和国海关法》第三十条规定:

“进口货物的收货人自运输工具申报进境之日起超过3个月未向海关申报的,其进口货物由海关提取依法变卖处理,所得价款在扣除运输、装卸、储存等费用和税款后,尚有余款的,自货物依法变卖之日起1年内,经收货人申请,予以发还;其中属于国家对进口有限制性规定,应当提交许可证件而不能提供的,不予发还。逾期无人申请或者不予发还的,上缴国库。

确属误卸或者溢卸的进境货物,经海关审定,由原运输工具负责人或者货物的收发货人自该运输工具卸货之日起3个月内,办理退运或者进口手续;必要时,经海关批准,可以延期3个月。逾期未办手续的,由海关按前款规定处理。

前两款所列货物不宜长期保存的,海关可以根据实际情况提前处理。

收货人或者货物所有人声明放弃的进口货物,由海关提取依法变卖处理;所得价款在扣除运输、装卸、储存等费用后,上缴国库。"

11. 运输费用到付的航空货运单货物的最终无法交付或者上缴海关,运费和其他费用如何收取?

如果因托运人和收货人都放弃货物而造成货物的最终无法交付或者上缴海关,运输费用到付的航空货运单货物,应当按照以下办法办理:

(1)对于本公司的运输费用到付的航空货运单的货物,目的地货物交付处经过本章第8个问题所述程序后,必须向本公司的货物始发地收运处发出"货物费用更正通知单"(可用电报形式发出),见表11-12所示。本公司的货物始发地收运处有责任向托运人收取未付的运费和其他费用以及货物在目的地产生的费用。

(2)对于其他航空公司的运输费用到付的航空货运单货物,目的地货物交付处经过本章第8个问题所述程序后,必须向发行航空货运单的航空公司货物始发地收运处发出"货物运费更正通知单"(可用电报形式发出),见表11-12所示,然后将"无法交付货物通知单"和"货物费用更正通知单"等资料送交本公司财务部门,供其向发行航空货运单的航空公司收回到付的运费和其他费用以及货物在目的地产生的费用。

例1:货物费用更正通知单电报以IATA Cargo-IMP格式为例,其中,电报中斜体字的内容可以省略。

货物费用更正通知单电报格式　　表11-12

Ref	收电人、发电人和电文
A	LHRFFYB
B	PVGFFCA 260145
1	FCC
2	010 - 26230299LHRPVG/07APR08/LHR
3	YB195/09APR/LHRPEK
	CA151/10APR/PEKPVG
4	SHP
	/BOOK SHOPPING LTD
	/255 JOHN ROAD
	/LONDON
	/GB/ ***/TE332 6666 5555***
5	CNE
	/XINHUA BOOK STORE
	/135 E NANJING ROAD
	/SHANGHAI
	/CN/200002/TE 021 5555 2222
7	CID/999 - C42238/GBP/03JUN08/SHANGHAI
8	OLD
9	***OTH/P/ SOA45. 00SUA60. 00CHA50. 00***

续上表

Ref	收电人、发电人和电文
	/P/AWC7.00
10	PPD
	/OA155/OC7.00/CT162.00
11	COL/WT850.00
	/CT850
12	NEW
13	***OTH/P/ SOA45.00SUA60.00CHA50.00***
	/P/AWC7.00
14	PPD/WT850.00
	/OA155.00/OC7.00/CT1012.00
16	OSI/SHPT NON-DELIVERY DUE CNE REFUSED TO PAY
	/CHARGES. IST IRP ISSUED 24APR08. STORAGE CHARGE
	/AND OTHERS AS OF 03JUN08 CNY1750.00
17	ATH/LIU

表中：

1—电报种类识别代码(Standard Message Identifier)(FCC)。

FCC = 费用更正要求的代码(Charges Correction Request)

2—货运单号码、始发地和目的地/填开航空货运单的日(2个数字)、月(3个字母)、年(年的最后2个数字)/填开航空货运单的城市或机场名称或3字代码(最多为17个字符,可以为英文字母、数字、横线、句点或空格)。

3—货物运输的航班/日期(Flight Detail):

航班号码/日(2个数字)、月(3个字母)/自(3字代码)、至(3字代码)。

航班号码/日、月/自、至。

此项目可以3行。

4—托运人的名称、地址和联系电话号码。

SHP(shipper)起行识别代码,托运人。

/托运人名称(最多为35个字符,可以为英文字母、数字、横线、句点或空格)。

/托运人地址(最多为35个字符,可以为英文字母、数字、横线、句点或空格)。

/托运人的城市或机场名称或3字代码(最多17个字符,可以为英文字母、数字、横线、句点或空格)/州或省名称或代码(最多9个字符,可以为英文字母、数字、横线、句点或空格)。

/国家或地区ISO 2字代码/邮政编号/电话号码(最多为14个字符,可以为英文字母、数字、横线、句点或空格)。

5—收货人的名称、地址和联系电话号码。

CNE(consignee)。

7—更正说明(CID)(Correction Identification)。

CID/承运人数字代号、CCA序号(1个英文字母"C"和5个数字)/货运单上ISO货币代码/填开CCA的日(2个数字)、月(3个字母)、年(年的最后2个数字)/填开CCA的城市或机场名称或3字代码。

CCA的编号规则:承运人数字代号、一条横线、字母C和5个数字的序号。

8—原单上的费用预付或到付(Original Information)。

OLD(起行识别代码)。

9—OTH(起行识别代码)。

OTH/其他费用预付或到付,预付用P表示,到付用C表示/其他费用种类2字代码和应付代理人(A)或应付承运人(C)代码和数额(最多为12个数字包括1个小数点)。一行最多为3个项目的其他费用,需要另起一行的情况下,开头为/P或C/……

10—预付费用合计(Prepaid Charge Summary)。

PPD(Prepaid)(起行识别代码),预付/

应付代理人其他费用合计(最多为12个数字包括1个小数点)/应付承运人其他费用合计(最多为12个数字包括1个小数点)/预付运费和其他费用总额(最多为12个数字包括1个小数点)。

11—到付费用合计(Collect Charge Summary)。

COL(Collect)(起行识别代码)/WT代码及质量运费数额(最多为12个数字包括1个小数点)/VC代码声明价值费数额(最多为12个数字包括1个小数点)/TX代码及税金数额(最多为12个数字包括1个小数点)。

/应付代理人其他费用合计(最多为12个数字包括1个小数点)/应付承运人其他费用合计(最多为12个数字包括1个小数点)/到付运费和其他费用总额(最多为12个数字包括1个小数点)。

12—更正说明(New Information)。

NEW(起行识别代码)。

13—(见上述9)。

14—更正后的到付费用合计(Collect Charge Summary)。

PPD(Prepaid)(起行识别代码)/WT代码及质量运费数额(最多为12个数字包括1个小数点)/VC代码及声明价值费数额(最多为12个数字包括1个小数点)。

/应付代理人其他费用合计(最多为12个数字包括1个小数点)/应付承运人其他费用合计/(最多为12个数字包括1个小数点)/预付运费和其他费用总额(最多为12个数字包括1个小数点)。

16—有关事项说明(Other Service Information)。

OSI/有关事项说明(最多65符,可以为英文字母、数字、横线、句点或空格),一行打不下另起一行的情况下,开头为(/)。

17—发电人和签名(Authorization and Signature)。

ATH(起行识别代码)/打上发电人的姓名等信息(最多20个字符,可以为英文字母、数字、横线、句点或空格)。

例2:货物费用更正通知单的自编格式如下:

QD LHRFFYB

. . PVGFFCA 260145

FCC (或用 CCA)

010 - 26230299 LHRPVG ISSUED AT LHR ON 07APR08. ARRD PVG CA151/10APR08

NEED CORRECT CHARGES AS FOLLOWS:

GBP

OLD

PREPAID

OTHER CHARGES DUE AGENT 155.00

OTHER CHARGES DUE CARRIER7.00

COLLECT

WEIGHT CHARGE 850.00

NEW

PREPAID

OTHER CHARGES DUE AGENT 155.00

OTHER CHARGES DUE CARRIER7.00

WEIGHT CHARGE 850.00

TTL 1012.00

CCA NO. 999 - C42238 ISSUED AT PVG ON 03JUN08

SHPR BOOK SHOPPING LTD 255 JOHN ROAD LONDON

CNEE XINHUA BOOK STORE 135 E NANJING ROAD SHANGHAI

12. 集运货物是如何交付的？分运单货物的运输费用是否也可以到付？分运单货物的无法交付如何处理？

(1)总运单的收货人(货运代理公司)必须向承运货物的航空公司提取总运单上所列的全部货物,并支付应付的运输费用。货运代理公司在对总运单项下的分运单货物进行分理后,应当及时向分运单上的收货人发出货物到达通知。如果有可能,对于紧急货物在得到货物到达的信息后,就应当将货物的到达信息预告给分运单的收货人。

(2)分运单货物的运输费用同样可以到付,即在目的地向分运单的收货人收取。分运单上往往不标明实际应当向收货人收取的金额,如表示为“AS ARRANGED”(按商定)或者“AS AGREED”(按约定)。收货人和货运代理公司都必须查清这个商定或者约定的金额是多少。

(3)发生分运单货物无法交付时,目的地交付货物的货运代理公司必须与货物始发地发行分运单的集运人(货运代理公司)联系;货物始发地发行分运单的集运人应当将情况通知托运人,要求分运单的托运人对于货物的无法交付情况发出处置指示,然后,将分运单的托运人对于货物的处置指示通知目的地交付货物的货运代理公司。

第十二章　航空公司之间运输费用的结算

1. 航空公司之间运输费用预付的航空货运单，运费及其他费用是如何结算的？

一家航空公司出具自己的航空货运单的货物交给另一家航空公司承运或者接运的，不论运输费用是预付或者到付，与另一家承运货物的航空公司都存在运费和其他费用的结算关系。

所有参与运输的航空公司根据航空货运单上所列的运输路线和比例分摊系数对航空货运单上填写的运费进行按比例分摊（国内航班固定收入除外）。承运货物的航空公司向发行航空货运单的承运人结算收取其运输区段应得的运费（扣除应付发行航空货运单的承运人的手续费）；其他费用，属于发行航空货运单的承运人所得，不进行比例分摊。

航空公司之间签订了特别比例分摊协议的，按照特别比例分摊协议的规定办理。

结算凭证是原航空货运单结算联和“航空货物转运清单”，见表 12-1 所示。

2. 航空公司之间运输费用到付的航空货运单，运费及其他费用是如何结算的？

根据货物的运输路线（应以“货物转运清单”的信息为准）和比例分摊系数交运方向接运方对航空货运单上填写的运费按比例进行分摊（国内航班固定收入除外）、结算收取交运方承运区段及其以前各区段承运人应得的运费（不扣除基本手续费）和航空货运单所列其他费用，同时收取自转运地至目的地的基本手续费。其他费用属于发行航空货运单的承运人所得，不进行比例分摊。

例：A ＿＿＿＿＿ B ＿＿＿＿＿ C ＿＿＿＿＿ D

承运人：　YA　　　　YB　　　　YC

YA 承运人向 YB 承运人结算收取 A 至 B 段比例分摊应得的运费（不扣除基本手续费），同时收取航空货运单上所列的其他费用和自 B 至 C 和 C 至 D 段的基本手续费。

YB 承运人向 YC 承运人结算收取 B 至 C 段比例分摊应得的运费（不扣除基本手续费）和 YA 承运人 A 至 B 段比例分摊应得的运费（不扣除基本手续费），同时收取航空货运单上所列的其他费用和 C 至 D 段的基本手续费。

YC 承运人向收货人收取航空货运单上所列的运费和其他费用。

中转费的收取也按照上述程序进行结算。

3. 分批货物的运费及其他费用如何结算？

分批货物根据航空货运单上所写明的本次分批货物的质量占整批货物质量的比率计得的运费按照运费预付的航空货运单或者运费到付的航空货运单的程序进行结算。运输费用到付的航空货运单如果货物是被分批运至目的地的，运费及其他费用由将货物运至目的地的第一次分批货物的最后区段承运人向收货人收取，包括费用到付附加费；航空货运单上所列其他费用，由发行航空货运单的航空公司向自货物分批地点承运第一次分批货物的航空公司结算收取。

对于运输费用到付货物，由于在货物目的地向收货人收取运费的关系，每一次分批的最后区段的承运人必须是同一家承运人。

例：一票货物的目的地为C，分2批运往C。1A、2A、3A分别表示不同航空公司如图12-1所示。

最后区段承运人必须是同一家承运人。

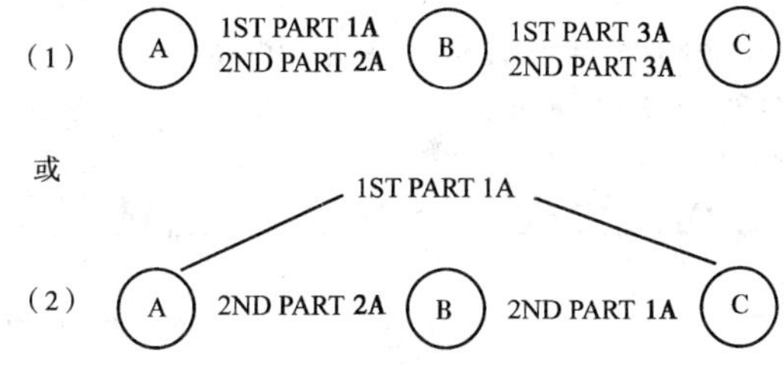

图12-1　分批货物各区段承运人示意图

如果最后区段需要不同的承运人将货物运至目的地的情况下，将分批货物运至目的地的最后区段的其他承运人应当将该分批货物交给将第一次分批货物运至目的地的最后区段承运人，由其统一向收货人收取航空货运单上所列的运费、其他费用和到付服务费。将分批货物运至目的地的最后区段的其他承运人应向承运第一次分批货物运至目的地的最后区段承运人结算收取它所承运的区段应得的运费。

为了避免分批货物运费结算的损失，每一次分批货物必须以下列方法在航空货运单上注明分批的次序、本批的重量和承运人的信息。

一票1A航空货运单货物，60件6 000千克，货物目的地Houston，第一批30件3 000千克，由1A航空公司自浦东机场运往洛杉矶，第二批20件2 000千克，由1A航空公司自浦东机场运往洛杉矶，第三批10件1 000千克，由1B航空公司自浦东机场运往洛杉矶。这票货物的最后区段LAX－HOU必须是同一家承运人。

例1：第一次分批，在航空货运单上的标注方法。

Nature and Quantity of Goods (incl. Dimension or Volume) GARMENTS 1ST PART SHIPMENT SPLIT AT PVG(1A035/05JAN) 30PCS 3000KG REMAINING 30PCS3000KG

或

Handling Information 1ST PART SHIPMENT SPLIT AT PVG(1A035/05JAN) 30PCS 3000KG REMAINING 30PCS3000KG	
	SCI

例 2:第二次分批,在航空货运单上的标注方法

Nature and Quantity of Goods (incl. Dimension or Volume) GARMENTS 2ND PART SHIPMENT SPLIT AT PVG(1A035/06JAN) 20PCS 2000KG REMAINING 10PCS1000KG 1ST PART FWD LAX 1A035/05JAN

或

Handling Information 2ND PART SHIPMENT(1A035/06JAN) 20PCS 2000KG REMAINING 10PCS1000KG 1ST PART FWD LAX 1A035/05JAN SCI

例 3:第三次分批,在航空货运单上的标注方法

Nature and Quantity of Goods (incl. Dimension or Volume) GARMENTS LAST PART SHIPMENT SPLIT AT PVG(1B995/07JAN) 10PCS 1000KG 1ST PART FWD LAX 1A035/05JAN 2ND PART FWD LAX 1A035/06JAN	或	Nature and Quantity of Goods (incl. Dimension or Volume) GARMENTS 3RD PART SHIPMENT SPLT AT PVG(1B995/07JAN) 10PCS 1000KG FINAL 1ST PART FWD LAX 1A035/05JAN 2ND PART FWD LAX 1A035/06JAN

或

Handling Information LAST PART SHIPMENT SPLT AT PVG(1B995/07JAN) 10PCS 1000KG 1ST PART FWD LAX 1A035/05JAN 2ND PART FWD LAX 1A035/06JAN SCI

如果没有按照上述方法在航空货运单上进行备注,有关承运货物的航空公司就会按照航空货运单上 6 000 千克的重量向发行航空货运单的承运人(对运输费用预付的航空货运单而言)或者向下一区段的承运人(对运输费用到付的航空货运单而言)结算运费。

结算凭证是航空货运单结算联和"航空货物转运清单"。

4. 航空公司将收运的货物转由其他承运人时,对于运输费用到付,应如何收取手续费和其他费用?对于代码共享的航班运输,运费及其他费用如何结算?

(1)如果某一航空公司在货物的始发地如果因航班延误、航班取消、货物挤压等原因需要将航空货运单转给另一家航空公司承运时,应当使用"航空货物转运清单",见表 12-1 所示,将货物转给另一家航空公司。对于运输费用到付的航空货运单,联运货物的手续费(运费的

5%）和航空货运单上所列的其他费用发行航空货运单的承运人，应当凭航空货运单结算联和航空货物转运清单向第一承运人收取。

航空货物转运清单　　　　表 12-1

× × Airlines

Air Cargo Transfer Manifest

No. :

Airport:　　　　Date:　　　　Transferred to: ____________________

(Name of Receiving Carrier)

Air Waybill Number		AWB Destination Airport	Number of Package	Weight(kg)	Arrival Flight/Date	Remarks

Transferred by ____________________

(Name of Transferring Carrier)

By ____________________ (Signature)

Above consignment(s) received in full and apparent good order and condition except as noted in the "Remarks" Column.

Received by ____________________

(Name of Receiving Carrier)

By ____________________

(Signature)

Time:　　　　Date :

如果航空公司 A 作为航空公司 B 的货物销售总代理出售其航空货运单指定并交给被代理的航空公司 B 航班承运，对于运输费用到付的航空货运单，航空公司 A 应当凭航空货运单结算联和必要时"航空货物转运清单"向 B 的航空公司收取代理人手续费（运费的 5%）、附加手续费（运费的 3%）和航空货运单上所列的其他费用。

货运部门应当将上述费用结算单证报送报财务结算部门。

（2）一家航空公司出售航空货运单交给代码共享的另一家航空公司的航班运输，运输费用结算办法按照代码共享协议书的规定办理。

一般情况下，对于运输费用预付的航空货运单，承运货物的实际承运人不向发行航空货运单的承运人结算收取运输费用；而对于运输费用到付的航空货运单，发行航空货运单的承运人向承运货物的实际承运人结算收取航空货运单上所列的运费和其他费用。

货运部门应当将费用结算单证送报财务结算部门。

5. 运输费用到付的航空货运单按照指定的承运人开账结算运费和其他费用时，为什么会受到拒付？

航空货运单上所指定的承运人不一定是实际承运了货物的承运人。航空货运单上的指定承运人可能会因为没有收到货物的订舱信息、舱位已满或者货物包装不符合其要求等情况而拒绝接运。实际承运人是在“航空货物转运清单”上签收的承运人。因此，费用到付的航空货运单向下一区段承运人结算运费和其他费用时，必须在账单上附上“航空货物转运清单”，否则就会因收不到运费和其他费用而遭受损失。

6. 运输费用到付的航空货运单货物的最终无法交付或者上缴海关，如何收回到付的运费和其他费用？

对于“无法交付货物”，必须向发行航空货运单的承运人发出“无法交付货物通知单”（可用电报的方式发出）。

国际航协规定对于费用到付航空货运单的最终无法交付货物（包括上缴海关货物），交付货物的航空公司必须自第一次“无法交付货物通知单”发出之日 4 个月内开账单向发行航空货运单的航空公司收回航空货运单上所列的到付运费和其他费用。根据该条规定，许多航空公司规定自货物运抵目的地后无人提取的运输费用到付货物，自货物运抵目的地之日起 60 日内就填开“货物费用更正通知单”（见表 12-2）将费用到付改为预付向发行航空货运单的航空公司收回航空货运单上所列的到付运费和其他费用以及货物在目的地产生的仓储费等。必要时，向发行航空货运单的航空公司发出费用到付改预付的电报通知。

这种费用结算的调整是强制性的，因为交付货物的航空公司已经被有关航空公司按照航空货运单上所列费用到付的付款方式通过国际航协费用清算所或者其他方式收取了到付的运费和其他费用。

货运部门应当将“无法交付货物通知单”和“货物费用更正通知单”等材料报送本公司财务结算部门。

调整结算的凭证是首次发出的“无法交付货物通知单”、“货物费用更正通知单”和原航空货运单结算联。

7. 航空货运单所列的运输路线是否可以改变？

对于需要其他航空公司参与运输的货物，因运费结算的关系，有必要在航空货运单列明货物的运输路线和指定承运人并订妥舱位。对于航空公司之间的联运货物，原航空货运单上所列的运输路线一般不能随意改变。只有在航班长时间延误、取消或者货物挤压的情况下，才改变货物的运输路线。

如果在货物的始发地改变货物的运输路线，发行航空货运单的承运人必须在货物运出前修改航空货运单上所列运输路线并指定承运人，并尽可能在靠近修改的地方盖上该承运人的代码和修改地点的三字代码。

如果货物运出后需要在中途改变原航空货运单上所列的运输路线时，只有有权接运货物的续程承运人（rerouting carrier）才能进行改变，但应当在方便的转运地点将货物运至原航空货运单上所列的续运地点；如果原航空货运单上有的区段的运输路线和承运人未列明，接运的承运人有权代理发行航空货运单的承运人指定货物的运输路线和承运人，但它不被视为是改变路线的承运人。

货物费用更正通知单 表 12-2

<table>
<tr><td colspan="5">× × Airlines
Cargo Charges Correction Advice (CCA)</td><td colspan="2">Number</td></tr>
<tr><td>AWB No.</td><td>Origin</td><td>Destination</td><td colspan="2">Date of AWB Issue</td><td colspan="2">Place of AWB Issue</td></tr>
<tr><td colspan="4">* Name and City</td><td colspan="2">CASS/CASS COLLECT AREA ONLY</td><td>* Code</td></tr>
<tr><td colspan="4">To 1.</td><td>Flight No.</td><td colspan="2">Date</td></tr>
<tr><td colspan="7">Transfer stations to complete lines 2 or 3 as appropriate and forward form to next carrier</td></tr>
<tr><td colspan="4">To 2.</td><td>Flight No.</td><td colspan="2">Date</td></tr>
<tr><td colspan="4">To 3.</td><td>Flight No.</td><td colspan="2">Date</td></tr>
<tr><td colspan="7">Air Waybill weight and/or charges have been corrected/added as follows:</td></tr>
<tr><td colspan="5">CASS/CASS COLLECT AREA ONLY</td><td colspan="2" rowspan="3">Remarks and reason for issuing CCA</td></tr>
<tr><td>GROSS WEIGHT</td><td colspan="2">Revised/Correct Gross Weight</td><td colspan="2">Original/Incorrect Gross Weight</td></tr>
<tr><td>Weight Unit</td><td colspan="2"></td><td colspan="2"></td></tr>
<tr><td>CHARGES</td><td colspan="2">Revised/Correct Charges</td><td colspan="2">Original/Incorrect Charges</td><td colspan="2" rowspan="8">In case of non – delivery enter and specify all chargesdue at destination for collection form shipper</td></tr>
<tr><td>Currency</td><td>prepaid</td><td>collect</td><td>prepaid</td><td>collect</td></tr>
<tr><td>Weight Charge</td><td></td><td></td><td></td><td></td></tr>
<tr><td>Valuation Charge</td><td></td><td></td><td></td><td></td></tr>
<tr><td>Tax</td><td></td><td></td><td></td><td></td></tr>
<tr><td>Total Other Charges Due Agent</td><td></td><td></td><td></td><td></td></tr>
<tr><td>Total Other Charges Due Carrier</td><td></td><td></td><td></td><td></td></tr>
<tr><td>Total</td><td></td><td></td><td></td><td></td></tr>
</table>

Shipper
Consignee

Distribution:

Original – (for Carrier issuing CCA)

Copy 1 – (for Accounting Department of issuing Carrier)

Copy 2 – (for First Carrier)

Copy 3 – (for Second Carrier)

Copy 4 – (for Third Carrier)

Copy 5 – (for Cargo Department of issuing Carrier)

Copy 6 – (for CASS/CASS Collect Settlement Office)

Copy 7 – (for CASS/CASS Collect Agent/Associate/Recipient)

______________ Airline

______________ Date and Place of Issue

______________ Signature

This slip must be completed and returned to carrier issuing CCA

We herewith confirm having corrected our documents and taken the necessary action as per your instructions

To: ______________ From: ______________ (Airline)

Ref. CCA No. ______________ At: ______________ (Station)

Ref. AWB No.: ______________ Date: ______________

Signature ______________

* CASS/CASS Collect Area Only. Box Applicable to Agent, Associate or Recipient.

8. 航空货运单上运输费用及付款方式填错了，如何进行结算？

如果在航空货运单上将运输费用填错了，参与货物运输的承运人有权按照填开航空货运单之日的有效运价向发行航空货运单的承运人（对运输费用预付的航空货运单而言）或者下一区段的承运人（对运输费用到付的货物而言）结算运费，不管航空货运单上所列的金额是否正确。但是，如果航空货运单上多列了运费，参与货物运输的承运人会按照多列的运费金额向发行航空货运单的承运人（对运费预付的航空货运单而言）或者下一区段承运人（对运费到付的航空货运单而言）结算运费；如果航空货运单上少列了运费，参与货物运输的承运人会按照正确的运费金额向发行航空货运单的承运人（对运费预付的航空货运单而言）或者下一区段承运人（对运费到付的航空货运单而言）结算运费；若因此给参与货物运输的承运人或者交付货物的承运人造成损失的，有关承运人应向发行航空货运单的承运人结算损失的金额，所以最后承担损失的是发行航空货运单的承运人。

运输费用的多列或者少列，应当使用”货物费用更正通知单“进行结算和调整。

如果在航空货运单上将运输费用的付款方式预付错填写为到付或者将到付错填写为预付，承运货物的承运人则按照航空货运单上所填写的付款方式进行费用的结算；发现差错后，使用“货物费用通知单”在交付货物的承运人与发行航空货运单的承运人之间进行费用结算的调整。

9. 运输费用预付改为到付或到付改为预付时，如何处理？

运费或者其他费用预付改到付的，由发行航空货运单的承运人凭“货物费用更正通知单”（简称 CCA），附有关来往电报并向交付货物的航空公司调整结算收取。如果发行航空货运单的承运人向最后区段承运人调整结算收取了运费或者其他费用的，由最后区段承运人向交付货物的航空公司调整结算收回这些费用。

运费或者其他费用到付改预付的，由交付货物的航空公司凭“货物费用更正通知单”，附有关来往电报，并向发行航空货运单的承运人调整结算收取的运费和其他费用。

费用调整结算凭证是“货物费用更正通知单”和原航空货运单结算联。

货运部门应当将“货物费用更正通知单”等材料报送本公司财务结算部门。

10. 境内航空公司运往境外的货物，对于运输费用到付的航空货运单，应如何收取和结算？

各航空公司运往境外各地的货物基本上被指定给当地的一家航空公司或者其他代理企业向收货人交付货物，并由其向收货人收取到付的运输费用。因此，对于运输费用到付的航空货运单，承运人开账单向协议的代理人结算收取到付的运费和其他费用。该代理人的收入是“到付费用附加费”。

运费或其他费用预付改为到付或到付改为预付时，按照上述第 9 个问题所述程序处理。

11. 境外运往境内货物，由境内航空公司代理交付的，对于运输费用到付的航空货运单，运费和其他费用应如何收取和结算？

各航空公司作为境外一些航空公司在境内地点的代理人，代理货物交付业务，并向收货人收取到付的运输费用。因此，承运人开账单向协议代理人结算收取到付的运费和其他费用。该代理人的收入则为“到付费用附加费”。

运费或其他费用预付改为到付或到付改为预付时，按照上述第 9 个问题所述程序处理。

第十三章　承运人的责任、索赔人索赔和承运人赔偿

1. 承运人在航空运输期间造成货物的毁灭、遗失、损坏或者延误，赔偿责任的限额如何确定？

对于承运人的赔偿责任有如下规定：

(1)1999 年《蒙特利尔公约》第二十二条第三款规定如下：

“在货物运输中造成毁灭、遗失、损坏或者延误的，承运人的责任以每千克 17 特别提款权为限，除非托运人在向承运人交运包件时，特别声明在目的地点交付时的利益，并在必要时支付附加费。在此种情况下，除承运人证明托运人声明的金额高于在目的地点交付时托运人的实际利益外，承运人在声明金额范围内承担责任。”

航空货运单正本“承运人关于赔偿责任限额的通知”如下：

“运输的最终目的地点或者经停地点不在始发地点所在的国家内的，可以适用于《华沙公约》或者《蒙特利尔公约》，并且在一般情况下限制承运人对于货物的遗失、损坏或者延误的赔偿责任。除非有一个较高的声明价值，根据适用的体系，承运人的赔偿责任可以限制为每千克 17 特别提款权或者 250 法国金法郎，根据适用的法律换算为国家货币。承运人视 250 法国金法郎的换算等值为 17 特别提款权，除非承运人在“运输条件”中规定了一个较高的金额。”

每千克的重量是指货物的毛重。但是，根据航空货运单正本“合同条件”第 7 条第 7.2 款规定，根据美国运输法所定义的“国际航空运输”在美国办理的赔偿，每千克的重量应当是指货物的计费重量。

(2)每千克 17 特别提款权的赔偿是最高赔偿责任，给索赔人造成的实际损失低于每千克 17 特别提款权的情况下，承运人赔偿较低的金额；给索赔人造成的实际损失高于每千克 17 特别提款权的情况下，承运人的每千克赔偿责任最高为 17 特别提款权。

(3)托运人在始发地托运货物时向承运人办理了声明价值的货物，承运人应在声明金额范围内承担责任，除承运人证明托运人所声明的金额高于在目的地点交付时托运人的实际利益外。

托运人的实际利益包括货物的价值、运费、货物的利润或者增值，以及其他与运输该货物有关的直接费用。

简单的计算方法可以按照 CIF 发票的价值进行确定。如果货物的声明价值为 204 000.00 人民币，CIF 发票的价值为 30 000.00 美元，按照当时的比价，等值为 204 000.00 人民币。托运人要求赔偿 31 800.00 美元，按照当时的比价，等值为 216 240.00 人民币，超过了托运人所声明的价值，因此，承运人只能提供 204 000.00 人民币的赔偿。

假如这票货物的声明价值为 30 000.00 美元而 CIF 发票价值只有 28 000.00 美元的情况下，确定托运人的实际利益时，货物本身的价值、托运人的利润或者货物的增值（可以按照发票价值与货物应当运抵目的地交付时的市场价值确定货物的利润或者增值），以及其他与运输货物有关的费用都可以考虑在内，但是，不得高于托运人所声明的价值。

(4)1999 年《蒙特利尔公约》第二十二条第四款的规定如下：

“货物的一部分或者货物中的任何物件毁灭、遗失、损坏或者延误的，用以确定承运人赔

偿责任限额的重量，仅为该包件或者该数包件的总重量。但是，因货物一部分或者货物中的某一物件的毁灭、遗失、损坏或者延误，影响同一份航空货运单、货物收据或者在未出具此两种凭证时按第四条第二款所指其他方法保存的记录所列的其他包件的价值的，确定承运人的赔偿责任限额时，该包件或者数包件的总质量也应当考虑在内。”

承运人采纳并编入自己的《货物运输条件》的国际航协《货物运输条件》第 11 条第 11.8 款与《蒙特利尔公约》第二十二条第四款的规定相同。

但是，航空货运单正本“合同条件”第 7 条第 7.1 款规定：

“货物的部分遗失、损坏或者延误，用以考虑确定承运人赔偿责任限额的质量，应当仅是该有关包件或者有关数包件的质量。”在这种情况下，承运人可以根据航空货运单正本“合同条件”的规定按照实际毁灭、遗失、损坏或者延误的件数的质量给索赔人造成的实际损失的金额赔偿索赔人。如果索赔人提起诉讼，法院按照 1999 年《蒙特利尔公约》第二十二条第四款的规定判决。

但是，索赔人必须对因货物的一部分或者货物中的某一物件的毁灭、遗失、损坏或者延误，影响同一份航空货运单、货物收据或者在未出具此两种凭证时按第四条第二款所指其他方法保存的记录所列的其他包件的价值的情况提供证据。因此，遇此情况时，承运人在索赔人起诉前与索赔人进行协商妥善处理是必要的。

2. 什么是航空货物运输期间?

航空运输期间是指货物处于承运人掌管之下的期间，自托运人实际将货物交给承运人时起至承运人实际将货物交付给收货人时为止的全部期间，对于退运的货物至货物交还给原托运人时为止的期间，即只要承运人实际上保管货物和控制货物，货物就属于在承运人的掌管下期间。在这期间，尽管货物可能在承运人的代理人的掌管之下（如代理人代理收运货物、代理保管货物、代理交付货物、代理将货物装上或者卸下飞机等），都视为货物是在承运人的掌管之下的期间；在这段期间内，承运人应当对货物的毁灭、遗失、损坏或者延误承担责任。货物送交检验检疫机构或者海关检查期间，也视为货物在承运人的掌管期间。

“航空运输期间，不包括机场外履行的任何陆路、海上或者内水运输过程。但是，此种运输是在履行航空运输合同时为了装载、交付或者转运而办理的，在没有相反证明的情况下，所发生的任何损失推定为在航空运输期间发生的事件造成的损失。”例如，航空货运单的始发地为杭州、目的地为东京，承运人使用了卡车将货物送至上海，装上上海至东京的航班，杭州至上海的卡车运输是为了履行航空运输合同而装载，因而它也是航空运输期间。在世界各地这种为了履行航空货物运输合同而装载、交付或者转运的地面的接送运输已经十分普遍。

《蒙特利尔公约》第十八条第四款还规定：“承运人未经托运人同意，以其他运输方式代替当事人各方在合同中约定采用航空运输方式的全部或者部分运输的，此项以其他方式履行的运输视为在航空运输期间。”航空公司的航空货运单正本正面上也印有与上述规定相同的声明。

承运人将收货人的货物从仓库中搬了出来放在仓库的货物交付区将货物交给收货人，收货人核对了每一件货物的识别标签、货物上的收货人名称、货物上的唛头、货物品名、包装和清点了件数，确认货物与航空货物单上所列的一致，并在“货物交付收据”（Delivery Receipt）上签收后，将货物搬出了承运人的仓库货物交付区，这个程序的完成，证明了承运人将货物交付给了收货人，它已经不掌管该货物，因此货物已经不是在航空运输期间。在这以后，承运人的工作人员应收货人的要求帮助将货物装上卡车时损坏了,这种货物的损坏的责任,不适用于1999年《蒙特利尔公约》,而应当适用于当地的有关法律法规。

3. 什么是延误? 承运人因延误造成的损失承担哪些责任?

包括1999年《蒙特利尔公约》在内的国际航空私法和议定书对延误没有定义。

航空货运单正本合同条件第9条规定如下:

"承运人承诺以合理的速度完成此项运输。在有关法律、规则和政府规定许可的情况下,承运人可以下不经事先通知变更承运人、航空器或者运输方式,但应适当考虑托运人的利益。托运人授权承运人选择其认为合适的运输路线和所有中途经停地点,或者改变或者绕道航空货运单上列明的路线。"

国际航协《货物运输条件》第6条第6.3款第6.3.1项规定:"承运人的班期时刻表或者其他的地方所列的时间是大致、不保证的,也不是运输合同的组成部分。不能确定启运、完成运输和交付的时间。除了经过特别约定并填写在航空货运单上或者货物记录中,承运人承诺以合理的速度运输货物,但不承诺在指定的飞机、指定的路线或者在指定的时刻的任何地点衔接。承运人有权绕道或者挑选货物的运输路线,不管这些内容是否已经写在航空货运单或者货物记录中。承运人对其时刻表或者其他地方的差错或者疏忽不承担责任……" 该条款已被承运人采纳并编入到自己的《货物运输条件》中。

1999年《蒙特利尔公约》第十九条规定如下:

"旅客、行李或者货物在航空运输中因延误引起的损失,承运人应当承担责任。但是,承运人证明本人及其受雇人和代理人为了避免损失的发生,已经采取一切可合理要求的措施或者不可能采取此种措施的,承运人不对因延误引起的损失承担责任。"

综上所述,延误的概念比较难于确定,但是应当可以理解为承运人未能以合理的速度或者特别约定的时间将货物运抵目的地并交付给收货人的,可以视为延误;但是,根据1999年《蒙特利尔公约》第十九条规定,承运人对于发生延误时应当采取一切措施,这种措施应为合理的,又能够办得到的措施。如果这种措施不合理又办不到的,即不可能采取此种措施的,承运人不承担责任。因货物的包装不良或者固有的缺陷造成的延误,承运人也不承担责任。

托运人或者其代理人在办理国际航空货物的托运业务中,应当向有关航空公司订妥舱位并填写在航空货运单上的"Requested Flight/Date"(要求的航班和日期),并保存订舱记录;对于订舱情况未能填写在航空货运单上的,应当保存好订舱记录。多程航班订舱是指货物自始发地经一个或者多个转运地运往目的地的货物舱位订舱,这种货物可能由两家或者两家以上承运人联程运往目的地。对于这种货物的订舱应当尽早向第一航班的承运人或者发行航空货运单的承运人提出要求,以便于货物在自始发地运出前就能够订妥全程联程航班的舱位。将货物的订舱情况填写在航空货运单上,对承运人具有了一定的约束力。

1999年《蒙特利尔公约》第二十二条第三款明确规定,对于货物延误造成的损失的赔偿限额与货物毁灭、遗失或者损坏一样,每千克为17特别提款权,除非托运人在向承运人交运包件时,特别声明在目的地点交付时的利益,并支付必要的声明价值附加费。航空货运单正本"承运人关于赔偿责任限额的通知"也同样明确规定,承运人对于货物的遗失、损坏或者延误的赔偿责任可以每千克17特别提款权或者250法国金法郎为限,除非托运人事先声明了一个较高的价值。承运人视250法国金法郎等于17特别提款权。

在航空运输期间发生的货物毁灭、遗失、损坏或者延误而造成的损失的赔偿限额为每千克

17 特别提款权,这是最高的赔偿责任。一些航空公司对于延误的货物坚持说,货物虽然延误但是最终还是交付给了收货人,要求减少赔偿金额,有的最高只同意赔偿运费。这种要求和做法是违反 1999 年《蒙特利尔公约》第二十二条第三款的规定的。不过,对于货物的延误、毁灭、损坏或者遗失的赔偿金额应当根据给索赔人造成的实际损失的证据确定。例如,一票机器配件延误了两天运达目的地,4 名技术人员出差来安装机器,因货物没有及时运到耽误了安装机器的时间,但对生产未造成任何影响,也未给收货人或者托运人造成了其他的任何损失,承运人赔偿了 4 名技术人员两天的旅馆膳宿费用等费用。对于商品的长时间延误来说,如因市场价格的下跌给索赔人造成损失的(索赔人必须举证),承运人应当承担赔偿损失的责任,但是,最高仍不得超过每千克 17 特别提款权的赔偿限额;如果市场价格并没有下跌,承运人只承担收货人或者托运人处理货物延误而产生的直接费用,如交通费、通信联络费用等;如果延误对托运人或者收货人没有造成任何损失的,承运人可以不承担赔偿责任。

根据国际航协《货物运输条件》第 11 条 11.5 款规定,承运人不承担后果性损失或者损害该条款已被承运人采纳并编入到自己的《货物运输条件》中去。

另外,承运人可以通过证明其已经采取了一切能够采取的措施或者不可能采取措施的,来免除其责任。

4. 在哪些范围内承运人可以不承担责任?

1999 年《蒙特利尔公约》第十八条第二款明确规定,承运人证明货物的毁灭、遗失或者损坏是由于下列一个或者几个原因造成的,在此范围内承运人不承担责任:

(1)货物固有缺陷、质量或者瑕疵;

例如:

①货物承受不了航空运输自地面至高空气压的变化的;

②水果、蔬菜等鲜活易腐货物的自然耗损的;

③液体货物装得太满,造成泄漏或者容器破裂的;

④动物的自然原因死亡的;动物本身或者其他动物的动作或者行为诸如撕咬、踢打、抵刺或者挤压窒息而产生的伤亡或者超过数量将动物装入容器(包装)内造成窒息而产生的伤亡的;动物本身的状况、本性或者习性造成或者促成的伤亡的;动物不能承受航空运输中不可能避免的物理环境的变化而造成或者促成的伤亡的。但是,如果是由于承运人的操作的失误而造成动物的伤亡的,承运人应当承担责任,诸如:

a. 动物装上飞机货舱后,航班延误较长时间起飞,但货舱门一直关闭,因空气不流通而造成动物窒息而死亡的;

b. 动物被长时间放在停机坪或者室外受暴晒或者受雨淋、风吹而造成动物生病或者死亡的;

c. 航班在中途站取消过夜,动物未被卸下进行适当的处理, 将动物留在飞机关闭的货舱内,造成动物窒息而死亡的;

d. 航班长时间延误,而承运人未做适当处理的。

(2)承运人或者其受雇人、代理人以外的人包装货物的,货物包装不良的;

(3)战争行为或者武装冲突;

(4)公共当局实施的与货物入境、出境或者过境有关的行为。

另外,发生以下情况的,承运人也可以不承担责任:

①因托运人未在航空货运单上附上货物入境或者过境的必要的文件而造成延误或者退运，给收货人或者托运人造成的损失；

②因托运人在航空货运单上的各项说明和陈述不正确、不完全或者不符合规定，收货人或者托运人所遭受的损失；

③对货物运输延误，承运人可以使用《蒙特利尔公约》第十九条“已经采取一切可合理要求的措施或者不可能采取此种措施”的规定来免除其责任；

④对于后果性损失或者损害，承运人可以按照国际航协《货物运输条件》第 11 条第 11.5 款关于承运人在任何情况下不承担后果性损失或者损害，不论承运人是否知道这种损失或者损害会产生的规定来免除其责任。该条款已被承运人采纳并编入到自己的《货物运输条件》中去。

5. 承运人能否免责或者减责？

1999 年《蒙特利尔公约》第二十条规定：“经承运人证明，损失是由索赔人或者索赔人从其取得权利的人的过失或者其他不当作为、不作为造成或者促成的，应当根据造成或者促成此种损失的过失或者其他不当作为、不作为的程度，相应全部或者部分免除承运人对索赔人的责任……”

6. 受雇人、代理人和承运人的赔偿总额是多少？

1999 年《蒙特利尔公约》第三十条规定如下：

一、就本公约所指损失向承运人的受雇人、代理人提起诉讼时，该受雇人、代理人证明其是在受雇、代理范围内行事的，有权援用本公约中承运人有权援用的条件和责任限额。

二、在此种情况下，承运人及其受雇人和代理人的赔偿总额不得超过上述责任限额。

三、经证明，损失是由于受雇人、代理人的故意或者明知可能造成损失而轻率地作为或者不作为造成的，不适用本条第一款和第二款的规定，但货物运输除外。”

7. 为什么必须及时向承运人提出异议？

1999 年《蒙特利尔公约》第三十一条规定如下：

一、有权提取托运行李或者货物的人收受托运行李或者货物而未提出异议，为托运行李或者货物已经在良好状况下并在与运输凭证或者第三条第二款和第四条第二款所指其他方法保存的记录相符的情况下交付的初步证据。

二、发生损失的，有权提取托运行李或者货物的人必须在发现损失后立即向承运人提出异议，并且，托运行李发生损失的，至迟自收到托运行李之日起 7 日内提出，货物发生损失的，至迟自收到货物之日起 14 日内提出。发生延误的，必须至迟自行李或者货物交付收件人处置之日起 21 日内提出异议。

三、任何异议均必须在前款规定的期间内以书面形式提出或者发出。

四、除承运人一方有欺诈外，在前款规定的期间内未提出异议的，不得向承运人提起诉讼。”

1999 年《蒙特利尔公约》第三十一条没有对于货物未交付（遗失）必须提出异议的期限作出规定，是何原因？请见以下《蒙特利尔公约》第十三条第三款规定：

“承运人承认货物已经遗失，或者货物在应当到达之日起 7 日后仍未到达的，收货人有权向承运人行使运输合同所赋予的权利。”

我国民用航空法第一百三十四条和第一百二十条第三款与1999年《蒙特利尔公约》的上述规定相同。

对于遗失的货物,因为承运人已经知道货物的遗失,所以不必要向承运人提出异议。

承运人承认货物已经遗失的,收货人就可以立即向承运人行使运输合同所赋予的权利;对于货物在应当到达之日起7日后仍未到达的,收货人给承运人7日查找货物时间,只有在货物应当到达之日7日后才可以向承运人行使运输合同所赋予的权利,即索赔和诉讼的权利。

航空货运单正本“合同条件”第10条规定如下:

“有权提取货物的人收受货物而未提出异议的,为货物已经在良好状况下并在与运输合同相符的情况下交付的初步证据。

10.1　货物遗失、损坏或者延误的,有权提取货物的人必须书面向承运人提出异议。异议必须按照以下规定提出:

10.1.1　货物损坏的,在发现损坏时立即提出,至迟自收到货物之日起14日内提出;

10.1.2　货物延误的,自货物交付有权提取货物的人处置之日起21日内提出;

10.1.3　货物未交付的,自航空货运单填制之日起120日内提出,或者对于未填制航空货运单的,自承运人收到所托运的货物之日起120日提出。”

该条第10.3款规定如下:

“10.3没有在10.1规定的期限内提出书面异议的,不得向承运人提起诉讼。”

航空货运单正本“合同条件”中,将1999年《蒙特利尔公约》因承运人已经知道货物遗失,有权提取货物的人不必提出异议的规定改订为必须自航空货运单填制之日起120日内向承运人书面提出异议。有权提取货物的人应该怎样处理?航空货运单正本“合同条件”的条款是当事人之间的约定,有权提取货物的人必须在“合同条件”约定的期限内向承运人提出异议。索赔人要推翻“合同条件”条款的规定,只有提起诉讼这一条途径。

因承运人的原因在运输中造成动物生病的,按照损坏的规定办理,对于死亡的,等于毁灭,按照遗失的规定办理。

根据法律和航空货运单正本“合同条件”规定,有权提取货物的人没有及时地向承运人提出异议的,索赔人不得向承运人提起诉讼(除承运人一方有欺诈行为外)。在这种情况下,如果索赔人向承运人提出索赔,承运人拒绝赔偿,索赔人不得向承运人提起诉讼,因此丧失了索赔权。法院即便受理了索赔人的诉讼,判决是有权提取货物的人因没有及时地向承运人提出异议而不能胜诉。虽然许多承运人在货物的始发地或都目的地因其原因造成货物的遗失或者损坏主动通知托运人或收货人要求补运货物,并迅速对遗失或者损坏的货物给予赔偿的情况,但是,按照法律和航空货运单正本“合同条件”规定的期限及的地向承运人提出异议或索赔是确保获得承运人的赔偿的最重要事项,否则承运人不承担赔偿责任,并且索赔人丧失了诉讼权(除承运人一方有欺诈行为外)。

8. 谁是有权提取货物的人?有权提取货物的人必须向何承运人提出异议?

(1)航空货运单上所写的收货人当然是有权提取货物的人,此人包括托运人通知承运人将货物交给航空货运单上非原指定的收货人的人;得到航空货运单上所写的收货人出具的“货物放行通知单”(Cargo Release Form)的“另通知人”(Notify Party)也应当视为有权利提取货物的人。此外,有些法院认为承保货物的保险公约也有权利向承运人提出异议。

货物运抵目的地后，收货人拒绝提取货物或者拒付运输费用的，或者承运人无法同收货人联系上的，根据1999年《蒙特利尔公约》第十二条第四款规定，托运人就恢复对货物的处置权，因此，托运人必须向承运人提出异议。

收货人得知因承运人的原因造成货物毁灭、遗失、损坏或者延误，托运人应做好与收货人的信息沟通工作，要求收货人及时地向承运人提出异议；对于贸易合同条款规定货物的毁灭、遗失、损坏或者延误应当由托运人承担责任的，托运人必须向发行航空货运单的承运人和第一承运人提出异议。因承运人的原因在始发地或者运输途中已发生毁灭或者遗失的货物，多数承运人都能以诚信和负责任的态度，立即通知托运人要求补运货物，并尽快地向托运人提供赔款，但是不论是收货人或者托运人及时地向承运人提出异议仍然是很必要的。

根据1999年《蒙特利尔公约》第三十一条第三款规定，任何异议均必须在规定的期间内以书面形式提出或者发出，口头异议无效。

(2)1999年《蒙特利尔公约》没有规定有权提取货物的人必须向哪家承运人书面提出异议。根据航空货运单正本“合同条件”第10条第10.2款规定，书面异议可以向航空货运单被使用的承运人提出，或者向第一承运人提出，或者向最后承运人提出，或者向在履行运输区段发生遗失、损坏或者延误的承运人提出。根据1999年《蒙特利尔公约》第四十二条规定，对于非缔约承运人履行的航空运输，异议书无论是向缔约承运人还是向实际承运人提出，具有同等效力。

为了确保索赔和诉讼的权利，提出异议的程序建议如下：

①有权提取货物的人提取货物时(或者提取后)发现货物损坏的，必须在规定的期间内向最后承运人书面提出异议。如果明确货物损坏是由哪一家承运人造成的，同时向损坏货物的承运人书面提出异议；

②有权提取货物的人认为货物延误的，必须在规定的期间内向最后承运人书面提出异议；如果明确货物延误是由哪一家承运人造成的，同时向延误货物的承运人书面提出异议。

③未交付货物(包括遗失)的，有权提取货物的人必须自航空货运单填开之日起120日内向航空货运单被使用的承运人提出异议；如果明确货物遗失是哪一家承运人造成的，同时向遗失货物的承运人提出异议。对于已经将货物交给承运人但没有填制航空货运单的货物，自承运人收到货物之日起120日内向接受货物的承运人提出异议。

④对于一票货物中部分遗失的货物，有权提取货物的人必须在几日内提出异议，这个问题存在着不同的意见。

有人认为属于遗失的，根据1999年《蒙特利尔公约》第十三条第三款规定，因承运人已经知道遗失，不必向承运人提出异议；还有人认为必须按照航空货运单正本“合同条件”的规定自航空货运单填制之日起120日内向承运人提出异议；还有人认为收货人已知道部分遗失，因而必须是自己已经收到的部分货物在14日内向承运人提出异议。我们建议为了确保获得索赔权和诉讼权，有权提取货物的人最好自己将收到的部分货物在14日内向最后承运人和/或遗失货物的承运人书面提出异议为宜。

9. 集运货物向谁提出异议？

总运单上的收货人(分理人)或者托运人(集运人)必须按照规定的期限向有关承运人书面提出异议。分运单上的收货人必须在协议条款规定的期间内向在目的地交付货物的分理人书面提出异议和索赔，分运单上的托运人必须在协议条款规定的期间内向货物始发地发行分运单的集运人书面提出异议和索赔。

10. 发生货物损坏等不正常情况时，提取货人是否需要在“货物交付收据”上写下备注？承运人出具的“货物检查报告”、“货物损坏报告”或者“货物遗失报告”有何作用？

有权提取货物的人提取货物时，应当在航空货运单第4联“交付收据”的签收栏内签收，见表13-1所示。

航空货运单第4联交付收据（DELIVERY RECEIPT）签收栏

表13-1

Received in Good Order and Condition	
at(place)	on(date/time)
Signature of consignee or his Agent	

（中文译文）

完好无损地收到货物	
收货地点	日期和时间
收货人或其代理人签名	

因为货物运达目的地时，航空货运单第4联“货物交付收据”往往已被挪作他用，因此，许多航空公司另使用“货物交付收据（代替航空货运单第4联交付收据）”办理货物的交付手续，供提取货物的人签收。

如果对于损坏的货物，有权提取货物的人向承运人提取货物时没有在“货物交付收据”上备注“损坏”的字样，有的承运人会以货物已经完好无损地交付收货人为由，而拒绝赔偿。尽管这些承运人的做法是违反1999年《蒙特利尔公约》和航空货运单正本“合同条件”的规定的，因为1999年《蒙特利尔公约》和航空货运单正本“合同条件”都没有规定有权提取货物的人提取货物时必须在“货物交付收据”上进行备注。但是，只要不是完好无损地收到货物的，还是应当在“货物交付收据”上进行备注较好，为向承运人书面提出异议和正式索赔提供了更有利的证据。

有人认为承运人出具的“货物破损报告”、“货物检查报告”或“货物遗失报告”，就不必要向承运人发出异议书，这是一种误解。我们不否认“货物检查报告”、“货物破损报告”或“货物遗失报告”是一种证明，而且在一般情况下承运人是接受索赔人的索赔的，但它们不是1999年《蒙特利尔公约》和航空货运单正本“合同条件”所规定的必须书面向承运人提出异议的文件。只有“货物检查报告”、“货物破损报告”或“货物遗失报告”而没有及时地向承运人提出异议的，如果向承运人提出索赔，承运人是可以拒绝承担赔偿责任的。如果索赔人提起诉讼，存在两种判决的可能：第一种，索赔人败诉，理由是索赔人没有在航空货运单正本“合同条件”规定的期间内书面向承运人提出异议；第二种，索赔人胜诉，理由是承运人已经知晓货物损坏或遗失，在没有提出异议的情况下，承运人仍然应当承担赔偿责任。因此，及时地向承运人提出异议，是确保获得承运人的赔偿和保留诉讼权的重要事项。

11. 如何写异议书？

目前没有关于写异议书的统一的格式。它的内容应当包括航空货运单号码和分运单号码、制单的年月日、件数和重量、货物品名、始发地和目的地、货物的运达航班及日期和提取日期、托运人和收货人的名称、异议的内容陈述（如损坏、受潮、延误或者遗失等），并声明保留索赔的权利等。

例 1：集运货物—总运单的收货人向承运人提出异议的中文参考版表述，见表 13-2。

表 13-2

× ×国际运输服务有限公司

× × International Transportation Co. , Ltd.

2F, No. 3 Building, East Building, 88888 He Nan Road, Shanghai, China

编号:CD-021

致:ABC 航空公司

中国上海浦东机场

货运部

索赔预告通知

办件人:× × × × ×先生

先生们:

我们发现了以下货物损坏,现在通知如下:

总运单号码 :× × ×-× × × × × × × ×

分运单号码 :× × × × × ×

航班号 :× ×020

到达日期 :2008 年 4 月 3 日

提取日期 :2008 年 4 月 4 日

始发地机场 :洛杉矶

目的地机场 :上海浦东机场

托运人 :Machinery Manufacture Co. , Ltd. ,Los Angeles, USA

收货人 :Hong Qiao Trading Co. , Ltd. , Shanghai,China

货物品名 :汽车配件

件数及重量 :15 件 1 500 千克

受损情况 :上述 15 件货物中的 3 件(箱号:5、7 和 8)提取货物时发现破损,货物内容损坏并散落

为此,我们声明保留向贵公司提出索赔的权利,在货物受损情况和损失金额确定后向贵公司提出索赔。

此致!

空运货物进口部经理

严× ×

严× ×

2008 年 4 月 5 日

例 2:集运货物破损——总运单的收货人向承运人提出异议的英文参考版表述,见表 13-3。

表 13-3

××国际运输服务有限公司

×× International Transportation Co., Ltd.

2F, No. 3 Building, East Building, 88888 He Nan Road, Shanghai, China

Date: April 5, 2008

Ref. :CD-021

To: Cargo Department

×××Airlines,

Pudong Airport, Shanghai, China

Attn: Mr ×××××××

Dear Sirs,

Preliminary Notice of Claim

Please be advised that the damage has been found in connection with the following shipment:

MAWB No.	:×××-×××× ×××××
HAWB No.	:××××××
Flight No.	:××020
Arrival Date	:April 3,2008
Date of Pick-up	: April 4,2008
Airport of Departure	:Los Angeles
Airport of Destination	:Pudong
Shipper's Name	:Machinery Manufacture Co. Ltd. ,Los Angeles, USA
Consignee's Name	:Hong Qiao Trading Co. , Ltd. ,Shanghai,China
Description of Goods	:Auto Parts
No. of Packages and Weight	: 15 Pakages 1 500 kg
Conditions of Damage	:3 Package No. 5,6 and 8 of the 15 packages were received in damaged condition and the damaged contents leaked.

We hereby declare that we reserve the right to file a claim with you for the damages when the details and amount of the damages are ascertained.

Yours Sincerely,

Yan ××

Yan ××

Manager, Air Cargo Import Dept.

例 3：有权提取货物的人向承运人提出异议的中文参考版表述，见表 13-4。

表 13-4

××贸易有限公司

××Trading Co., Ltd.

8F, No.3 Building, East Building, 88888 He Nan Road, Shanghai, China

编号：IMP-076

致：××航空公司

中国上海浦东机场

货运部

异议通知

办件人：×××××先生

先生们：

发现了以下货物在贵公司的运输期间损坏：

货运单号码　：×××-×××× ××××

航班号　：××026

到达日期　：2008 年 5 月 3 日

提取日期　：2008 年 5 月 5 日

始发地机场　：新加坡

目的地机场　：上海浦东机场

托运人　：Machinery Manufacture Co., Ltd., Singapore

收货人　：上海××贸易有限公司

货物品名　：电脑备件

件数及重量　：10 件 100 千克

受损情况　：上述 10 件货物中的 4 件（箱号：1、5、7 和 8）提取货物时发现破损，电脑备件损坏

为此，我们声明保留向贵公司提出索赔的权利。

特此通知

此致！

进口部经理

刘××

刘××

2008 年 5 月 12 日

例 4:有权提取货物的人向承运人提出异议的英文参考版表述,见表 13-5。

表 13-5

××贸易有限公司

××Trading Co., Ltd.

8F, No. 3 Building, East Building, 88888 He Nan Road, Shanghai, China

Date: May 12, 2008

Ref.: IMP-076

To: Cargo Department

××Airlines,

Pudong Airport, Shanghai, China

Attn: Mr ×××××××

Dear Sirs,

Notice of Complaint

Please be advised that the damage has been found in connection with the following shipment during the transportation by your company:

AWB No.	:×××-×××× ×××××
Flight No.	:××026
Arrival Date	:May 3, 2008
Date of Pick-up	: May 5, 2008
Airport of Departure	:Singapore
Airport of Destination	:Pudong
Shipper's Name	:Machinery Manufacture Co. Ltd., Singapre
Consignee's Name	:×× Trading Co., Ltd., Shanghai, China
Description of Goods	:Computer Parts
No. of Packages and Weight	: 10 Pakages 100kg
Conditions of Damage	:4 packages (package No. 1,5,7 and 8) of the 10 packages were received in damaged condition and the computer parts have been damaged.

We hereby declare that we reserve the right to file a claim with you.

Yours Sincerely,

Liu××

Liu××

Manager, Import Dept.

12. 承运人收到有权提取货物人的异议书后,应当如何处理?

承运人收到有权提取货物的人的异议书后,应当将航空货运单副本、货物交付收据连同有权提取货物的人的异议书等相关资料作为一起案件集中在一起,以方便于日后处理。

在美国等地曾经多次发生过承运人收到了有权提取货物的人的异议书后未主动与其联系办理赔偿事宜的事件,索赔人也没有正式提出索赔,但临近 2 年时索赔人突然提起诉讼,给承运人的工作造成了被动,因此,承运人在收到有权提取货物的人未声明"在货物受损情况和损失金额确定后向承运人提出索赔"的异议书时,应当书面与有关索赔人联系,了解实际损失的情况,并请索赔人尽早提出索赔;如果未造成损失的,应请其来函证实。

13. 在提出异议后，正式索赔和诉讼的期限是如何规定的？

（1）1999 年《蒙特利尔公约》和航空货运单正本“合同条件”没有规定索赔人在提出异议后必须正式提出索赔的期限，但规定了诉讼的期限。显然，正式的索赔要求必须在诉讼的期限内提出，而且应当越早越好，因为航空公司处理一起赔偿案件往往需经过调查、上报、批准的过程，对于连续运输的货物索赔，接受索赔函的承运人还需经与其他有关承运人进行协商，如果临近诉讼期终结时才向有关承运人提出正式索赔，有关承运人可能来不及办理赔偿事项，而使案件超过了诉讼期，索赔人很可能得不到赔偿，又丧失了诉讼的权利，或者必须立即提起诉讼。

正式索赔也可以在提出异议的期间内直接提出。

（2）一般情况下，诉讼是指索赔人向承运人提出了正式索赔，而承运人不能满足索赔人的要求或者存在争议的情况下，索赔人采取的维护自己利益的措施。诉讼也可以在货物受损事件发生提出异议后立即进行。根据 1999 年《蒙特利尔公约》第十三条第三款规定，承运人承认货物已经遗失，收货人就有权向承运人提起诉讼；对于货物在应当到达之日仍未到达的，7 日后（给承运人 7 天查找的时间）才有权向承运人行使运输合同所赋予的权利。

根据 1999 年《蒙特利尔公约》第三十五条、我国民用航空法第一百三十五条和航空货运单“合同条件”第 10 条第 10.4 款规定，航空运输的诉讼时效期间为 2 年，自民用航空器到达目的地点、应当到达目的地点或者运输终止之日起计算。

14. 谁有权向承运人提出正式索赔？

有权利向有关承运人提出正式索赔的有：

（1）货物运输合同上的托运人或者收货人

托运人或者收货人向有关承运人提出索赔时，应当向有关承运人正式发出索赔函或者索赔单。

（2）已经赔偿了投保人的保险公司

已经向货物投保人赔偿了保险金额的承保货物的保险公司向有关承运人提出索赔时，应当提供航空货运单上的收货人、托运人出具的代位求偿书，并应当向有关承运人正式发出索赔函或者索赔单。

（3）另通知人

另通知人向承运人提出索赔时，应当提供航空货运单上的收货人出具的“放行货物通知单”，并应当向有关承运人正式发出索赔函或者索赔单。

（4）受委托的律师

受收货人、托运人、从收货人或者托运人获得索赔权利的人委托的律师代理向承运人提出索赔时，该律师应当提供航空货运单上的收货人或者托运人或者从收货人或者托运人获得索赔权利的人出具的委托书（授权书），并应当向有关承运人正式发出索赔函或者索赔单。

（5）其他有关人

其他人代理向承运人提出索赔时，应当提供航空货运单上的收货人或者托运人出具的代位求偿书或者委托书（授权书），并应当向有关承运人正式发出索赔函或者索赔单。

（6）集运货物分运单上的实际收货人或者托运人

对于集运货物，如果由分运单上的收货人或者托运人提出索赔时，其应当提供总运单上的收货人或者托运人出具的代位求偿书，并应当向有关承运人正式提出索赔函或者索赔单。

15. 如何向承运人发出索赔函？

索赔人是指收货人、托运人、从收货人或者托运人获得权利向承运人正式发出索赔函或者索赔单的人。索赔人向承运人提出正式赔偿时应当提供以下文件：

(1)一份正式索赔函或者索赔单：

例 1：货物受雨淋的索赔函——律师事务所受保险公司的委托向承运人发出索赔函见表 13-6，并附账单 1 份索赔函：中文参考版。见表 16-6，英文参考版见表 13-8。

表 13-6

× ×律师事务所

× ×Legal Office

地址：××××××××××××××××××××××××××

索赔函

编号：EXP-885

致：× ×航空公司

上海浦东机场

货运部

办件人：× × × × ×先生

先生们：

旧金山-上海货物，货运单号码：× × ×-× × × × × × × ×旧金山/上海

2008 年 4 月 25 日 × ×867 航班运达

目的地：浦东

25 箱衬衣 1 000 件中 948 件受潮的索赔

索赔金额：USD3 407.79

本事务所谨通知贵公司，因× ×保险公司已向收货人支付了保险赔偿金，获得了追偿的权利，现× ×保险公司要求本事务所代表其办理这起代位索赔事宜。

现在，本事务所向贵公司提出标题所述货物的索赔要求，请见所附账单和随函所附的文件。

盼贵公司迅速地办理此事并支付赔款为感。

此致！

罗× ×

(罗× ×)

律师

代理× ×保险公司

2008 年 10 月 25 日

附：

(x)账单　　(x)保险费单

(x)货物检验报告　　(x)航空货运单

(x)代位求偿书　　(x)货物交付收据

(x)委托书　　(x)索赔预告书

(x)发票

(x)装箱单

例 2:货物受雨淋的索赔函——律师事务所受保险公司的委托向承运人发出索赔函并附账单 1 份账单:中文参考版见表 13-7,英文参考版见表 13-4。

中文版见表 13-7 所示。

表 13-7

××律师事务所

×× Legal Office

地址:××××××××××××××××××××××××

账单 Debit Note

日期:2008 年 10 月 25 日

编号:E×P-885

致:××航空公司

中国上海浦东机场

货物损失索赔

货运单号码:×××-×××× ×××× 旧金山/上海

2008 年 4 月 25 日 XX867 航班运达

目的地:浦东

25 箱 1 000 件衬衣中 948 件受潮造成的损失

CIF 价格:

CFR:	USD5 118.79(发票价格)
保险费:	28.07
CIF	USD5 146.86

受损件数:948 件

索赔金额:USD5 146.86 × $\frac{948\text{件}}{1\ 000}$ = USD4 879.22

减去打折销售所得收入　　1 471.43

USD3 407.79

请将上述赔款付入以下账户:

银行名称:×××××××××××××××

账户名称:××律师事务所

账号:××××××××××××××××××××

罗××
(罗××)
律师
代理××保险公司

表 13-8

× ×律师事务所

× ×Legal Office

地址:× ×

Date:October 25 2008

Ref. :EXP-885

To:Cargo Department

× ×Airlines,

Pudong Airport,Shanghai,China

Attn. Mr. × × × × × ×

Dear Sirs,

AWB No. × × ×-× × × × × × × × San Francisco/Shanghai

× ×867/Apr. 25 2008

Arrival Airport:Pudong

Claim for Wet Damage of 25 Packages, 984 Pieces of 1 000 Pieces of shirts

Claim Amount: USD 3407. 79

Please be advised that the × × Insurance Co. , Ltd. have paid the insurance claim to the consignee, subrogating themselves to the rights of recovery. They now request this office to handle their subrogation claim and to represent them in this claim.

We are now filing with you a claim for compensation in respect of the subject claim as per our Debit Note as well as the supporting documents attached.

Your prompt attention and payment will be appreciated.

Yours faithfully,

Luo × ×

(Luo × ×)

Attorney at Law

For × × Insurance Co. , Ltd.

Enclosures:

(x)Debit Note

(x)Survey Report

(x)Letter of Subrogation

(x)Power of Attorney

(x)Invoice

(x)Packing List

(x)Insurance Premium Note

(x)AWB

(x)Delivery Receipt

(x)Preliminary Notice of Claim

× ×律师事务所 表 13-9

Eastern Legal Office

Address：× ×

DEBIT NOTE

Date：October 25，2008

Ref. ：E×P-885

To： × × Airlines

Address： Pudong Airport，Shanghai，China

Claim for Damage

AWB No. × × ×-× × × × × × × × San Francisco/Shanghai

× ×867/Apr，25，2008

Arrival Airport： Pudong

Wet Damage of 25 Packages，948 Pieces of 1 000 Pieces of Shirts

CIF Value：

CFR ：	USD5 118.79（Invoice value）
Insurance Premium：	28.07
CIF：	USD5 146.86

Damage：948 Pcs

Claim Amount：USD5 146.86 × $\frac{948\ \text{Pcs}}{1\ 000}$ = USD4 879.22

Minus proceeds	1 471.43
	USD3 407.79

Please remit the above mentioned claim amount to the following bank account：

Bank Name： × × × × × × ×

Account Name： × × Legal Office

Account Number： × × × × × × × × × × × ×

Luo × ×

（Luo × ×）

Attorney at Law

For × × Insurance Co.，Ltd.

例 3：使用索赔单向承运人提出索赔。中文版见表 13-10，英文版见表 13-11 所示。

索 赔 单

表 13-10

日期：

编号：

致：________________

(航空公司名称)

(地址)

先生们：

我们现在向贵公司提出以下货物的损失索赔。

航空货运单号码：____________填开日期：____________始发地：____________目的地：____________

索赔金额：合计金额：________________原因（在适用的方格子内打勾）□遗失（整件货物）□破损（包括内容短缺）□延误交付

□其他原因(需写明) ____

我们的财务损失如下：

项 目	金额(需写明货币)
合计	

我们证明以上情况和索赔金额符合事实，正确无误，盼贵公司及时办理此事并支付赔款为感。

索赔人：____________________

(名称)

____

(地址)

____

附文件(在方格子内打勾表示附了该文件)

□交付收据 □索赔预告书 □航空货运单副本

□发票 □装箱单 □代位求偿书

□委托书 □检验报告 □其他文件：____

表 13-11

CARGO CLAIM

Date:

Ref.

日期:

编号:

To:________________

(Airlines)

(Address)

Gentleman:

We hereby file the following claim with you, and we will be highly appreciated if you settle the claim to us as soon as possible of the following mentioned shipment。

Air Waybill No. :____________ Dated:____________ From:____________ To:____________

Claim Amount: The sum of ____________________ for (check the applicable items) □Loss (of the entire package)

□Damage (including shortage of the contents) □Delayed Delivery

□Other (specify)

Our financial loss is as below:

Item(s)	Amount(specify currency)
Total	

We herewith certify that the foregoing information and claim amount are true and correct.

Claimant:____________________

(Name)

____

(Address)

____

Attachments (check the applicable items):

□Delivery Receipt □Preliminary Notice of Claim □Copy of Air Waybill

□Copy (ies) of Invoice(s) □Copy (ies) of Packing List(s) □Letter of Subrogation □Power of Attorney □Survey Report

□Other(s)______________________________________

(2)代位求偿书(Letter of Subrogation)

承保货物的保险公司已将赔偿款支付给了投保人(收货人或者托运人),收货人或者托运人将索赔的权利转让给保险公司,在这种情况下,收货人或者托运人应当向保险公司出具代位求偿书。保险公司向承运人提出索赔时,应当提供"代位求偿书"。

例 1:"代位求偿书"(中文版),见表 13-12 所示。

代位求偿书 表13-12

致：________________

（保险公司名称）

保险单号码	航空货运单号码和填开日期	始发地	目的地
投保人		货物品名	
航空器		到达航班/日期	
损失或者损害		索赔金额	

先生们：

鉴于贵公司已向本公司赔偿了上述索赔金额，为此本公司同意向贵公司转让本公司对上述保险单之货物的任何或者全部损失或者损害的全部追赔权，出具制授权贵公司使用本公司名义的一切必要文件。

贵公司需要对上述航空器的经营者或者任何其他人提起损失赔偿诉讼时，本公司承诺提供一切协作，并在贵公司要求时，代替贵公司进行诉讼。对于上述诉讼的一切诉讼费、支出和费用，由贵公司承担。

对于受损货物变卖所得的任何收入，本公司承付给贵公司。

此致！

公司名称：

签字：

例2："代位求偿书"（英文版），见表13-13所示。

LETTER OF SUBROGATION 表13-13

To:________________

(Name of Insurance Company)

Dated:

Policy No.	AWB No. and Date of Issuance	Origin	Destination
Assured		Goods	
Aircraft		Arrival Flight/Date	
Loss or Damage		Claim Amount	

Dear Sirs,

In consideration of your paying us the above amount in settlement of the above claim, we hereby agree that you are subrogated to all our rights of recovery on account of any and all such loss of or damage to the subject matter insured by the above-mentioned policy, and to execute all documents which may be necessary for authorizing you to make use of our name.

We undertake to render you every assistance in any action or actions you may be advised to take against the operator of the above-mentioned aircraft or any other person in respect of this loss and if called upon we will undertake such action or actions on your behalf, you holding us harmless against all costs, expenses and charges of said action or actions.

We also undertake to hand you any salvage which may be recovered on account of said loss.

Yours faithfully,

Company Name:

Signature:

(3)委托书

如果索赔人不是收货人、托运人或者其他获得权利的人,托运人、收货人或者其他获得权利的人应当出具委托书。

例 1:委托书(中文版),见表 13-14 所示。

表 13-14

委　托　书

根据此委托书,我们

____

(公司名称)

委托并指定______________________________

(法律事务所)

____

(地址)

代替本公司就以下货物对被保险人遭受的损害和损失提出、办理索赔和接受赔款,为此,我们授权以上法律事务所并给予完全的权力,办理以下货物的追偿。

航班:____________________到达____________________日期.____________________

(航班号)　　　　(地点)　　　　(到达日期)

货运单号码:______________________________

(货运单号码、分运单号码、始发地、目的地)

对____________________的____________________。

(货物品名)　　　　(遗失、损坏或者延误)

我们特此出具此委托书。

年________月________日

××保险公司

____

(地址)

例 2:委托书(英文版),见表 13-15 所示。

POWER OF ATTORNEY

表 13-15

KNOW ALL MEN BY THESE PRESENTS, That, we,

____

(Company Name)

hereby make, constitute and appoint ____________________

(Law Office)

____

(Address)

for ourselves, giving and granting unto our said attorney full power and authority to file, settle and receive payments for settlement of the claim for damage and loss incurred to the assured, thence to ourselves by subrogation of rights , pertaining to the shipment ex.

Flight: ____________ arrived at ____________ on ____________.

(Flight No.) (Place) (Arrival Date)

under AWB No. ____

(AWB No. , House Air Waybill No. , Origin and Destination)

as to claim for ____________ to ____________.

(Loss, Damage or Delay) (Commodity)

IN WITNESS WHEREOF, the undersigned has caused these presents to be executed this ______ (Date) day of ____________ (Month and Year).

× × Insurance Co. , Ltd.

____

(Address)

(4)货物检验报告

对于凭发票不能确定损失的受损货物,必要时应当凭商品检验机构出具货物检验(调查)报告确定。

(5)发票

发票是证明货物价值的凭证。索赔人正式提出索赔要求时应当提供发票。对于个人物品,不能提供发票的,索赔人也应当提供有关的证据。对于可以修理或者清洗的货物,索赔人应当提供清洗费用的发票。

(6)装箱单

装箱单是证明货物的数量和质量的凭证。索赔人提出索赔要求时应当提供装箱单。对于个人物品,不能提供装箱单的,索赔人也应当提供有关的证据。

(7)保险费单

对于 CFR(Cost & Freight 货价和运费)和 FOB(Free on Board 离岸价格)的货物,为了确定 CIF(Cost, Insurance and Freight 货价,保险和运费)发票金额,索赔人正式提出索赔要求时应当提供保险费单。

(8)航空货运单

航空货运单是承运人与托运人订立运输合同的凭证。索赔人提出索赔要求时应当提供航空货运单(可以是副本)。有关承运人收到索赔人提供的航空货运单副本后应与其保存着的航空货运单正本进行核查。

(9)货物交付收据

"货物交付收据"是确定货物交付日期、有权提取的人提取货物时是否留下备注和是否及时提出异议的证据,索赔人向有关航空公司提出索赔时,应当提供"货物交付收据"。有关承运人收到索赔人的索赔要求后应与其保存着的“货物交付收据”进行核对。

例：提货人提取货物时在货物“货物交付收据”上进行了备注，见表13-16所示。

货物交付单 CARGO DELIVERY ORDER 表13-16

××航空公司 日期 Date：October 27,2004

<table>
<tr><td colspan="2">航空货运单号码
AWB No.</td><td colspan="2">填开日期
Date of Issue</td><td colspan="2">始发地机场
Airport of Departure</td></tr>
<tr><td colspan="2">×××LON×××× ×××××</td><td colspan="2">October 25 2008</td><td colspan="2">Heathrow</td></tr>
<tr><td colspan="2">件数 Number of Pieces
20</td><td colspan="2">毛重 Gross Weight
617 kg</td><td colspan="2">货物品名 Nature of Goods
Computer Parts</td></tr>
<tr><td>到达航班号码
Arrival Flight</td><td>XX/767</td><td colspan="2">到达日期
Arrival Date</td><td colspan="2">October 27 2008</td></tr>
<tr><td colspan="3">收货人名称 Consignee Name</td><td colspan="3">报关行 Customs Broker</td></tr>
<tr><td colspan="3">×× Trading Co., Ltd., Shanghai</td><td colspan="3">×× Clearance Service</td></tr>
<tr><td colspan="6"></td></tr>
<tr><td colspan="6">货物交付收据(代替航空货运单第四联交付收据)
DELIVERY RECEIPT(IN LIEU OF AIR WAYBILL
NO.4 COPY DELIVERY RECEIPT)

以下签字人完好无缺地收到上述货物
The above-mentioned goods were received by the undersigned in good order and condition.

收货人或其代理人签字 提取货物日期
Signature of Consignee Date of Received
or his Agent
李×× October 29 2008

备注 Remarks：
15个硬纸板箱受潮严重，两个木箱包装破损严重、物品散落。</td></tr>
</table>

(10)异议书

异议书是1999年《蒙特利尔公约》第三十一条第二款和航空货运单正本“合同条件”第10条规定的对于货物的毁灭、遗失、损坏或者延误，有权提取货物的人必须在规定的期限内向有关承运人书面提出异议的必不可少的文件。索赔人向有关航空公司提出索赔要求时，应当提供异议书。有关承运人收到索赔人提供的异议书后应与其保存着的异议书进行核查。如果索赔人在索赔函中没提供异议书的，承运人应当查阅所保存的文件核实有权提取货物的人是否及时提出过异议。

(11)托运人或者收货人实际支付运费的证据

由于各航空公司和货运代理人实行市场运价，航空货运单或者分运单所显示的运价，不能证实托运人或者收货人实际所支付运费的金额。对于运费到付的货物，索赔人要求赔偿运费的，而且包括运费在内的索赔金额没有超过承运人的最大赔偿限额的，索赔人应当提供实际支付运费的证据。

(12)其他相关证明或者证据

索赔人还应当提供其他相关证明或者证据。

16. 承运人如何处理索赔人的正式索赔?

(1)承运人收到索赔人的正式索赔函件后,应在索赔函上盖上收到的年月日。为避免重复赔偿,有关站收到索赔函件后应通知本公司有关站(始发地站或者目的地站)和总部办理货物赔偿的部门,告知其已经收到了索赔人的正式索赔要求。如果是承运人与处理赔偿无关的部门收到索赔函件的,该部门应当将该函件转送有关负责处理赔偿的部门办理。然后,按总部管理规定的报告制度和程序进行报告和处理。

(2)承运人负责处理赔偿的部门或者办事处应当对索赔人提供的文件进行检查和核对,根据法律和承运人的规定或者政策答复索赔人。

某航空公司在查阅了上述文件后,因索赔人(律师事务所)在索赔函中没有附异议书,(索赔人在提取货物6个月后提出索赔)并经过细致地检查也未收到有权利提取货物人发来的异议书,因此,该航空公司不接受索赔人的索赔要求。

例1(中文版)参考格式:

贵公司××××年××月××日×××××编号关于××××年××月××日填开的航空货运单号码××××××××的索赔函和所附的文件收到。

经细致地查阅贵公司的索赔文件后,本公司抱歉地通知,贵公司的索赔要求不能被接受,原因如下:

根据航空货运单正本背面“合同条件”规定,有权提取货物的人在发现货物损坏后必须立即至迟自收到货物之日起14日内向承运人提出书面的异议。

本公司没有收到过上述文件,且贵公司的索赔函中未附上上述文件。

贵公司的索赔要求已经超过规定的期限。

例2(英文版)参考格式:

We wish to confirm the receipt of your claim letter dated ________________, Ref. No. ________________ and the documents attached pertaining to the shipment under AWB No. ________________ of ________________.

We have carefully checked your claim documents and we are sorry to inform you that we could not accept your claim for the following reasons:

In accordance with the Condition of Contract on the reverses of the Air Waybill, the person entitled to delivery must make a complaint in writing to the carrier immediately after discovery of the damage and at the latest within fourteen (14) days from the date of the receipt of the goods.

We wish to inform you that neither the above-mentioned document had been given or dispatched to us nor the document attached to your claim letter.

Your claim has exceeded the time limitation to file a claim with us.

(3)对于贸易性质货物的索赔函中缺少发票等重要文件或只提出一个总额未说明索赔金额如何计算的,在考虑接受索赔人的索赔要求前,应当通知索赔人将有关文件寄来。

例1(中文版)参考格式:

贵公司××××年××月××日×××××编号关于××××年××月××日填开的航空货运单号码××××××××的索赔函和所附的文件已收到。但是,本公司在此通知你们,我们现在不能考虑你们的索赔要求，原因如下：

贵公司的来函中没有提供关于证实索赔数额及其来源的证据，如发票、装箱单和任何其他能够证实货物价值的证据。

为了考虑贵公司的索赔要求，请尽快将以上资料和文件给寄到本公司。

例 2(英文版)参考格式：

We wish to acknowledge the receipt of your claim letter dated ________________ and the documents attached in respect of the shipment under AWB No. ________________ dated ________________, and we wish to inform you that your claim could not be considered for the reason mentioned below:

No proof of the amount of claim and how the amount was computed, such commercial invoice, packing list and any other evidence that could prove the value for the goods, were provided in your claim letter.

You are kindly requested to provide the above information and documents as soon possible in order to consider your claim.

同时，承运人应当收集本处、始发地站或者目的地站的有关资料，如航空货运单、异议书、“货物检查报告”、“货物破损报告”、“货物遗失报告”、“航空货物转运舱单”、货物舱单和有关操作记录等。这些资料是决定是否应当赔偿或者确定赔偿金额的重要资料。

承运人应当在收到有权提取货物人的异议书后就将上述文件加以整理并集中，以便于在索赔人正式提出索赔时处理。

(4)承运人对索赔人的索赔负有责任的，负责处理赔偿的部门或者办事处应当复函索赔人；除非案情明晰，在初次的复函中不要许诺具体的赔偿金额或者答复肯定给予赔偿的字句。

注：如果承运人没有责任，也应当答复索赔人。

例 1(中文版)参考格式：

贵公司××××年××月××日×××××编号关于对××××年××月××日填开的航空货运单号码××××××××的索赔函和所附的文件已收到。

在调查清楚和审核后，本公司会立即将决定通知贵公司。

[本公司已将索赔函送往本公司××××××总部进行审核。

在调查清楚和审核后，本公司会立即将决定通知贵公司。]

例 2(英文版)参考格式：

This is to acknowledge the receipt of your claim letter dated ________________, Ref. No. ________________ and the attachments pertaining to the shipment under AWB No. ________________ of ________________.

After the case has been carefully investigated and reviewed, you will be notified of our decision immediately.

[Your claim letter and the documents attached are being sent to our Head Office in ________________ for consideration.

After the case has been carefully investigated and reviewed, you will be notified of our decision immediately.]

(5)不论货物毁灭、遗失、损坏或者延误，赔偿金额评估的依据是承运人的赔偿责任限额规定和索赔人实际遭受损失的证据。赔偿金额不得超过承运人的赔偿责任限额，也不得超过索赔人所提供证据的实际损失金额。对于托运人在交运货物时办理了对承运人声明价值并支付了所需的声明价值费的货物，承运人的赔偿责任应为托运人所声明的价值，除非承运人有证据证明托运人所声明的价值高于货物运抵目的地交付时托运人的实际利益，但也不得超过索赔人实际遭受损失的金额。

例 1：一件 CIF 发票货物，毛重 20 千克，货物的目的地旧金山，在运输中遗失，托运人交运时没有声明价值。

这件货物 CIF 发票价格为 800.00 美元。索赔人要求赔偿 800.00 美元加上货物在始发地报关服务费、仓储费等 200.00 美元，合计 1 000.00 美元。

承运人查阅了索赔人的赔偿函件及其所附的文件和本公司的存查文件后，决定给予赔偿。根据 1999 年《蒙特利尔公约》第二十条二第三款和航空货运单正本“承运人关于赔偿责任限额的通知”每千克 17 特别提款权限额的赔偿规定，毛重 20 千克的最高赔偿金额可以为 340 特别提款权。根据办理赔偿时的比价 1 特别提款权等于 1.5487 美元，340 × 1.5487 = USD 526.60。所以，承运人只同意赔偿索赔人 526.60 美元。

例 2：一件 CIF 发票货物，毛重 50 千克，在运输中遗失，托运人交运时没有声明价值。

这件货物 CIF 发票价格为 700.00 美元。索赔人要求赔偿 700.00 美元加上货物在始发地的报关服务费、仓储费等 200.00 美元，合计 900.00 美元。

承运人查阅了索赔人的赔偿函件和所附的文件和本公司的存查文件后，决定给予赔偿。根据 1999 年《蒙特利尔公约》第二十二条第三款和航空货运单正本“承运人关于赔偿责任限额的通知”每千克 17 特别提款权限额的赔偿规定，毛重 50 千克的最高赔偿金额可以为 850 特别提款权。根据办理赔偿时的比价 1 特别提款权等于 1.5487 美元，850 × 1.5487 = USD1 316.40。所以，承运人同意赔偿 900.00 美元。

例 3：一件 CIF 发票自上海至旧金山货物，毛重 10 千克，在运输中遗失了，托运人交运时声明价值 204 000.00 人民币，并支付了所需的声明价值费。

这件货物 CIF 发票价格为30 000.00美元（按照当时的比价，等值为 204 000.00 人民币）。索赔人要求赔偿30 000.00美元加上货物在始发地的关税、报关服务费、仓储费、声明价值费等 1 800.00 美元，合计 31 800.00 美元。

承运人查阅了索赔人的赔偿函件及其所附的文件和本公司的存查文件后，决定给予赔偿。根据 1999 年《蒙特利尔公约》第二十二条第三款和航空货运单正本“承运人关于赔偿责任限额的通知”规定，对于托运人在交运货物时办理了声明价值并支付了必要的声明价值费的货物，承运人的赔偿责任限额为托运人所声明的价值，除非承运人有证据证明托运人的声明价值高于货物在目的地交付时托运人的实际利益。

要确定货物在目的地交付时托运人的实际利益是比较难的。实际利益包括货物的价值、运费、货物的利润或者增值，以及其他与运输有关的直接费用。简单的计算方法可以按照 CIF 发票上的数额进行确定。这票货物的声明价值为人民币 204 000.00 元，CIF 发票的价值为 30 000.00美元（按照当时的比价，等值为人民币 204 000.00 元）。托运人要求赔偿 31 800.00 美元（按照当时的比价为人民币 216 240.00 元），超过了托运人所声明的价值，因此，承运人只能提供人民币 204 000.00 元的赔偿。

假如这票货物的声明价值为30 000.00美元而 CIF 发票价值只有 27 000.00 美元的情况下，确定托运人的实际利益时，货物本身的价值、托运人的利润或者货物的增值（可以按照发票价值与货物应当运抵目的地交付时的市场价值确定货物的利润或者增值），以及其他与运输有关的费用都可以考虑在内，但是，不得高于托运人所声明的价值。那么承运人应当赔偿30 000美元还是27 000美元？如果承运人认为发票的价值27 000.00美元加上货物的增值和利润和与运输有关的其他费用合计30 000.00美元是合理的，承运人应当赔偿30 000.00美元，否则就只能赔偿较低的金额。

例4：一箱仪器毛重15千克在运输中受损，收货人要求赔偿修理费用等530美元。经查阅索赔人的索赔文件，其中500美元是修理费（附有发票），30美元是送货修理的运输费等费用（未附发票）。根据1999年《蒙特利尔公约》第二十二条第三款和航空货运单正本"承运人关于赔偿责任限额的通知"的规定，15千克的最高赔偿限额为255特别提款权，按照办理赔款时的比价折合为399.30美元。承运人不接受索赔人530美元的索赔要求，只同意赔给399.30美元。

例5：某承运人承运了一票CFR贸易条款货物，毛衣75箱，合计毛重733千克，装入毛衣1,805件。收货人提取货物时在"货物交付收据"的备注栏内写明了75箱中的9箱（合计毛重87.96千克）受潮，两日后向承运人发出了9箱毛衣受潮保留索赔权的异议书。这票货物CIF发票价值为17 792.50美元。收货人提取货物后经过商品检验机构检查，发现45箱1 080件毛衣受潮，每件受潮的毛衣折价4美元销售（含处理费），获得收入4 320.00美元。保险公司向收货人赔偿了6 325.93美元，因而收货人向保险公司出具了代位求偿书，然后，保险公司出具委托书委托律师事务所6个月后向承运人提出了6 325.93美元的索赔金额。

6 325.93美元是这样算出来的：

CIF价值：CFR：USD17 701.09

保险费：　　　　　91.41

CIF：　　　　USD17 792.50

受损：45箱1 080件

索赔金额：$17\ 792.50 \times \frac{1\ 080}{1\ 805}$件 = USD10 645.93

减去受潮毛衣的打折售出的收入　　　4 320.00

USD6 325.93

该承运人不同意律师事务所提出的6 325.93美元的索赔要求，理由是：

(1)6 325.93美元的索赔要求是保险公司应当赔偿的金额，不是航空承运人应当赔偿的金额；

(2)收货人提取货物时在"货物交付收据"上备注了9箱受潮，两日后向承运人发出的异议书也只对9箱受潮的毛衣提出了异议；

(3) 收货人提取货物时，连续两天阴雨天气，另外36箱毛衣的受潮可能是在收货人提取后受潮的；

(4)货物的外包装是硬纸板箱，每件毛衣均被装入一个塑料袋内，再用一个大塑料袋将所有装入毛衣的塑料袋包住。该种包装方法即便外包装受了潮，对毛衣的受潮影响甚微；

(5)索赔人一直没有答复9箱受潮的毛衣中真正受潮打折出售的件数；

(6)9箱受潮的毛衣每箱装入毛衣24件，合计216件，CIF发票价值每一件9.86美元，假设216件毛衣都受了潮打折出售，损失金额只为(216件×9.86美元/件)－(216件×4美元)＝1 265.76美元，况且这216件毛衣不可能全部受潮都打折出售。

因此，承运人在答复索赔人的函中只同意赔偿650.00美元。但是，索赔人不接受此赔偿金额。为此,承运人与索赔人之间进行了多封来往函件的协商,最后承运人以 800.00 美元赔偿给了索赔人。

17. 索赔人接受赔款是否需要出具收据?

承运人以现款(包括支票)赔偿给索赔人的,应当准备好“赔款签收免除责任单”并在将赔款付给索赔人之前,请索赔人在“赔款签收免除责任单”上签收。通过银行向索赔人支付赔款的,承运人应当准备好“赔款签收免除责任单”并在将赔款通过银行支付给索赔人之前,请索赔人在“赔款签收免除责任单”上签名。

“赔款签收免除责任单”是索赔人接受承运人赔款的签收凭证,同时也是索赔人免除承运人的责任的承诺书。

例 1:“赔款签收免除责任单”(中文参考版),见表 13-17 所示。

赔款签收免除责任单 表 13-17

兹收到__________________,金额__________(等于__________特别提款权)。

鉴于收到以上金额,关于以下货物我们解除对____________________,以及其联程承运人、代理人、职员、受雇人和其他有关者现在的、以后的或者将来的一切赔偿责任、要求、法律诉讼或者起诉。

航空货运单号码__________填开日期_____年_____月_____日,于________。

索赔人:

____

(签名)

____

(名称和地址)(需写明)

____

日期:_____年_____月_____日 于_____。

证明人

____

(签名)

____

(名称和地址)(需写明)

____

日期:_____年_____月_____日

于________。

例 2："赔款签收免除责任单"（英文参考版），见表 13-18 所示。

表 13-18

RELEASE FORM

RECEIVE of ______________________, the sum of ______________________(which is equivalent to SDR ______________________).

In consideration of the receipt of the above named amount, we hereby release and discharge ______________________, its connecting carriers, agents, officers, servants and others in interest, of and from any and all claims, demands, actions or suits at law which we now have or may hereafter or in future have on account of or in connection with the shipment under Air Waybill No. ______________________ issued on ______________________ at ______________________.

(Month) (Day) (Year)　　　　(Place)

Dated at ________________ this ________________ day of ________________

(Place)　　　　(Month)

20 ____________.

Claimant:

____

(Signature)

____

(Name & Address) (Please print)

____

Witnessed by:

____

(Signature)

____

(Name & Address) (Please print)

____

Date: ______________________

第十四章　托运人、收货人和货主的责任

1. 由于承运人收运了货物，在运输期间发生的一切事件，都是承运人的责任，与托运人、收货人和货主无任何关系，这种说法是否正确？

这种说法是不正确的。

我国《民法通则》第一百零六条规定：

公民、法人违反合同或者不履行其他义务的，应当承担民事责任。

公民、法人由于过错侵害国家的、集体的财产，侵害他人财产、人身的，应当承担民事责任。

没有过错，但法律规定应当承担民事责任的，应当承担民事责任

根据国际航协《货物运输条件》第 11 条第 11.9 款规定：托运人、货主和收货人的所有物或者货物造成其他货物或者承运人的财产的损坏或者毁灭的，应当赔偿承运人因此而遭受的全部损失和支出的费用。因货物的固有缺陷、质量或者瑕疵或者包装不良，可能对飞机、人员或者财产构成危害时，承运人可以不经事先通知托运人随时毁弃或者销毁货物，不承担任何责任该条款已被承运人采纳并编入到自己的《货物运输条件》中。

托运人、货主和收货人的所有物或者货物造成其他货物或者承运人的财产损坏或者毁灭的，托运人、货主和收货人应当赔偿承运人的损失不适用于《华沙公约》、《海牙议定书》或者 1999 年《蒙特利尔公约》，而适用于当地的法律法规。

2. 一条狼狗在拖往停机坪装机时逃逸，机场安全部门为了人员和飞机的安全，对狼狗进行了枪杀，托运人要求承运人承担赔偿责任，承运人是否应当承担责任？如果狼狗咬伤人，怎么办？如果逃逸的狼狗被发动机气流吸入发动机舱内，应如何处理？

托运人对于运输活体动物的容器（包装）的设计和制作必须具备防止活体动物逃逸的功能，对于凶猛的动物尤其重要。

由于活体动物容器（包装）的缺陷造成的活体动物的逃逸，承运人和机场安全部门为安全起见，采取捕杀的措施给托运人造成的损失，根据 1999 年《蒙特利尔公约》第十八条第二款第（一）项和第（二）项和国际航协《货物运输条件》第 11 条第 11.3 款和 11.9 款规定，承运人不承担任何责任；因捕杀逃逸的活体动物而产生的费用及给承运人造成的损失，托运人应当给予支付。该条款已被承运人采纳并编入到自己的《货物运输条件》中。但是，如果承运人在操作上存在着过失或者有意的行为，造成活体动物的逃逸的，承运人应当承担责任。

如果发生逃逸的活体动物咬伤人事故，在一般情况下，受害人应向承运人提出索赔。如果活体动物的逃逸是由于托运人对运输活体动物的容器（包装）的设计和制作的不良造成的，承运人可以向托运人追偿。必要时，承运人可提起诉讼，通过法院的判决解决。

如果逃逸的活体动物在停机坪上被飞机发动机发动时的气流吸入了发动机舱而损坏了发动机，旅客不能按时出发，承运人需支付旅客旅馆膳宿费用，另派一飞机代替发动机损坏的飞机飞行，至于被损坏的发动机的修理费等费用，问题就很复杂了。

3. 某托运人交承运人一条较凶猛的狗,交运时狗身体状况良好,但在目的地交付时头破血流,收货人要求承运人赔偿,承运人是否应当赔偿?

经检查托运人制作的容器,发现容器的木条被钉子钉穿,钉子的尖头露出在容器的内侧,此外捆绑容器的铁丝尖头也露出在容器的内侧;这些钉子和铁丝的尖头上粘有许多血迹;说明这条狗的头破血流是由于狗自己的撞击造成的。根据1999年《蒙特利尔公约》第十八条第二款第(一)项和第(二)项和国际航协《货物运输条件》第11条第11.3款规定,承运人不承担任何责任。该条款已被承运人采纳并输入到自己的《货物运输条件》中。

4. 活体动物容器内的粪便严重泄漏,污染了行李和邮包,应如何处理?

承运人必须清理被污染的行李和邮包。关于行李,对于国际运输而言承运人应当根据1999年《蒙特利尔公约》第二十二条第二款的规定,向旅客提供适合的赔偿金,然后可以向发生货物泄漏的托运人追偿。邮局向收件人提供赔偿后,可以向承运人追偿,承运人可以向托运人追偿。

5. 某收货人收到自某地运来的金鱼时,水已漏光,金鱼死亡,收货人要求赔偿,承运人是否应当赔偿?

首先承运人应当检查其整个操作过程,如果不存在任何过失或者有意的行为的,承运人应当拒绝收货人的索赔要求。

如果水的泄漏和金鱼的死亡是由于托运人对货物包装的缺陷造成的,根据1999年《蒙特利尔公约》第十八条第二款第(一)项和第(二)项和国际航协《货物运输条件》11第11条第11.3款规定,承运人不承担任何责任。该条款已被承运人采纳并输入到自己的《货物运输条件》中。

6. 在运输中,活体动物的粪便和水生活体动物的水时常发生泄漏,导致设备受损,需花费几十万美元的修理费无法追偿;给其他货物、行李或邮包造成的损坏,承运人赔偿索赔人后,难于或者不可能向托运人、收货人和货主追偿,承运人应当采取哪些措施?

承运人应当采取的措施建议如下:

(1)加强对本公司的货运人员和代理人的培训,严格收运活体动物货物的程序,制定活体动物的内外包装标准。使用检查单对活体动物货物进行全面的检查,不接包装不符合要求的货物;

(2)对于水生活体动物货物,应打开包装,检查内外包装的情况必要时,可以采用跌落的方法试验内包装的强度;

(3)承运人本公司各站发现活体动物或者其他湿货泄漏时,应当拒绝装机。在机上发生泄漏的,应当将货物卸下,并通知机务部门对飞机货舱进行必要的清理;

(4)承运人本公司各站发生活体动物或者其他湿货水泄漏时,应当及时报告总部货运部,总部货运部及时向各有关站和代理人发出通知,要求加强对活体动物和其他湿货收运和管理。

附录一：1999年5月28日蒙特利尔《统一国际航空某些规则的公约》《蒙特利尔公约》(中文版)

统一国际航空运输某些规则的公约

本公约的当事国：

认识到1929年10月12日在华沙签订的《统一国际航空运输某些规则的公约》(以下简称“华沙公约”)，和其他有关文件在统一国际航空私法方面作出的重要贡献；

认识到使华沙公约和相关文件现代化和一体化的必要性；

认识到确保国际航空运输消费者的利益的重要性，以及在恢复性赔偿原则的基础上提供公平赔偿的必要性；

重申按照1944年12月7日订于芝加哥的《国际民用航空公约》的原则和宗旨对国际航空运输运营的有序发展以及旅客、行李和货物通畅流动的愿望；

确信国家间采取集体行动，通过制定一项新公约来增进对国际航空运输某些规则的一致化和法典化是获得公平的利益平衡的最适当方法；

达成协议如下：

第一章
总　　则

第一条　适用范围

1. 本公约适用于所有以航空器运送人员、行李或者货物而收取报酬的国际运输。本公约同样适用于航空运输企业以航空器履行的免费运输。

2. 就本公约而言，“国际运输”系指根据当事人的约定，不论在运输中有无间断或者转运，其出发地点和目的地点是在两个当事国的领土内，或者在一个当事国的领土内，而在另一国的领土内有一个约定的经停地点的任何运输，即使该国为非当事国。就本公约而言，在一个当事国的领土内两个地点之间的运输，而在另一国的领土内没有约定的经停地点的，不是国际运输。

3. 运输合同各方认为几个连续的承运人履行的运输是一项单一的业务活动的，无论其形式是以一个合同订立或者一系列合同订立，就本公约而言，应当视为一项不可分割的运输，并不仅因其中一个合同或者一系列合同完全在同一国领土内履行而丧失其国际性质。

4. 本公约同样适用于第五章规定的运输，除非该章另有规定。

第二条　国家履行的运输和邮件运输

1. 本公约适用于国家或者依法成立的公共机构在符合第一条规定的条件下履行的运输。

2. 在邮件运输中，承运人仅根据适用于承运人和邮政当局之间关系的规则，对有关的邮政当局承担责任。

3. 除本条第2款规定外，本公约的规定不适用于邮件运输。

第二章
旅客、行李和货物运输的有关凭证和当事人的义务

第三条　旅客和行李

1. 就旅客运输而言，应当出具个人的或者集体的运输凭证，该凭证应当载明：

(a)对出发地点和目的地点的标示；

(b)出发地点和目的地点是在一个当事国的领土内，而在另一国的领土内有一个或者几个约定的经停地点的，至少对其中一个此种经停地点的标示。

2. 任何保存第一款内容的其他方法都可以用来代替出具该款中所指的运输凭证。采取此种其他方法的，承运人应当提出向旅客出具一份以此种方法保存的内容的书面陈述。

3. 承运人应当就每一件托运行李向旅客出具行李识别标签。

4. 旅客应当得到书面提示，说明在适用本公约的情况下，本公约调整并可能限制承运人对死亡或者伤害，行李毁灭、遗失或者损坏，以及延误所承担的责任。

5. 未遵守前几款的规定，不影响运输合同的存在或者有效，该运输合同仍应当受本公约规则的约束，包括有关责任限制规则的约束。

第四条　货　　物

1. 就货物运输而言，应当出具航空货运单。

2. 任何保存将要履行的运输的记录的其他方法都可以用来代替出具航空货运单。采用此种其他方法的，承运人应当应托运人的要求，向托运人出具货物收据，以便识别货物并能获得此种其他方法所保存记录中的内容。

第五条　航空货运单或者货物收据的内容

航空货运单或者货物收据应当包括：

(a)对出发地点和目的地点的标示；

(b)出发地点和目的地点是在一个当事国的领土内，而在另一国的领土内有一个或者几个约定的经停地点的，至少对其中一个此种经停地点的标示；以及

(c)对货物质量的标示。

第六条　关于货物性质的凭证

在需要履行海关、警察和类似公共当局的手续时，托运人可以被要求出具标明货物性质的凭证。此项规定对承运人不造成任何职责、义务或由此产生的责任。

第七条　航空货运单的说明

1. 托运人应当填写航空货运单正本一式三份。

2. 第一份应当注明"交承运人"，由托运人签字。第二份应当注明"交收货人"，由托运人和承运人签字。第三份由承运人签字，承运人在接受货物后应当将其交给托运人。

3. 承运人和托运人的签字可以印就或者用戳记。

4. 承运人根据托运人的请求填写航空货运单的，在没有相反证明的情况下，应当视为代托运人填写。

第八条　多包件货物的凭证

在货物不止一个包件时：

(a)货物承运人有权要求托运人分别填写航空货运单；

(b)采用第四条第二款所指其他方法的，托运人有权要求承运人分别出具货物收据。

第九条　未遵守凭证的规定

未遵守第四条至第八条的规定，不影响运输合同的存在或者有效，该运输合同仍应当受本公约规则的约束，包括有关责任限制规则的约束。

第十条　对凭证说明的责任

1.对托运人或者以其名义在航空货运单上载入的关于货物的各项说明和陈述的正确性，或者对托运人或者以其名义提供给承运人载入货物收据或者载入第四条第二款所指其他方法所保存记录的关于货物的各项说明和陈述的正确性，托运人应当负责。以托运人名义行事的人同时也是承运人的代理人的，同样适用上述规定。

2.对因托运人或者以其名义所提供的各项说明和陈述不符合规定、不正确或者不完全，给承运人或者承运人对之负责的任何其他人造成的一切损失，托运人应当对承运人承担赔偿责任。

3.除本条第一款和第二款规定的外，对因承运人或者以其名义在货物收据或者在第四条第二款所指其他方法所保存的记录上载入的各项说明和陈述不符合规定、不正确或者不完全，给托运人或者托运人对之负责的任何其他人造成的一切损失，承运人应当对托运人承担赔偿责任。

第十一条　凭证的证据价值

1.航空货运单或者货物收据是订立合同、接受货物和所列运输条件的初步证据。

2.航空货运单上或者货物收据上关于货物的重量、尺寸和包装以及包件件数的任何陈述是所述事实的初步证据；除经过承运人在托运人在场时查对并在航空货运单上或者货物收据上注明经过如此查对或者其为关于货物外表状况的陈述外，航空货运单上或者货物收据上关于货物的数量、体积和状况的陈述不能构成不利于承运人的证据。

第十二条　处置货物的权利

1.托运人在负责履行运输合同规定的全部义务的条件下，有权对货物进行处置，即可以在出发地机场或者目的地机场将货物提回，或者在途中经停时中止运输，或者要求在目的地点或者途中将货物交给非原指定的收货人，或者要求将货物运回出发地机场。托运人不得因行使此种处置权而使承运人或者其他托运人遭受损失，并必须偿付因行使此种权利而产生的费用。

2.托运人的指示不可能执行的，承运人必须立即通知托运人。

3.承运人按照托运人的指示处置货物，没有要求出示托运人所收执的那份航空货运单或者货物收据，给该份航空货运单或者货物收据的合法持有人造成损失的，承运人应当承担责任，但是不妨碍承运人对托运人的追偿权。

4.收货人的权利依照第十三条规定开始时，托运人的权利即告终止。但是，收货人拒绝接受货物，或者无法同收货人联系的，托运人恢复其处置权。

第十三条　货物的交付

1.除托运人已经根据第十二条行使其权利外，收货人于货物到达目的地点，并在缴付应付款项和履行运输条件后，有权要求承运人向其交付货物。

2.除另有约定外，承运人应当负责在货物到达后立即通知收货人。

3. 承运人承认货物已经遗失，或者货物在应当到达之日起七日后仍未到达的，收货人有权向承运人行使运输合同所赋予的权利。

第十四条　托运人和收货人权利的行使

托运人和收货人在履行运输合同规定的义务的条件下，无论为本人或者他人的利益，可以分别以本人的名义行使第十二条和第十三条赋予的所有权利。

第十五条　托运人和收货人的关系或者第三人之间的相互关系

1. 第十二条、第十三第和第十四第不影响托运人同收货人之间的相互关系，也不影响从托运人或者收货人获得权利的第三人之间的相互关系。

2. 第十二条、第十三条和第十四条的规定，只能通过航空货运单和或者货物收据上的明文规定予以变更。

第十六条　海关、警察或者其他公共当局的手续

1. 托运人必须提供必需的资料和文件，以便在货物可交付收货人前完成海关、警察或者任何其他公共当局的手续。因没有此种资料、文件，或者此种资料、文件不充足或者不符合规定而引起的损失，除由于承运人、其受雇人或者代理人的过错造成的外，托运人应当对承运人承担责任。

2. 承运人没有对此种资料或者文件的正确性或者充足性进行查验的义务。

第三章
承运人的责任和损害赔偿范围

第十七条　旅客死亡和伤害——行李损失

1. 对于因旅客死亡或者身体伤害而产生的损失，只要造成死亡或者伤害的事故是在航空器上或者在上、下航空器的任何操作过程中发生的，承运人就应当承担责任。

2. 对于因托运行李毁灭、遗失或者损坏而产生的损失，只要造成毁灭、遗失或者损坏的事件是在航空器上或者在托运行李处于承运人掌管之下的任何期间内发生的，承运人就应当承担责任。但是，行李损失是由于行李的固有缺陷、质量或者瑕疵造成的，在此范围内承运人不承担责任。关于非托运行李，包括个人物件，承运人对因其过错或者其受雇人或者代理人的过错造成的损失承担责任。

3. 承运人承认托运行李已经遗失，或者托运行李在应当到达之日起二十一日后仍未到达的，旅客有权向承运人行使运输合同所赋予的权利。

4. 除另有规定外，本公约“行李”一词系指托运行李和非托运行李。

第十八条　货 物 损 失

1. 对于因货物毁灭、遗失或者损坏而产生的损失，只要造成损失的事件是在航空运输期间发生的，承运人就应当承担责任。

2. 但是，承运人证明货物的毁灭、遗失或者损坏是由于下列一个或者几个原因造成的，在此范围内承运人不承担责任：

(a)货物的固有缺陷、质量或者瑕疵；

(b)承运人或者其受雇人、代理人以外的人包装货物的，货物包装不良；

(c)战争行为或者武装冲突；

(d)公共当局实施的与货物入境、出境或者过境有关的行为。

3. 本条第一款所称的航空运输期间,系指货物处于承运人掌管之下的期间。

4. 航空运输期间,不包括机场外履行的任何陆路、海上或者内水运输过程。但是,此种运输是在履行航空运输合同时为了装载、交付或者转运而办理的,在没有相反证明的情况下,所发生的任何损失推定为在航空运输期间发生的事件造成的损失。承运人未经托运人同意,以其他运输方式代替当事人各方在合同中约定采用航空运输方式的全部或者部分运输的,此项以其他方式履行的运输视为在航空运输期间。

第十九条　延　　误

旅客、行李或者货物在航空运输中因延误引起的损失,承运人应当承担责任。但是,承运人证明本人及其受雇人和代理人为了避免损失的发生,已经采取一切可合理要求的措施或者不可能采取此种措施的,承运人不对因延误引起的损失承担责任。

第二十条　免　　责

经承运人证明,损失是由索赔人或者索赔人从其取得权利的人的过失或者其他不当作为、不作为造成或者促成的,应当根据造成或者促成此种损失的过失或者其他不当作为、不作为的程度,相应全部或者部分免除承运人对索赔人的责任。旅客以外的其他人就旅客死亡或者伤害提出赔偿请求的,经承运人证明,损失是旅客本人的过失或者其他不当作为、不作为造成或者促成的,同样应当根据造成或者促成此种损失的过失或者其他不当作为、不作为的程度,相应全部或者部分免除承运人的责任。本条适用于本公约中的所有责任条款,包括第二十一条第1款。

第二十一条　旅客死亡或者伤害的赔偿

1. 对于根据第十七条第一款所产生的每名旅客不超过100 000特别提款权的损害赔偿,承运人不得免除或者限制其责任。

2. 对于根据第十七条第一款所产生的损害赔偿每名旅客超过100 000特别提款权的部分,承运人证明有下列情形的,不应当承担责任:

(a)损失不是由于承运人或者其受雇人、代理人的过失或者其他不当作为、不作为造成的;或者

(b)损失完全是由第三人的过失或者其他不当作为、不作为造成的。

第二十二条　延误、行李和货物的责任限额

1. 在人员运输中因第十九条所指延误造成损失的,承运人对每名旅客的责任以4 150特别提款权为限。

2. 在行李运输中造成毁灭、遗失、损坏或者延误的,承运人的责任以每名旅客1 000特别提款权为限,除非旅客在向承运人交运托运行李时,特别声明在目的地点交付时的利益,并在必要时支付附加费。在此种情况下,除承运人证明旅客声明的金额高于在目的地点交付时旅客的实际利益外,承运人在声明金额范围内承担责任。

3. 在货物运输中造成毁灭、遗失、损坏或者延误的,承运人的责任以每千克17特别提款权为限,除非托运人在向承运人交运包件时,特别声明在目的地点交付时的利益,并在必要时支付附加费。在此种情况下,除承运人证明托运人声明的金额高于在目的地点交付时托运人的实际利益外,承运人在声明金额范围内承担责任。

4. 货物的一部分或者货物中的任何物件毁灭、遗失、损坏或者延误的,用以确定承运人赔

偿责任限额的重量,仅为该包件或者该数包件的总质量。但是,因货物一部分或者货物中的某一物件的毁灭、遗失、损坏或者延误,影响同一份航空货运单、货物收据或者在未出具此两种凭证时按第四条第 2 款所指其他方法保存的记录所列的其他包件的价值的,确定承运人的赔偿责任限额时,该包件或者数包件的总质量也应当考虑在内。

5. 经证明,损失是由于承运人、其受雇人或者代理人的故意或者明知可能造成损失而轻率地作为或者不作为造成的,不适用本条第 1 款和第 2 款的规定;对于受雇人、代理人的此种作为或者不作为,还应当证明该受雇人、代理人是在受雇、代理范围内行事。

6. 第二十一条和本条规定的限额不妨碍法院按照其法律另外加判全部或者一部分法院费用及原告所产生的其他诉讼费,包括利息。判给的赔偿金额、不含法院费用及其他诉讼费用,不超过承运人在造成损失的事情发生后 6 个月内或者已过六个月而在起诉以前已书面向原告提出的金额的,不适用上述规定。

第二十三条　货币单位的换算

1. 本公约中以特别提款权表示的各项金额,系指国际货币基金组织确定的特别提款权。在进行司法程序时,各项金额与各国家货币的换算,应当按照判决当日用特别提款权表示的该项货币的价值计算。当事国是国际货币基金组织成员的,用特别提款权表示的其国家货币的价值,应当按照判决当日有效的国际货币基金组织在其业务和交易中采用的计价方法进行计算。当事国不是国际货币基金组织成员的,用特别提款权表示的其国际货币的价值,应当按照该国所确定的办法计算。

2. 但是,非国际货币基金组织成员并且其法律不允许适用本条第一款规定的国家,可以在批准、加入或者其后的任何时候声明,在其领土内进行司法程序时,就第二十一条而言,承运人对每名旅客的责任以 1 500 000 货币单位为限;就第二十二条第 1 款而言,承运人对每名旅客的责任以 62 500 货币单位为限;就第二十二条第 2 款而言,承运人对每名旅客的责任以15 000 货币单位为限;就第二十二条第 3 款而言,承运人的责任以每千克 250 货币单位为限。此种货币单位相当于含有千分之九百纯度的六十五点五毫克的黄金。各项金额可换算为有关国家货币,取其整数。各项金额与国家货币的换算,应当按照该有关国家的法律进行。

3. 本条第一款最后一句所称的计算,以及本条第二款所称的换算方法,应当使以当事国货币计算的第二十一条和第二十二条的数额的价值与根据本条第 1 款前三句计算的真实价值尽可能相同。当事国在交存对本公约的批准书、接受书、核准书或者加入书时,应当将根据本条第 1 款进行的计算方法或者根据本条第 3 款所得的换算结果通知保存人,该计算方法或者换算结果发生变化时亦同。

第二十四条　限额的复审

1. 在不妨碍本公约第二十五条规定的条件下,并依据本条第二款的规定,保存人应当对第二十一条、第二十二条和第二十三条规定的责任限额每隔 5 年进行一次复审,第一次复审应当在本公约生效之日起第 5 年的年终进行,本公约在其开放签署之日起五年内未生效的,第一次复审应当在本公约生效的第 1 年内进行,复审时应当参考与上一次修订以来或者就第一次而言本公约生效之日以来累积的通货膨胀率相应的通货膨胀因素。用以确定通货膨胀因素的通货膨胀率,应当是构成第二十三条第一款所指特别提款权的货币的发行国消费品价格指数年涨跌比率的加权平均数。

2. 前款所指的复审结果表明通货物膨胀因素已经超过百分之十的,保存人应当将责任限额的修订通知当事国。该项修订应当在通知当事国6个月后生效。在将该项修订通知当事国后的3个月内，多数当事国登记其反对意见的，修订不得生效，保存人应当将此事提交当事国会议。保存人应当将修订的生效立即通知所有当事国。

3. 尽管有本条第一款的规定，三分之一的当事国表示希望进行本条第2款所指的程序，并且第1款所指通货膨胀因素自上一次修订之日起，或者在未曾修订过的情形下自本公约生效之日起，已经超过30%的，应当在任何时候进行该程序。其后的依据本条第一款规定程序的复审每隔5年进行一次，自依照本款进行的复审之日起第5年的年终开始。

第二十五条　关于限额的订定

承运人可以订定，运输合同适用高于本公约规定的责任限额，或者无责任限额。

第二十六条　合同条款的无效

任何旨在免除本公约规定的承运人责任或者降低本公约规定的责任限额的条款，均属无效，但是，此种条款的无效，不影响整个合同的效力，该合同仍然受本公约规定的约束。

第二十七条　合 同 自 由

本公约不妨碍承运人拒绝订立任何运输合同、放弃根据本公约能够获得的任何抗辩理由或者制定同本公约规定不相抵触的条件。

第二十八条　先 行 付 款

因航空器事故造成旅客死亡或者伤害的，承运人应当在其国内法有如此要求的情况下，向有权索赔的自然人不延迟地先行付款，以应其迫切经济需要。此种先行付款不构成对责任的承认，并可从承运人随后作为损害赔偿金支付的任何数额中抵销。

第二十九条　索赔的根据

在旅客、行李和货物运输中，有关损害赔偿的诉讼，不论其根据如何，是根据本公约、根据合同、根据侵权、还是根据其他任何理由，只能依照本公约规定的条件和责任限额提起，但是不妨碍确定谁有权提起诉讼以及他们各自的权利。在任何此类诉讼中，均不得判给惩罚性、惩戒性或者任何其他非补偿性的损害赔偿。

第三十条　受雇人、代理人——索赔的总额

1. 就本公约所指损失向承运人的受雇人、代理人提起诉讼时，该受雇人、代理人证明其在受雇、代理范围内行事的，有权援用本公约中承运人有权援用的条件和责任限额。

2. 在此种情况下，承运人及其受雇人和代理人的赔偿总额不得超过上述责任限额。

3. 经证明，损失是由于受雇人、代理人的故意或者明知可能造成损失而轻率地作为或者不作为造成的，不适用本条第1款和第2款的规定，但货物运输除外。

第三十一条　异议的及时提出

1. 有权提取托运行李或者货物的人收受托运行李或者货物而未提出异议，为托运行李或者货物已经在良好状况下并在与运输凭证或者第三条第2款和第4条第2款所指其他方法保存的记录相符的情况下交付的初步证据。

2. 发生损失(应为:损坏)的，有权提取托运行李或者货物的人必须在发现损失(应为:损坏)后立即向承运人提出异议，并且，托运行李发生损失(应为:损坏)的，至迟自收到托运行李之日起七日内提出，货物发生损失(应为:损坏)的，至迟自收到货物之日起十四日内提出。发生延误的，必须至迟自行李或者货物交付收件人处置之日起二十一日内提出异议。

3. 任何异议均必须在前款规定的期间内以书面形式提出或者发出。

4. 除承运人一方有欺诈外，在前款规定的期间内未提出异议的，不得向承运人提起诉讼。

第三十二条　责任人的死亡

责任人死亡的，损害赔偿诉讼可以根据本公约的规定，对其遗产的合法管理人提起。

第三十三条　管　辖　权

1. 损害赔偿诉讼必须在一个当事国的领土内，由原告选择，向承运人住所地、主要营业地或者订立合同的营业地的法院，或者向目的地点的法院提起。

2. 对于因旅客死亡或者伤害而产生的损失，诉讼可以向本条第 1 款所述的法院之一提起，或者在这样一个当事国领土内提起，即在发生事故时旅客的主要且永久居所在该国领土内，并且承运人使用自己的航空器或者根据商务协议使用另一承运人的航空器经营到达该国领土或者从该国领土始发的旅客航空运输业务，并且在该国领土内该承运人通过其本人或者与其有商务协议的另一承运人租赁或者所有的处所从事其旅客航空运输经营。

3. 就第二款而言，

(a)“商务协议”系指承运人之间就其提供联营旅客航空运输业务而订立的协议，但代理协议除外；

(b)“主要且永久居所”系指事故发生时旅客的那一个固定和永久的居住地。在此方面，旅客的国籍不得作为决定性的因素。

4. 诉讼程序适用案件受理法院的法律。

第三十四条　仲　　裁

1. 在符合本条规定的条件下，货物运输合同的当事人可以约定，有关本公约中的承运人责任发生的任何争议应当通过仲裁解决。此协议应当以书面形式订立。

2. 仲裁程序应当按照索赔人的选择，在第三十三条所指的其中一个管辖区内进行。

3. 仲裁员或者仲裁庭应当适用本公约的规定。

4. 本条第 2 款和第 3 款的规定应当视为每一仲裁条款或者仲裁协议的一部分，此种条款或者协议中与上述规定不一致的任何条款均属无效。

第三十五条　诉 讼 时 效

1. 自航空器到达目的地点之日、应当到达目的地点之日或者运输终止之日起两年期间内未提起诉讼的，丧失对损害赔偿的权利。

2. 上述期间的计算方法，依照案件受理法院的法律确定。

第三十六条　连 续 运 输

1. 由几个连续承运人履行的并属于第一条第三款规定的运输，接受旅客、行李或者货物的每一个承运人应当受本公约规则的约束，并就在运输合同中其监管履行的运输区段的范围内，作为运输合同的订约一方。

2. 对于此种性质的运输，除明文约定第一承运人对全程运输承担责任外，旅客或者任何行使其索赔权利的人，只能对发生事故或者延误时履行该运输的承运人提起诉讼。

3. 关于行李或者货物，旅客或者托运人有权对第一承运人提起诉讼，有权接受交付的旅客或者收货人有权对最后承运人提起诉讼，旅客、托运人和收货人均可以对发生毁灭、遗失、损坏或者延误的运输区段的承运人提起诉讼。上述承运人应当对旅客、托运人或者收货人承担连带责任。

第三十七条　对第三人的追偿权

本公约不影响依照本公约规定对损失承担责任的人是否有权向他人追偿的问题。

第四章
联 合 运 输

第三十八条　联 合 运 输

1. 部分采用航空运输,部分采用其他运输方式履行的联合运输,本公约的规定应当只适用于符合第一条规定的航空运输部分,但是第十八条第 4 款另有规定的除外。

2. 在航空运输部分遵守本公约规定的条件下,本公约不妨碍联合运输的各方当事人在航空运输凭证上列入有关其他运输方式的条件。

第五章
非缔约承运人履行的航空运输

第三十九条　缔约承运人——实际承运人

一方当事人(以下简称"缔约承运人")本人与旅客、托运人或者与旅客或者托运人名义行事的人订立本公约调整的运输合同,而另一当事人(以下简称"实际承运人")根据缔约承运人的授权,履行全部或者部分运输,但就该部分运输而言该另一当事人又不是本公约所指的连续承运人的,适用本章的规定。在没有相反证明时,此种授权应当被推定为是存在的。

第四十条　缔约承运人和实际承运人各自的责任

除本章另有规定外,实际承运人履行全部或者部分运输,而根据第三十九条所指的合同,该运输是受本公约调整的,缔约承运人和实际承运人都应当受本公约规则的约束,缔约承运人对合同考虑到的全部运输负责,实际承运人只对其履行的运输负责。

第四十一条　相 互 责 任

1. 实际承运人的作为和不作为,实际承运人的受雇人、代理人在受雇、代理范围内的作为和不作为,关系到实际承运人履行的运输的,也应当视为缔约承运人的作为和不作为。

2. 缔约承运人的作为和不作为,缔约承运人的受雇人、代理人在受雇、代理范围内的作为和不作为,关系到实际承运人履行的运输的,也应当视为实际承运人的作为和不作为。但是,实际承运人承担的责任不因此种作为或者不作为而超过第二十一条、第二十二条、第二十三条和第二十四条所指的数额。任何有关缔约承运人承担本公约未规定的义务或者放弃本公约赋予的权利或者抗辩理由的特别协议,或者任何有关第二十二条考虑到的在目的地点交付时利益的特别声明,除经过实际承运人同意外,均不得影响实际承运人。

第四十二条　异议和指示的对象

依照本公约规定向承运人提出的异议或者发出的指示,无论是向缔约承运人还是向实际承运人提出或者发出,具有同等效力。但是,第十二条所指的指示,只在向缔约承运人发出时,方为有效。

第四十三条　受雇人和代理人

实际承运人的受雇人、代理人或者缔约承运人的受雇人、代理人、证明其是在受雇、代理范围内行事的，就实际承运人履行的运输而言，有权援用本公约规定的适用于雇用该人的或者被代理的承运人的条件和责任限额，但是经证明依照本公约其行为不能援用该责任限额的除外。

第四十四条　赔 偿 总 额

对于实际承运人履行的运输，实际承运人和缔约承运人以及他们的在受雇、代理范围内行事的受雇人和代理人的赔偿总额不得超过依照本公约得以从缔约承运人或者实际承运人获得赔偿的最高数额，但是上述任何人都不承担超过对其适用的责任限额。

第四十五条　索 赔 对 象

对实际承运人履行的运输提起的损害赔偿诉讼，可以由原告选择，对实际承运人提起或者对缔约承运人提起，也可以同时或者分别对实际承运人和缔约承运人提起。损害赔偿诉讼只对其中一个承运人提起的，该承运人有权要求另一承运人参加诉讼，诉讼程序及其效力适用案件受理法院的法律。

第四十六条　附加管辖权

第四十五条考虑到的损害赔偿诉讼，必须在一个当事国的领土内，由原告选择，按照第三十三条规定向可以对缔约承运人提起诉讼的法院提起，或者向实际承运人住所地或者其主要营业地有管辖权的法院提起。

第四十七条　合同条款的无效

任何指在免除本章规定的缔约承运人或者实际承运人责任或者降低适用于本章的责任限额的合同条款，均属无效，但是，此种条款的无效，不影响整个合同的效力，该合同仍受本章规定的约束。

第四十八条　缔约承运人和实际承运人的相互关系

除第四十五条规定外，本章的规定不影响承运人之间的权利和义务，包括任何追偿或者求偿权。

第六章
其 他 规 定

第四十九条　强 制 适 用

运输合同的任何条款和在损失发生以前达成的所有特别协议，其当事人借以违反本公约规则的，无论是选择所适用的法律还是变更有关管辖权的规则，均属无效。

第五十条　保　　险

当事国应当要求其承运人就其在本公约中的责任进行充分保险。当事国可以要求经营航空运输至该国内的承运人提供其已就本公约中的责任进行充分保险的证据。

第五十一条　特殊情况下履行的运输

第三条至第五条、第七条和第八条关于运输凭证的规定，不适用于承运人正常业务范围以外的在特殊情况下履行的运输。

第五十二条　日的定义

本公约所称“日”，系指日历日，而非工作日。

第七章
最后条款

第五十三条　签署、批准和生效

1. 本公约于1999年5月28日在蒙特利尔开放，听由1999年5月10日至28日在蒙特利尔召开的国际航空法大会的参加国签署。1999年5月28日以后，本公约应当在蒙特利尔国际民用航空组织总部对所有国家开放签署，直至其根据本条第6款生效。

2. 本公约同样向地区性经济一体化组织开放签署。就本公约而言，“地区性经济一体化组织”系指由某一地区的主权国家组成的对于本公约调整的某些事项有权能的并经正式授权可以签署及批准、接受、核准或者加入本公约的任何组织。本公约中对“当事国”的提述，同样使用于地区性经济一体化组织，但是第一条第2款、第三条第1款第(b)项、第五条第(b)项、第二十三条、第三十三条、第四十六条和第五十七条第(b)项中的除外。就第二十四条而言，其对“多数当事国”和“三分之一的当事国”的提述不应适用于地区性经济一体化组织。

3. 本公约应当经签署本公约的国家和地区性经济一体化组织批准。

4. 未签署本公约的国家或者地区性经济一体化组织，可以在任何时候接受、核准或者加入本公约。

5. 批准书、接受书、核准书或者加入书应当交存国际民用航空组织，在此指定其为保存人。

6. 本公约应当于第30份批准书、接受书、核准书或者加入书交存保存人后的第60天在交存这些文件的国家之间生效。就本款而言，地区性经济一体化组织交存的文件不得计算在内。

7. 对于其他国家或者其他地区性经济一体化组织，本公约应当于其批准书、接受书、核准书或者加入书交存日后60天对其生效。

8. 保存人应当将下列事项迅速通知各签署方和当事国：

(a)对本公约的每一签署及其日期；

(b)每一批准书、接受书、核准书或者加入书的交存及其日期；

(c)本公约的生效日期；

(d)对本公约所设定责任限额的任何修订的生效日期；

(e)第五十四条所指的退出。

第五十四条　退　出

1. 任何当事国可以向保存人提交书面通知，以退出本公约。

2. 退出应当自保存人收到通知之日后的第180天起生效。

第五十五条　与其他华沙公约文件的关系

在下列情况下，本公约应当优先于国际航空运输所适用的任何规则：

1. 该项国际航空运输在本公约当事国之间履行，而这些当事国同为下列条约的当事国：

(a)1929年10月12日在华沙签订的《统一国际航空运输某些规则的公约》(以下简称华沙公约)；

(b)1955年9月28日订于海牙的《修订1929年10月12日在华沙签订的统一国际航空运输某些规则的公约的议定书》(以下简称海牙议定书)；

(c)1961 年 9 月 18 日在瓜达拉哈拉签订的《统一非缔约承运人所办国际航空运输某些规则以补充华沙公约的公约》(以下简称瓜达拉哈拉公约);

(d)1971 年 3 月 8 日在危地马拉城签订的《修订经 1955 年 9 月 28 日订于海牙的议定书修正的 1929 年 10 月 12 日在华沙签订的统一国际航空运输某些规则的公约的议定书》(以下简称危地马拉城议定书);

(e)1975 年 9 月 25 日在蒙特利尔签订的修订经海牙议定书或者经海牙议定书和危地马拉城议定书修正的华沙公约的第一号至第三号附加议定书以及蒙特利尔第四号议定书(以下简称各个蒙特利尔议定书);或者

2. 该项国际航空运输在本公约的第一个当事国领土内履行,而该当事国是上述第(a)项至第(e)项所指一个或者几个文件的当事国。

第五十六条　有多种法律制度的国家

1. 一国有两个或者多个领土单位,在各领土单位内对于本公约处理的事项适用不同的法律制度的,该国可以在签署、批准、接受、核准或者加入时,声明本公约适用于该国所有领土单位或者只适用于其中一个或者多个领土单位,该国也可随时提交另一份声明以修改此项声明。

2. 作出此项声明,均应当通知保存人,声明中应当明确指明适用本公约的领土单位。

3. 就已作出此项声明的当事国而言,

(a)第二十三条所述的"国家货币"应当解释为该国有关领土单位的货币;并且

(b)第二十八条所述的"国内法"应当解释为该国有关领土单位的法律。

第五十七条　保　　留

对本公约不得保留,但是当事国可以在任何时候向保存人提交通知,声明本公约不适用于:

(a)由当事国就其作为主权国家的职能和责任为非商业目的而直接办理和运营的国际航空运输;以及/或者

(b)使用在当事国登记的或者为该当事国所租赁的、其全部运力已为其军事当局或者以该当局的名义所保留的航空器,为该当局办理的人员、货物和行李运输。

下列全权代表经正式授权,已在本公约上签字,以昭信守。

本公约于 1999 年 5 月 28 日订于蒙特利尔,以中文、英文、阿拉伯文、法文、俄文和西班牙文写成,各种文本同等作准。本公约应当存放于民用航空组织档案处,由保存人将核正无误的公约副本分送本公约的所有当事国以及华沙公约、海牙议定书、瓜拉哈拉公约、危地马拉城议定书和各个蒙特利尔议定书的所有当事国。

附录二：1999年5月28日蒙特利尔《统一国际航空某些规则的公约》《蒙特利尔公约》(英文版)

CONVENTION

FOR THE UNIFICATION OF CERTAIN RULES FOR INTERNATIONAL CARRIAGE BY AIR

THE STATES PARTIES TO THIS CONVENTION

RECOGNIZING the significant contribution of the Convention for the Unification of Certain Rules Relating to International Carriage by Air signed in Warsaw on 12 October 1929, hereinafter referred to as the "Warsaw Convention", and other related instruments to the harmonization of private international air law;

RECOGNIZING the need to modernize and consolidate the Warsaw Convention and related instruments;

RECOGNIZING the importance of ensuring protection of the interests of consumers in international carriage by air and the need for equitable compensation based on the principle of restitution;

REAFIRMING the desirability of an orderly development of international air transport operations and the smooth flow of passengers, baggage and cargo in accordance with the principles and objectives of the Convention on International Civil Aviation, done at Chicago on 7 December 1944;

CONVINCED that collective State action for further harmonization and codification of certain rules governing international carriage by air through a new Convention is the most adequate means of achieving an equitable balance of interests;

HAVE AGREED AS FOLLOWS:

Chapter I
General Provisions

Article 1-Scope of Application

1. This Convention applies to all international carriage of persons, baggage or cargo performed by aircraft for reward. It applies equally to gratuitous carriage by aircraft performed by an air transport undertaking.

2. For the purposes of this Convention, the expression international carriage means any carriage in which, according to the agreement between the parties, the place of departure and the place of destination, whether or not there be a break in the carriage or a transshipment, are situated either within the territories of two Sates Parties, or within the territory of a single State Party if there is an agreed stopping place within the territory of another State, even if that State is not a State Party. Carriage between two points within the territory of a single State Party without an agreed stopping place within the territory of another State is not international carriage for the purposes of this Convention.

3. Carriage to be performed by several successive carriers is deemed, for the purposes of this Convention, to be one undivided carriage if it has been regarded by the parties as a single operation, whether it had been agreed upon under the form of a single contract or of a series of contracts, and it does not lose its international character merely because one contract or a series of contracts is to be performed entirely within the territory of the same State.

4. This Convention applies also to carriage as set out in Chapter V, subject to the terms contained therein.

Article 2-Carriage Performed by State and Carriage of Postal Items

1. This Convention applies to carriage performed by the State or by legally constituted public bodies provided it falls within the conditions laid down in Article 1.

2. In the carriage of postal items, he carrier shall be liable only to the relevant postal administration in accordance with the rules applicable to the relationship between the carriers and the postal administrations.

3. Except as provided in paragraph 2 of this Article, the provisions of this Convention shall not apply to the carriage of postal items.

Chapter II
Documentation and Duties of the Parties Relating to the Carriage of Passengers, Baggage and Cargo

Article 3-Passengers and Baggage

1. In respect of carriage of passengers, an individual or collective document of carriage shall be delivered containing:

(a) an indication of the places of departure and destination;

(b) if the places of departure and destination are within the territory of a single State Party, one or more agreed stopping places being within the territory of another State, an indication of at least one such stopping place.

2. Any other means which preserves the information indicated in paragraph 1 may be substituted for the delivery of the documents referred to in that paragraph. If any such other means is used, the carrier shall offer to deliver to the passenger a written statement of the information so preserved.

3. The carrier shall deliver to the passenger a baggage identification tag for each piece of checked baggage.

4. The passenger shall be given written notice to the effect that where this Convention is applicable it governs and may limit the liability of carriers in respect of death or injury and for destruction or loss of, or damage to, baggage, and for delay.

5. Non-compliance with the provisions of the foregoing paragraphs shall not affect the existence or the validity of the contract of carriage, which shall, nonetheless, be subject to the rules of this Convention including those relating to limitation of liability.

Article 4-Cargo

1. In respect of the carriage of cargo, an air waybill shall be delivered.

2. Any other means which preserves a record of the carriage to be performed may be substituted

for the delivery of an air waybill. If such other means are used, the carrier shall, if so requested by the consignor, deliver to the consignor a cargo receipt permitting identification for the consignment and access to the information contained in the record preserved by such other means.

Article 5-Contents of Air Waybill or Cargo Receipt

The air waybill or the cargo receipt shall include:

(a) indication of places of departure and destination;

(b) if the places of departure and destination are within the territory of a single State Party, one or more agreed stopping places being within the territory of another State, an indication of at least one such stopping place; and

(c) an indication of the weight of the consignment.

Article 6-Document Relating to the Nature of the Cargo

The consignor may be required, if necessary, to meet the formalities of customs, police and similar public authorities to deliver a document indicating the nature of the cargo. This provision creates for the carrier no duty, obligation or liability resulting therefrom.

Article 7-Description of Air Waybill

1. The air waybill shall be made out by the consignor in three original parts.

2. The first part shall be marked "for the carrier"; it shall be signed by the consignor. The second part shall be marked "for the consignee"; it shall be signed by consignor and by the carrier. The third part shall be signed by the carrier who shall hand it to the consignor after the cargo has been accepted.

3. The signature of the carrier and that of the consignor may be printed or stamped.

4. If, at the request of the consignor, the carrier makes out the air waybill, the carrier shall be deemed, subject to proof to the contrary, to have done so on behalf of the consignor.

Article 8-Documentation for Multiple Package

When there is more than one package:

(a) the carrier of cargo has the right to require the consignor to make out separate air waybills;

(b) the consignor has the right to require the carrier to deliver separate cargo receipts when the other means referred to in paragraph 2 of Article 4 are used.

Article 9-Non-compliance with Documentary Requirements

Non-compliance with the provisions of Articles 4 to 8 shall not affect the existence of the validity of the contract of carriage, which shall, nonetheless, be subject to the rules of this Convention including those relating to limitation of liability.

Article 10-Responsibility of Particulars of Documentation

1. The consignor is responsible for the correctness of the particulars and statements relating to the cargo inserted by it or on its behalf in the air waybill or furnished by it or on its behalf to the carrier for insertion in the cargo receipt or for insertion in the record preserved by the other means referred to in paragraph 2 of Article 4. The foregoing shall also apply where the person acting on behalf of the consignor is also the agent of the carrier.

2. The consignor shall indemnify the carrier against all damage suffered by it, or by any other person to whom the carrier is liable, by reason of the irregularity, incorrectness or incompleteness of the particulars and statements furnished by the consignor or on its behalf.

3. Subject to the provisions of paragraphs 1 and 2 of the Article, the carrier shall indemnify the consignor against all damage suffered by it, or by any other person to whom the consignor is liable, by reason of the irregularity, incorrectness or incompleteness of the particulars and statements inserted by the carrier or on its behalf in the cargo receipt or in the record preserved by other means referred to in paragraph 2 of Article 4.

Article 11-Evidentiary Value of Documentation

1. The air waybill or the cargo receipt is prima facie evidence of the conclusion of the contract, of the acceptance of the cargo and of the conditions of carriage mentioned therein.

2. Any statements in the air waybill or the cargo receipt relating to the weight, dimensions and packing of the cargo, as well as those relating to the number of packages, are prima facie evidence of the facts stated; those relating to the quantity, volume and condition of the cargo do not constitute evidence against the carrier except so far as they both have been, and are stated in the air waybill or the cargo receipt to have been, checked by it in the presence of the consignor, or relate to the apparent condition of the cargo.

Article 12-Right of Disposition of Cargo

1. Subject to its liability to carry out all its obligations under the contact of carriage, the consignor has the right to dispose of the cargo by withdrawing it at the airport of departure or destination, or by stopping it in the course of the journey on any landing, or by calling for it to be delivered at the place of destination or in the course of the journey to a person other than the consignee originally designated, or by requiring it to be returned to the airport of departure. The consignor must not exercise this right of disposition in such a way as to prejudice the carrier or other consignors and must reimburse any expenses occasioned by the exercise of this right.

2. If it is impossible to carry the instructions of the consignor, the carrier must so inform the consignor forthwith.

3. If the carrier carries out the instructions of the consignor for the disposition of the cargo without requiring the production of the part of the air waybill or the cargo receipt delivered to the latter, the carrier will be liable, without prejudice to its right of recovery from the consignor, for any damage which may be caused thereby to any person who is lawfully in possession of that part of the air waybill or the cargo receipt.

4. The right conferred on the consignor ceases at the moment when that of the consignee begins in accordance with Article 13. Nevertheless, if the consignee declines to accept the cargo, or cannot be communicated with, the consignor resumes its right of disposition.

Article 13-Delivery of the Cargo

1. Except when the consignor has exercised its right under Article 12, the consignee is entitled, on arrival of the cargo at the place of destination, to require the carrier to delivery the cargo to it, on payment of the charges due and on complying with the conditions of carriage.

2. Unless it is otherwise agreed, it is the duty of the carrier to give notice to the consignee as soon as the cargo arrives.

3. If the carrier admits the loss of the cargo, or if the cargo has not arrived at the expiration of seven days after the date on which it ought to have arrived, the consignee is entitled to enforce againstthe carrier the rights which flow from the contract of carriage.

Article 14-Enforcement of the Rights of Consignor and Consignee

The consignor and the consignee can respectively enforce all the rights given to them by Articles 12 and 13, each in its own name, whether it is acting in its own interest or in the interest of another, provided that it carries out the obligations imposed by the contract of carriage.

Article 15-Relations of Consignor and Consignee or

Mutual Relations of Third Parties

1. Articles 12, 13 and 14 do not affect either the relations of consignor and the consignee with each other or the mutual relations of third parties whose rights are derived either from the consignor or from the consignee.

2. The provisions of Article 12, 13 and 14 can only be varied by express provision in the air waybill or the cargo receipt.

Article 16-Formalities of Customs, Police or Other Public Authorities

1. The consignor must furnish such information and such documents as are necessary to meet the formalities of customs, police and any other public authorities before the cargo can be delivered to the consignee. The consignor is liable to the carrier for any damage occasioned by the absence, insufficiency or irregularity of any such information or documents, unless the damage is due to the fault of the carrier, its servants or agents.

2. The carrier is under no obligation to enquire into the correctness or sufficiency of such information or documents.

Chapter III

Liability of the Carrier and Extent of Compensation for Damage

Article 17-Death and Injury of Passengers-Damager to Baggage

1. The carrier is liable for damage sustained in case of death or bodily injury of a passenger upon condition only that the accident which caused the death or injury took place on board the aircraft or in the course of any of the operations of embarking or disembarking.

2. The carrier is liable for damage sustained in case of destruction or loss of, or of damage to, checked baggage upon condition only that the event which caused the destruction, loss or damage took place on board the aircraft or during any period within which the checked baggage was in the charge of the carrier. However, the carrier is not liable if and to the extent that the damage resulted from the inherent defect, quality or vice of the baggage. In the case of unchecked baggage, including personal items, the carrier is liable if the damage resulted from its fault or that of its servants or agents.

3. If the carrier admits the loss of the checked baggage, or if the checked baggage has not

arrived at the expiration of twenty-one days after the date on which it ought to have arrived, the passenger is entitled to enforce against the carrier the rights which flow from the contract of carriage.

4. Unless otherwise specified, in this Convention the term "baggage" means both checked baggage and unchecked baggage.

Article 18-Damage to Cargo

1. The carrier is liable for damage sustained in the event of the destruction or loss of, or damage to, cargo upon condition only that the event which caused the damage so sustained took place during the carriage by air.

2. However, the carrier is not liable if and to the extent it proves that the destruction, or loss of, or damage to, the cargo resulted from one or more of the following:

(a) inherent defect, quality or vice of that cargo;

(b) defective packing of that cargo performed by a person other than the carrier or its servants or agents;

(c) an act of war or an armed conflict;

(d) an act of public authority carried out in connection with the entry, exit or transit of the cargo.

3. The carriage by air within the meaning of paragraph 1 of this Article comprises the period during which the cargo is in the charge of the carrier.

4. The period of the carriage by air does not extend to any carriage by land, by sea or by inland waterway performed outside an airport. If, however, such carriage takes place in the performance of a contract for carriage by air, for the purpose of loading, delivery or transshipment, any damage is presumed, subject to proof to the contrary, to have been the result of an event which took place during the carriage by air. If a carrier, without the consent of the consignor, substitutes carriage by another mode of transport for the whole or part of a carriage intended by the agreement between the parties to be carriage by air, such carriage by another mode of transport is deemed to be within the period of carriage by air.

Article 19-Delay

The carrier is liable for damage occasioned by delay in the carriage by air of passengers, baggage or cargo. Nevertheless, the carrier shall not be liable for damage occasioned by delay if it proves that it and its servants and agents took all measures that could reasonably be required to avoid the damage or that it was impossible for it or them to take such measures.

Article 20-Exoneration

If the carrier proves that the damage was caused or contributed to by the negligence or other wrongful act or omission of the person claiming compensation, or the person from whom he or she derives his or her rights, the carrier shall be wholly or partly exonerated from its liability to the claimant to the extent that such negligence or wrongful act or omission caused or contributed to the damage. When by reason of death or injury of a passenger compensation is claimed by a person other than the passenger, the carrier shall likewise be wholly or partly exonerated from its liability to the extent that it proves that the damage was caused or contributed to by the negligence or other wrongful act or omission of that passenger. This Article applies to all the liability provisions in this

Convention, including paragraph 1 of Article 21.

Article 21-Compensation in Case of Death or Injury of Passenger

1. For damages arising under paragraph 1 of Article 17 not exceeding 100 000 Special Drawing Rights for each passenger, the carrier shall not be able to exclude or limit its liability.

2. The carrier shall not be liable for damages arising under paragraph 1 of Article 17 to the extent that they exceed for each passenger 100 000 Special Drawing Rights if the carrier proves that:

(a) such damage was not due to the negligence or other wrongful act or omission of the carrier or its servants or agents; or

(b) such damage was solely due to the negligence or other wrongful act or omission of a third party.

Article 22-Limits of Liability in Relation do Delay, Baggage and Cargo

1. In the case of damage caused by delay as specified in Article 19 in the carriage of persons, the liability of the carrier for each passenger is limited to 4 150 Special Drawing Rights.

2. In the carriage of baggage, the liability of the carrier in the case of destruction, loss, damage or delay is limited to 1 000 Special Drawing Rights for each passenger unless the passenger has made, at the time when the checked baggage was handed over to the carrier, a special declaration of interest in delivery at destination and has paid a supplementary sum if the case so requires. In that case the carrier will be liable to pay a sum not exceeding the declared sum, unless it proves that the sum is greater than the passenger's actual interest in delivery at destination.

3. In the carriage of cargo, the liability of the carrier in the case of destruction, loss, damage or delay is limited to a sum of 17 Special Drawing Rights per kilogramme, unless the consignor has made, at the time when the package was handed over to the carrier, a special declaration of interest in delivery at destination and has paid a supplementary sum if the case so requires. In that case the carrier will be liable to pay a sum not exceeding the declared sum, unless it proves that the sum is greater than the consignor's actual interest in delivery at destination.

4. In the case of destruction, loss, damage or delay of part of the cargo, or of any object contained therein, the weight to be taken into consideration in determining the amount to which the carrier's liability is limited shall be only the total weight of the package or packages concerned. Nevertheless, when the destruction, loss, damage or delay of a part of the cargo, or of an object contained therein, affects the value of other packages covered by the same air waybill, or the same receipt or, if they were not issued, by the same record preserved by the other means referred to in the paragraph 2 of Article 4, the total weight of such package or packages shall also be taken into consideration in determining the limit of liability.

5. The foregoing provisions of paragraphs 1 and 2 of this Article shall not apply if it is proved that the damage resulted from an act or omission of the carrier, its servants or agents, done with intent to cause damage or recklessly and with knowledge that damage would probably result; provided that, in the case of such act or omission of a servant or agent, it is also proved that such servant or agent was acting within the scope of its employment.

6. The limits prescribed in Article 21 and in this Article shall not prevent the court from

awarding, in accordance with its own law, in addition, the whole or part of the court costs and of the other expenses of the litigation incurred by the plaintiff, including interest. The foregoing provision shall not apply if the amount of the damages awarded, excluding court costs and other expenses of the litigation, does not exceed the sum which the carrier has offered in writing to the plaintiff within a period of six months from the date of the occurrence causing the damage, or before the commencement of the action, if that is later.

Article 23-Conversion of Monetary Unites

1. The sums mentioned in terms of Special Drawing Right in this Convention shall be deemed to refer the Special Drawing Rights as defined by the International Monetary Fund. Conversion of the sums into national currencies shall, in case of judicial proceedings, be made according to the value of such currencies in terms of the Special Drawing Rights at the date of the judgement. The value of a national currency, in terms of the Special Drawing Right, of a State Party which is a Member of the International Monetary Fund, shall be calculated in accordance with the method of valuation applied by the International Monetary Fund, in effect at the date of the judgement, for its operations and transactions. The value of a national currency, in terms of the Special Drawing Right, of a State Party which is not a Member of the International Monetary Fund, shall be calculated in a manner determined by that State.

2. Nevertheless, those States which are not Members of the International Monetary Fund and whose law does not permit application of provisions of paragraph 1 of this Article may, at the time of ratification or accession or at any time thereafter, declare that the limit of liability of the carrier prescribed in Article 21 is fixed at a sum of 1 500 000 monetary units per passenger in judicial proceedings in their territories; 62 500 monetary units per passenger with respect to paragraph 1 of Article 22; 15 000 monetary units per passenger with respect to paragraph 2 of Article 22; and 250 monetary units per kilogramme with respect to paragraph 3 of Article 22. This monetary unit corresponds to sixty-five and a half milligrammes of gold of millesimal fineness nine hundred. These sums may be converted into the national currency concerned in round figures. The conversions of these sums into national currency shall be made according to the law of the State concerned.

3. The calculation mentioned in the last sentence of paragraph 1 of this Article and the conversion method mentioned in paragraph 2 of this Article shall be made in such manner as to express in the national currency of the State Party as far as possible the same real value for the amounts in Articles 21 and 22 as would result from the application of first three sentences of paragraph 1 of this Article. States Parties shall communicate to the depositary the manner of calculation pursuant to paragraph 1 of this Article, or the result of the conversion in paragraph 2 of this Article as the case may be, when depositing an instrument of ratification, acceptance, approval of or accession to this Convention and whenever there is a change in either.

Article 24-Review of Limits

1. Without prejudice to the provisions of Article 25 of this Convention and subject paragraph 2 below, the limits of liability prescribed in Articles 21, 22 and 23 shall be reviewed by the Depositary at five-year intervals, the first such review to take place at the end of the fifth year

following the date of entry into force of this Convention, or if the Convention does not enter into force within five years of the date it is first open for signature, within the first year of its entry into force, by reference to an inflation factor which corresponds to the accumulated rate of inflation since the previous revision or in the first instance since the date of entry into force of the Convention. The measure of the rate of inflation to be used in determining the inflation factor shall be the weighted average of the annual rates of increase or decrease in Consumer Price Indices of the States whose currencies comprise the Special Drawing Right mentioned in paragraph 1 of Article 23.

2. If the review referred to in the preceding paragraph concludes that the inflation factor has exceeded 10 per cent, the Depositary shall notify States Parties of a revision of the limits of liability. Any such revision shall become effective six months after its notification to the States Parties. If within three months after its notification to the Sates Parties a majority of the States Parties register their disapproval, the revision shall not become effective and the Depositary shall refer the matter to a meeting of the States Parties. The Depositary shall immediately notify all States Parties of the coming into force of any revision.

3. Notwithstanding paragraph 1 of this Article, the procedure referred to in paragraph 2 of this Article shall be applied at any time provided that one-third of the States Parties express a desire to that effect and upon condition that the inflation factor referred to in paragraph 1 has exceeded 30 per cent since the previous revision or since the date of entry into force of this Convention if there has been no previous revision or since the date of entry into force of this Convention if there has been no previous revison. Subsequent reviews using the procedure described in paragraph 1 of this Article will take place at five-year intervals starting at the end of the fifth year following the date of the reviews under the present paragraph.

Article 25-Stipulation on Limits

A carrier may stipulate that the contract of carriage shall be subject to higher limits of liability than those provided for in this Convention or to no limits of liability whatsoever.

Article 26-Invalidity of Contractual Provisions

Any provision tending to relieve the carrier of liability or to fix a lower limits than that which is laid down in this Convention shall be null and void, but the nullity of any such provision does not involve the nullity of the whole contract, which shall remain subject to the provisions of this convention.

Article 27-Freedom to Contract

Nothing contained in this Convention shall prevent the carrier from refusing to enter into any contract of carriage, from waiving any defences available under the Convention, or from laying down conditions which do not conflict with the provisions of this Convention.

Article 28-Advance Payments

In case of aircraft accidents resulting in death or injury of passengers, the carrier shall, if required its national law, make advance payments without delay to a natural person or persons who are entitled to claim compensation in order to meet the immediate economic needs of such persons. Such advance payments shall not constitute a recognition of liability and may be offset against any amounts subsequently paid as damages by the carrier.

Article 29-Basic of Claims

In the carriage of passengers, baggage and cargo, any action for damages, however founded, whether under this Convention or in contract or in tort or otherwise, can only be brought subject to the conditions and such limits of liability as are set out in this Convention without prejudice to the question as to who are the persons who have the right to bring suit and what are their respective rights. In any such action, punitive, exemplary or any other non-compensatory damages shall not be recoverable.

Article 30-Servants, Agents-Aggregation of Claims

1. If an action is brought against a servant or agent of the carrier arising out of damage to which the Convention relates, such servant or agent, if they prove that they acted within the scope of their employment, shall be entitled to avail themselves of the conditions and limits of liability which the carrier itself is entitled to invoke under this Convention.

2. The aggregate of the amounts recoverable from the carrier, its servants and agents, in that case, shall not exceed the said limits

3. Save in respective of the carriage of cargo, the provisions of paragraph 1 and 2 of this Article shall not apply if it is proved that the damage resulted from an act or omission of the servant or agent done with intent to cause damage or recklessly and with knowledge that damage would probably result.

Article 31-Timely Notice of Complaints

1. Receipt by the person entitled to delivery of checked baggage or cargo without complaint is prima facie evidence that the same has been delivered in good conditions and in accordance with the document of carriage or with the record preserved by the other means referred to in paragraph 2 of Article 3 and paragraph 2 of Article 4.

2. In the case of damage, the person entitled to delivery must complain to the carrier forthwith after the discovery of the damage, and, at the latest, within seven days from the date of receipt in the case of checked baggage and fourteen days from the date of receipt in the case of cargo. In the case of delay, the complaint must be made at the latest within twenty-one days from the date on which the baggage or cargo have been placed at his or her disposal.

3. Every complaint must be made in writing and given or dispatched within the time aforesaid.

4. If no complaint is made within the times aforesaid, no action shall lie against the carrier, save in the case of fraud on its part.

Article 32-Death of Person Liable

In the case of the death of the person liable, an action for damages lies in accordance with the terms of this Convention against those legally representing his or her estate.

Article 33-Jurisdiction

1. An action for damages must be brought, at the option of the plaintiff, in the territory of one of the States Parties, either before the court of the domicile of the carrier or of its principal place of business, or where it has a place of business through which the contact has been made or before the court at the place of destination.

2. In respect of damage resulting from the death or injury of a passenger, an action may be brought before one of the courts mentioned in paragraph 1 of this Article, or in the territory of a State Party in which at the time of the accident the passenger has his or her principal and permanent residence and to or from which the carrier operates services from the carriage of passengers by air, either on its own aircraft or on another carrier's aircraft pursuant to a commercial agreement, and in which that carrier conducts its business of carriage of passengers by air from premises leased or owned by the carrier itself or by another carrier with which it has a commercial agreement.

3. For the purpose of paragraph 2,

(a) "commercial agreement" means an agreement, other than an agency agreement, made between carriers and relating to the provision of their joint services for carriage of passengers by air;

(b) "principal and permanent residence" means the one fixed and permanent abode of the passenger at the time of accident. The nationality of passenger shall not be the determining factor in this regard.

4. Questions of procedure shall be governed by the law of the court seised of the case.

Article 34-Arbitration

1. Subject to the provisions of this Article, the parties to the contract of carriage for cargo may stipulate that any dispute relating to the liability of the carrier under this Convention shall be settled by arbitration. Such agreement shall be in writing.

2. The arbitration precedings shall, at the option of claimant, take place within one of the jurisdictions referred to in Article 33.

3. The arbitration or arbitration tribunal shall apply the provisions of this Convention.

4. The provisions of paragraphs 2 and 3 of this Article shall be deemed to be part of every arbitration clause or agreement, and any term of such clause or agreement which is inconsistent therewith shall be null and void.

Article 35-Limitation of Actions

1. The right to damages shall be extinguished if an action is not brought within a period of two years, reckoned from the date of arrival at the destination, or from the date on which the aircraft ought to have arrived, or from the date on which the carriage stopped.

2. The method of calculating that period shall be determined by the law of the court seised of the case.

Article 36-Successive Carriage

1. In the case of carriage to be performed by various successive carriers and falling within the definition set out in paragraph 3 of Article 1, each carrier which accepts passengers, baggage or cargo issubject to the rules set out in this Convention and is deemed to be one of the parties to the contract of carriage in so far as the contract deals with that part of the carriage which is performed under its supervision.

2. In the case of carriage of this nature, the passenger or any person entitled to compensation in respect of him or her can take action only against the carrier which performed the carriage during which the accident or the delay occurred, save in the case where, by express agreement, the first

carrier has assumed liability for the whole journey.

3. As regards baggage or cargo, the passenger or consignor will have a right of action against the first carrier, and the passenger or consignee who is entitled to delivery will have a right of action against the last carrier, and further, each may take action against the carrier which performed the carriage during which the destruction, loss, damage or delay took place. These carriers will be jointly and severally liable to the passenger or to the consignor or consignee.

Article 37-Rights of Recourse against Third Parties

Nothing in this Convention shall prejudice the question whether a person liable for damage in accordance with its provisions has a right of recourse against any other person.

Chapter Ⅳ
Combined Carriage

Article 38-Combined Carriage

1. In the case of combined carriage performed partly by air and partly by any other mode of carriage, the provisions of this Convention shall, subject to paragraph 4 of Article 18, apply only to the carriage by air, provided that the carriage by air falls within the terms of Article 1.

2. Nothing in this Convention shall prevent the parties in the case of combined carriage from insertingin the document of air carriage conditions relating to other modes of carriage, provided that the provisions of this Convention are observed as regards the carriage by air.

Chapter Ⅴ
Carriage by Air Performed by a Person other than the Contracting Carrier

Article 39-Contracting Carrier-Actual Carrier

The provisions of this Chapter apply when a person (hereinafter referred o as "the contracting carrier") as a principal makes a contract of carriage governed by this Convention with a passenger or consignor or with a person acting on behalf of the passenger or consignor, and another person (hereinafter referred toas "the actual carrier") performs, by virtue of authority from the contracting carrier, the whole or part of the carriage, but is not with respect to such part a successive carrier within the meaning of this Convention. Such authority shall be presumed in the absence of proof to the contrary.

Article 40-Respective Liability of Contracting and Actual Carriers

If an actual carrier performs the whole or part of carriage which, according to the contract referred to in Article 39, is governed by this Convention, both the contracting carrier and the actual carrier shall, except as otherwise provided in this Chapter, be subject to the rules of this Convention, the former for the whole of the carriage contemplated in the contract, the latter solely for the carriage which it performs.

Article 41-Mutual Liability

1. The acts and omissions of the actual carrier and of its servants and agents acting within the

scope of their employment shall, in relation to the carriage performed by the actual carrier, be deemed to be also those of the contracting carrier.

2. The acts and omissions of the contracting carrier and of its servants and agents acting within the scope of their employment shall, in relation to the carriage performed by the actual carrier, be deemed to be also those of the actual carrier. Nevertheless, no such act or omission shall subject the actual carrier to liability exceeding the amounts referred to in Articles 21, 22, 23 and 24. Any special agreement under which the contracting carrier assumes obligations not imposed by this Convention or any waiver of rights or defences conferred by this Convention or any special declaration of interest in delivery at destination contemplated in Article 22 shall not affect the actual carrier unless agreed to by it.

Article 42-Address of Complaints and Instructions

Any complaint to be made or instruction to be given under this Convention to the carrier shall have the same effect whether addressed to the contracting carrier or to the actual carrier. Nevertheless, instructions referred to in Article 12 shall only be effective if addressed to the contracting carrier.

Article 43-Servants and Agents

In relation to the carriage performed by the actual carrier, any servant or agent of that carrier or of the contracting carrier shall, if they prove that they acted within the scope of their employment, be entitled to avail themselves of the conditions and limits of liability which are applicable under this Convention to the carrier whose servant or agent they are, unless it is proved that they acted in a manner that prevents the limits of liability from being invoked in accordance with this Convention.

Article 44-Aggregation of Damages

In relation to the carriage performed by the actual carrier, the aggregate of the amounts recoverable from that carrier and the contracting carrier, and from their servants and agents acting within the scope of their employment, shall not exceed the highest amount which could be awarded against either the contracting carrier or the actual carrier under this Convention, but none of the personsmentioned shall be liable for a sum in excess of the limit applicable to that person.

Article 45-Addressee of Claims

In relation to the carriage performed by the actual carrier, an action for damages may be brought, at the option of the plaintiff, against that carrier or the contracting carrier, or against both together or separately. If the action is brought against only one of those carriers, that carrier shall have the right to require the other carrier to be joined in the proceedings, the procedure and effects being governed by the law of the court seised of the case.

Article 46-Addition Jurisdiction

Any action for damages contemplated in Article 45 must be brought, at the option of the plaintiff, in the territory of one of the States Parties, either before a court in which an action may be brought against the contracting carrier, as provided in Article 33, or before the court having jurisdiction at the place where the actual carrier has its domicile or its principal place of business.

Article 47-Invalidity of Contractual Provisions

Any contractual provision tending to relieve the contracting carrier or the actual carrier of liability under this Chapter or to fix a lower limit than that which is applicable according to this Chapter shall be null and void, but the nullity of any provision does not involve the nullity of the whole contract, which shall remain subject to the provisions of this Chapter.

Article 48-Mutual Relations of Contracting and Actual Carriers

Except as provided in Article 45, nothing in this Chapter shall affect the rights and obligations of the carriers between themselves, including any right of resource or indemnification.

Chapter VI
Other Provisions

Article 49-Mandatory Application

Any clause contained in the contract of carriage and all special agreements entered into before the damage occurred by which the parties purport to infringe the rules laid down by this Convention, whether by deciding the law to be applied, or by altering the rules as to jurisdiction, shall be null and void.

Article 50-Insurance

States Parties shall require their carriers to maintain adequate insurance covering their liability under this Convention. A carrier may be required by the State Party into which it operates to furnish evidence that it maintains adequate insurance covering its liability under this Convention.

Article 51-Carriage Performed in Extraordinary Circumstances

The provisions of Articles 3 to 5, 7 and 8 relating to the documentation of carriage shall not apply inthe case of carriage performed in extraordinary circumstances outside the normal scope of a carrier's business.

Article 52-Definition of Days

The expression "days" when used in this Convention means calendar days, not working days.

Chapter VII
Final Clauses

Article 53-Signature, Ratification and Entry into Force

1. This Convention shall be open for signature in Montreal on 28 May 1999 by States participating in the International Conference on Air Law held at Montreal from 10 to 28 May 1999. After 28 May 1999, the Convention shall be open to all States for signature at the Headquarters of the International Civil Aviation Organization in Montreal until it enters into force in accordance with paragraph 6 of this Article.

2. The Convention shall similarly be open for signature by Regional Economic Integration Organizations. For the purpose of this Convention, a "Regional Economic Integration Organization" means any organization which is constituted by sovereign States of a given region which has competence in respect of certain matters governed by this Convention and has been duly authorized to sign and to ratify, accept, approve or accede to this Convention, A reference to a "State Party" or "State Parties" in this Convention, otherwise than in paragraph 2 of Article 1, paragraph 1(b) of

Article 3, paragraph (b) of Article 5, Article 23, 33, 46 and paragraph (b) of Article 57, applies equally to a Regional Economic Integration Organization. For the purpose of Article 24, the references to "a majority of the State Parties" and "one-third of the States Parties" shall not apply to a Regional Economic Integration Organization.

3. This Convention shall be subject to ratification by State and by Regional Economic Integration Organization which have signed it.

4. Any State or Regional Economic Integration Organization which does not sign this Convention may accept, approve or accede to it at any time.

5. Instruments of ratification, acceptance, approval or accession shall be deposited with the International Civil Aviation Organization, which is hereby designated the Depositary.

6. This Convention shall enter into force on the sixtieth day following the date of deposit of the thirtieth instrument of ratification, acceptance, approval or accession with the Depositary between the States which have deposited such instrument. An instrument deposited by a Regional Economic Integration Organization shall not be counted for the purpose of this paragraph.

7. For other States and for other Regional Economic Integration Organizations, this Convention shall take effect sixty days following the date of deposit of the instrument of ratification, acceptance, approval or accession.

8. The Depositary shall promptly notify all signatories and State Parties of:

(a) each signature of this Convention and date thereof;

(b) each deposit of an instrument of ratification, acceptance, approval or accession and date thereof;

(c) the date of entry into force of this Convention;

(d) the date of the coming into force of any revision of the limits of liability established under this Convention;

(e) any denunciation under Article 54.

Article 54-Denunciation

1. Any State Party may denounce this Convention by written notification to the Depositary.

2. Denunciation shall take effect one hundred and eighty days following the date on which notification is received by the Depositary.

Article 55-Relationship with other Warsaw Convention Instruments

This Convention shall prevail over any rules which apply to international carriage by air:

1. between States Parties to this Convention by virtue of those States commonly being Party to

(a) the Convention for the Unification of Certain Rules Relating to International Carriage by Air Signed at Warsaw on 12 October 1929 (hereinafter called the Warsaw Convention);

(b) the Protocol to Amend the Convention for the Unification of Certain Rules Relating to International Carriage by Air Signed at Warsaw on 12 October 1929, Done at The Hague on 28 September 1955 (hereinafter called The Hague Protocol);

(c) the Convention, Supplementary to the Warsaw Convention, for the Unification of Certain Rules Relating to International Carriage by Air Performed by a Person Other than the Contracting Carrier, Signed at Guadalajara on 18 September 1961 (hereinafter called the Guadalajara Convention);

(d) the Protocol to Amend the Convention for the Unification of Certain Rules Relating to InternationalCarriage by Air Signed at Warsaw on 12 October 1929 as Amended by the Protocol Done at The Hague on 28 September 1955 Signed at Guatemala City on 8 March 1971 (hereinafter called the Guatemala City Protocol);

(e) Additional Protocol Nos. 1 to 3 and Montreal Protocol No. 4 to amend the Warsaw Convention as amended by The Hague Protocol or the Warsaw Convention as amended by both The Hague Protocol and the Guatemala City Protocol Signed at Montreal on 25 September 1975 (hereinafter calledthe Montreal Protocols); or

2. within the territory of any single State Party to this Convention by virtue of that State being Party to one or more of the instruments referred to in subparagraphs(a) to (e) above.

Article 56-States with more than one System of Law

1. If a State has two or more territorial units in which different systems of law are applicable in relationto matters dealt with in this Convention, it may at the time of signature, ratification, acceptance, approval or accession declare that this Convention shall extend to all its territorial units or only to one or more of them and may modify this declaration by submitting another declaration at any time.

2. Any such declaration shall be notified to the Depositary and shall state expressly the territorial units to which the Convention applies.

3. In relation to a State Party which has made such a declaration:

(a) references in Article 23 to "national currency" shall be construed as referring to the currency of the relevant territorial unit of that State; and

(b) the reference in Article 28 to "national law" shall be construed as referring to the law of the relevant territorial unit of that State.

Article 57-Reservations

No reservation may be made to this Convention except that a State Party may at any time declare by a notification addressed to the Depositary that this Convention shall not apply to:

(a) international carriage by air performed and operated directly by that State Party for non-commercialpurposes in respect to its functions and duties as a sovereign State; and /or

(b) the carriage of persons, cargo and baggage for its military authorities on aircraft registered in or leased by that State Party, the whole capacity of which has been reserved by or on behalf of such authorities.

IN WITNESS WHEREOF the undersigned Plenipotentiaries, having been duly authorized, have signed this Convention.

DONE at Montreal on the 28th day of May of the year one thousand nine hundred and ninety-nine in the English, Arabic, Chinese, French, Russian and Spanish languages, all texts being equally authentic. This Convention shall remain deposited in the archives of the International Civil Aviation Organization, and certified copies thereof shall be transmitted by the Depositary to all States Parties to this Convention, as well as to all States Parties to the Warsaw Convention, The Hague Protocol, the Guadalajara Convention, the Guatemala City Protocol, and the Montreal Protocols.

附录三：加入1999年5月28日蒙特利尔《统一国际航空某些规则的公约》《蒙特利尔公约》国家和地区性经济一体化组织一览表(至2008年12月10日止)

State 国家名称	Date of signature 签署的日期 日/月/年	Date of deposit of instrument of ratification, acceptance (A), approval (AA) or accession (a)交存批准书、接受书、核准书或者加入书的日期. 日/月/年	Date of entry into force 生效日期 日/月/年
Albania 阿尔巴尼亚		20/10/04(a)	19/12/04
Australia 澳大利亚		25/11/08(a)	24/01/09
Austria(10)奥地利		29/04/04(a)	28/06/04
Bahamas 巴哈马	28/05/99		
Bahrain 巴林		02/02/01(a)	04/11/03
Bangladesh 孟加拉	28/05/99		
Barbados 巴巴多斯		02/01/02(a)	04/11/03
Belgium(1)(15)比利时	28/05/99	29/04/04	28/06/04
Belize 伯利兹	28/05/99	24/08/99	04/11/03
Benin 贝宁	28/05/99	30/03/04	29/05/04
Bolivia 玻利维亚	28/05/99		
Bosnia and Herzegovina 波斯尼亚和黑塞哥维那		09/03/07(a)	08/05/07
Botswana 博茨瓦纳		28/03/01(a)	04/11/03
Brazil 巴西	03/08/99	19/05/06	18/07/06
Bulgaria 保加利亚		10/11/03(a)	09/01/04
Burkina Faso 布基纳法索	28/05/99		
Cambodia 柬埔寨	28/05/99		
Cameroon 喀麦隆	27/09/01	05/09/03	04/11/03
Canada(6)加拿大	01/10/01	19/11/02	04/11/03
Cape Verde 佛得角		23/08/04(a)	22/10/04
Central African Republic 中非共和国	25/09/01		
Chile 智利	28/05/99		
China(18)中国	28/05/99	01/06/05	31/07/05
Colombia 哥伦比亚	15/12/99	28/03/03	04/11/03
Cook Islands 库克群岛		22/05/07(a)	21/07/07
Costa Rica 哥斯达黎加	20/12/99		
Cote D'Ivoire 科特迪瓦	28/05/99		
Croatia 克罗地亚		23/01/08(a)	23/03/08
Cuba 古巴	28/05/99	14/10/05	13/12/05
Cyprus 塞浦路斯		20/11/02(a)	04/11/03
Czech Republic(3)捷克共和国	28/05/99	16/11/00	04/11/03
Denmark(1)(11)丹麦	28/05/99	29/04/04	28/06/04

续上表

State 国家名称	Date of signature 签署的日期 日/月/年	Date of deposit of instrument of ratification, acceptance (A), approval (AA) or accession (a)交存批准书、接受书、核准书或者加入书的日期. 日/月/年	Date of entry into force 生效日期 日/月/年
Dominican Republic 多米尼加共和国	28/05/99	21/09/07	20/11/07
Ecuador 厄瓜多尔		27/06/06(a)	26/08/06
Egypt 埃及		24/02/05(A)	25/04/05
El Salvador 萨尔瓦多		07/11/07(a)	06/01/08
Estonia 爱沙尼亚	04/02/02	10/04/03	04/11/03
Finland(4)芬兰	09/12/99	29/04/04	28/06/04
France(1)法国	28/05/99	29/04/04	28/06/04
Gabon 加蓬	28/05/99		
Gambia 冈比亚		10/03/04	09/05/04
Germany(1)(12)德国	28/05/99	29/04/04	28/06/04
Ghana 加纳	28/05/99		
Greece(1)希腊	28/05/99	22/07/02	04/11/03
Hungary 匈牙利		08/11/04(a)	07/01/05
Iceland 冰岛	28/05/99	17/06/04	16/08/04
Ireland(1)爱尔兰	16/08/00	29/04/04	28/06/04
Italy(1)意大利	28/05/99	29/04/04	28/06/04
Jamaica 牙买加	28/05/99		
Japan(8)日本		20/06/00(A)	04/11/03
Jordan 约旦	05/10/00	12/04/02	04/11/03
Kenya 肯尼亚	28/05/99	07/01/02	04/11/03
Kuwait 科威特	28/05/99	11/06/02	04/11/03
Latvia 拉脱维亚		17/12/04(A)	15/02/05
Lebanon 黎巴嫩		15/03/05(a)	14/05/05
Lithuania(17) 立陶宛	28/05/99	30/11/04	29/01/05
Luxembourg(2) 卢森堡	29/02/00	29/04/04	28/06/04
Madagascar 马达加斯加	28/05/99	28/12/06	26/02/07
Malaysia(20)马来西亚		31/12/07(a)	29/02/08
Maldives 马尔代夫		31/10/05(a)	30/12/05
Mali 马里		16/01/08(a)	16/03/08
Malta 马耳他	28/05/99	05/05/04	04/07/04
Mauritius 毛里求斯	28/05/99		
Mexico 墨西哥	28/05/99	20/11/00	04/11/03
Monaco 摩纳哥	28/05/99	18/08/04	17/10/04
Mongolia 蒙古		05/10/04(a)	04/12/04

续上表

State 国家名称	Date of signature 签署的日期 日/月/年	Date of deposit of instrument of ratification, acceptance (A), approval (AA) or accession (a)交存批准书、接受书、核准书或者加入书的日期. 日/月/年	Date of entry into force 生效日期 日/月/年
Mozambique 莫桑比克	28/05/99		
Namibia 纳米比亚	28/05/99	27/09/01	04/11/03
Netherlands(14) 荷兰	30/12/99	29/04/04	28/06/04
New Zealand(5)新西兰	13/07/01	18/11/02	04/11/03
Niger 尼日尔	28/05/99		
Nigeria 尼日利亚	28/05/99	10/05/02	04/11/03
Norway 挪威		29/04/04(a)	28/06/04
Oman 阿曼		28/05/07(a)	27/07/07
Pakistan 巴基斯坦	28/05/99	19/12/06	17/02/07
Panama 巴拿马	28/05/99	13/09/02	04/11/03
Paraguay 巴拉圭	17/03/00	29/03/01	04/11/03
Peru 秘鲁	07/09/99	11/04/02	04/11/03
Poland 波兰	28/05/99	17/01/06	18/03/06
Portugal(1)葡萄牙	28/05/99	28/02/03	04/11/03
Qatar(16)卡塔尔		15/11/04(a)	14/01/05
Republic of Korea 韩国		30/10/07(a)	29/12/07
Romania 罗马尼亚	18/11/99	20/03/01	04/11/03
Saint Vincent and the Grenadines 圣文森特和格林纳丁斯		29/03/04(a)	28/05/04
Saudi Arabia 沙特阿拉伯	28/05/99	15/10/03	14/12/03
Senegal 塞内加尔	28/05/99		
Singapore(19)新加坡		17/09/07(a)	16/11/07
Slovakia 斯洛伐克	28/05/99	11/10/00	04/11/03
Slovenia 斯洛文尼亚	28/05/99	27/03/02	04/11/03
South Africa 南非	28/05/99	22/11/06	21/01/07
Spain(13)西班牙	14/01/00	29/04/04	28/06/04
Sudan 苏丹	28/05/99		
Swaziland 斯威士兰	28/05/99		
Sweden(1)瑞典	27/08/99	28/04/04	28/06/04
Switzerland 瑞士	28/05/99	07/07/05	05/09/05
Syrian Arab Republic 叙利亚阿拉伯共和国		18/07/02(a)	04/11/03
The former Yugoslav Republic of Macedonia 前南斯拉夫马其顿共和国		15/05/00(a)	04/11/03
Togo 多哥	28/05/99		
Tonga 汤加		20/11/03(a)	19/01/04
Turkey 土耳其	28/05/99		

续上表

State 国家名称	Date of signature 签署的日期 日/月/年	Date of deposit of instrument of ratification, acceptance (A), approval (AA) or accession (a)交存批准书、接受书、核准书或者加入书的日期. 日/月/年	Date of entry into force 生效日期 日/月/年
United Arab Emirates 阿拉伯联合酋长国		07/07/00(a)	04/11/03
United Kingdom(1) 英国	28/05/99	29/04/04	28/06/04
United Republic of Tanzania 坦桑尼亚 联合共和国		11/02/03(a)	04/11/03
United of States(7)美国	28/05/09	05/09/03	04/11/03
Uruguay 乌拉圭	09/06/99	04/02/08	04/04/08
Vanuatu 瓦努阿图		09/11/05(a)	08/01/06
Zambia 赞比亚	28/05/99		

Regional Economic Integration Organisations 地区性经济一体化组织			
European Community(9)欧洲共同体	09/12/99	29/04/04(AA)	28/06/04

注:以下表的资料于2008年12月10日从国际民航组织的英文网站获得。英文是本书作者的翻译。

(1)签署公约时,本国家, 欧洲共同体成员国, 声明:“根据建立欧洲共同体条约,共同体对于公约调整的某些事项有权能采取行动”。

(2)2000年10月3日国际民航组织收到卢森堡以下声明:“卢森堡大公国,欧洲共同体成员国,声明:根据建立欧洲共同体条约,共同体对于公约调整的某些事项有权能采取行动”。

(3)交存批准书时,捷克共和国通知国际民航组织“作为国际金融组织的成员,[捷克共和国]按照公约第二十三第一款的规定办理”。

(4)根据2000年7月13日的照会,芬兰送来外贸部2000年7月7日签署的声明,宣布与上述(1)相同的声明。

(5)交存加入书(视为批准书)时,新西兰声明:“加入书也适用于托克劳”。

(6)加拿大在批准时声明如下:“加拿大声明:“根据1999年5月28日在蒙特利尔签署、加拿大2001年10月1日签字的统一国际航空运输某些规则的公约第五十七条,公约不适用于在加拿大注册或者租赁的航空器的全部运力已由军事当局或者以该当局名义所保留的航空器,为该当局办理的人员、货物和行李的运输(第五十七条第二项)。”

(7)美国的批准书包括以下声明:

“根据公约第五十七条,美国声明:公约不适用于美国作为主权国家的职能和责任为非商业目的美国直接办理和运营的国际航空运输。”

(8)根据2003年10月24日日本国外务省签署的照会,日本国通知国际民航组织:“根据1999年5月28日在蒙特利尔签订的统一国际航空运输某些规则的公约第五十七条第(一)项,公约不适用于日本国作为主权国家的职能和责任为非商业目的而直接办理和运营的国际航空运输。”

(9)欧洲共同体的核准书包括以下声明:“关于欧洲共同体对1999年5月28日在蒙特利尔签订的统一国际航空运输某些规则的公约《蒙特利尔公约》调整的某些事项的权能的声明:

1.《蒙特利尔公约》规定由某地区的主权国家组成的地区性经济一体化组织对于本公约调整的某些事项有权能,对此可以成为多方。

2. 欧洲共同体的现在成员国是:比利时王国、丹麦王国、德意志联邦共和国、希腊共和国、西班牙王国、法兰西共和国、爱尔兰、意大利共和国、卢森堡大公国、荷兰王国、奥地利共和国、葡萄牙共和国、芬兰共和国、瑞典王国、大不列颠联合王国,和北爱尔兰。

3. 声明不适用于建立欧洲共同体条约中的不适用的成员国的领土，且不妨碍代表和为了这些领土的利益的有关成员国对公约可以采取的行为和立场。

4. 关于公约规定的某些事项，欧洲共同体成员国已经将旅客死亡和受伤遭受的损害的赔偿责任的权能转让给共同体。欧洲共同体成员国也已经将因延误和行李在运输中的毁灭、遗失、损坏或者延误造成的损害赔偿责任的权能转让给共同体。它包括对旅客的信息要求和最低的保险要求。因此，在这方面，共同体应采纳有关的规则和规定(成员国实施的)，且在共同体的权能内与第三方国家或者合法的组织签订外部的承诺书＊。

5. 成员国根据欧洲共同体条约已经将权能转让给共同体的实施，依据其性质，受控于不断发展的情况。依据条约的框架，欧洲共同体的权能范围可以根据权能规则决定。为此，欧洲共同体保留修订现有声明的权利，但不构成关于实施《蒙特利尔公约》调整的事项的权能先决条件。

＊出处：

1)议会规章(EC)1997 年 10 月 9 日 No. 2027/97 关于航空承运人发生事故的赔偿责任，欧盟官方出版物 L285，17.10.1997，p.1；

2) 2002 年 5 月 13 日欧洲国会 No.889/2002 和议会修订议会规章(EC)No. 2027/97 关于航空承运人发生事故的赔偿责任，欧盟官方出版物 L140，30.05.2002，p.2."

(10)奥地利的加入书包括以下声明：

"根据 1999 年 5 月 28 日在蒙特利尔签订的统一国际航空运输某些规则的公约第五十七条，奥地利共和国声明：公约不适用于：

a)奥地利作为主权国家的职能和责任为非商业目的而直接办理和运营的国际航空 运输；

b)在奥地利共和国注册或者租赁的航空器的全部运力已以军事当局名义所保留的航空器，为该当局办理的人员、货物和行李的运输。"

(11)丹麦的批准书中包括一条声明："公约不适用于法罗群岛，除了以后另有决定"。

(12)德国的批准书包含以下声明：

"根据 1999 年 5 月 28 日在蒙特利尔签订的统一国际航空运输某些规则的公约第五十七条，德意志联邦共和国声明：公约不适用于德意志联邦共和国作为主权国家的职能和责任为非商业目的而直接办理和运营的国际航空运输，在德意志联邦共和国注册或者租赁的航空器的全部运力已由德意志联邦共和国军事当局或者以该当局名义所保留的航空器，为该当局办理的人员、货物和行李的运输。"

(13)西班牙的批准书包括以下声明：

"欧洲共同体成员国，西班牙声明：根据建立欧洲共同体条约，共同体对于公约调整的某些事项有权能采取行动"。

"根据公约第五十七条，公约不适用于：

a)西班牙作为主权国家的职能和责任为非商业目的而直接办理和运营的国际航空运输；

b)在西班牙注册或者租赁的航空器的全部运力已由西班牙军事当局或者以该当局名义所保留的航空器，为该当局办理的人员、货物和行李的运输。"

(14) 荷兰王国的批准书陈述其批准书是为其在欧洲的王国。

通过 2004 年 4 月 29 日外交部的照会，荷兰转发给国际民航组织的以下声明：

"作为欧洲共同体成员国，荷兰王国声明，根据建立欧洲共同体条约，共同体对于公约调整的某些事项有权能采取行动。"

(15)通过 2004 年 7 月 15 日外交部的照会，比利时根据五十条转发给国际民航组织的以下声明：

"公约不适用于：

a)比利时作为主权国家的职能和责任为非商业目的而直接办理和运营的国际航空运输；

b)在比利时注册或者租赁的航空器的全部运力已由比利时军事当局或者以该当局名义所保留的航空器，为该当局办理的人员、货物和行李的运输。"

(16)卡塔尔在其加入书中证实对五十七的适用声明如下：

"公约不适用于：

a)卡塔尔作为主权国家的职能和责任为非商业目的而直接办理和运营的国际航空运输；

b)在卡塔尔注册或者租赁的航空器的全部运力已由卡塔尔军事当局或者以该当局名义所保留的航空器，为该当局办理的人员、货物和行李的运输。"

(17)立陶宛在批准书中声明: "…根据第五十七条…,立陶宛共和国国民议会声明:公约不适用于立陶宛共和国作为主权国家的职能和责任为非商业目的而直接办理和运营的国际航空运输;也不适用在立陶宛共和国注册或者租赁的航空器的全部运力已由立陶宛共和国军事当局或者以该当局名义所保留的航空器,为该当局办理的人员、货物和行李的运输。" "…根据建立欧洲共同体条约,立陶宛共和国国民议会声明:共同体对于公约调整的某些事项有权能采取行动。" (18)(A)中国的批准书包含着以下声明: "公约不适用于中华人民共和国香港特别行政区,除了中华人民共和国政府有新的通知外。" (B)另外,中国驻国际民航理事会代表向国际民航组织交存批准书时声明: "公约适用于中华人民共和国澳门特别行政区。" (C)通过2006年10月20日的函件,中国驻国际民航理事会代表代表中华人民共和国政府陈述如下: "中华人民共和国香港基本法第一百五十三条规定,中华人民共和国作为当事人或者成为当事人的国际协议对中华人民共和国香港特别行政区的适用,根据特区的情况和需要在征求特区的意见后,由中央人民政府决定。经与香港特别行政区协商,中华人民共和国政府决定自2006年12月15日起公约适用于香港特别行政区。" (19)根据的五十七条,新加坡交存的加入书中包含着以下声明: "公约不适用于: a)新加坡共和国作为主权国家的职能和责任为非商业目的而直接办理和运营的国际航空运输;和 b)在新加坡共和国注册或者租赁的航空器的全部运力已由新加坡共和国军事当局或者以该当局名义所保留的航空器,为该当局办理的人员、货物和行李的运输。" (20)马来西亚的加入书中包含着以下声明: "根据《蒙特利尔公约》第五十七条第(二)项,马来西亚声明:公约不适用于在马来西亚注册或者租赁的航空器的全部运力已由马来西亚军事当局或者以该当局名义所保留的航空器,为该当局办理的人员、货物和行李的运输。"

注:以下表的资料于2008年12月10日从国际民航组织的英文网站获得。英文为本书作者翻译。

参考文献

[1] 1929 年 10 月 12 日在华沙签订的《统一国际航空运输某些规则的公约》(简称《华沙公约》),1933 年 2 月 13 日生效.

[2] 1955 年 9 月 28 日在海牙签订的《修订 1929 年 10 月 12 日在华沙签订的统一国际航空运输某些规则的公约的议定书》(简称《海牙议定书》),1963 年 8 月 1 日生效.

[3] 1961 年 9 月 18 日于在瓜达拉哈拉市签订的《统一非订约承运人所办国际航空运输某些规则以补充华沙公约的公约》(简称《瓜达拉哈拉公约》),1964 年 5 月 1 日生效.

[4] 1975 年 9 月 25 日在蒙特利尔签订的《修订 1929 年 10 月 12 日在华沙签订的统一国际航空运输某些规则的公约第一号附加议定书》(简称《蒙特利尔第一号附加议定书》),1996 年 2 月 15 日生效.

[5] 1975 年 9 月 25 日在蒙特利尔签订的《修订经 1955 年 9 月 28 日在海牙签订的议定书所修订的 1929 年 10 月 12 日在华沙签订的统一国际航空运输某些规则的公约第二号附加议定书》(简称《蒙特利尔第二号附加议定书》),1996 年 2 月 15 日生效.

[6] 1975 年 9 月 25 日在蒙特利尔签订的《修订经 1955 年 9 月 28 日在海牙签订的议定书所修订的 1929 年 10 月 12 日在华沙签订的统一国际航空运输某些规则的公约的第四号议定书》,(简称《蒙特利尔第四号议定书》),1998 年 6 月 14 日生效.

[7] 1999 年 5 月 29 日在蒙特利尔签订的新的《统一国际航空运输某些规则的公约》(简称《蒙特利尔公约》),2003 年 11 月 4 日生效.

[8] 国际民用航空航空组织.《Technical Instructions for the Safe Transport of Dangerous Goods by Air》(TI). 2007-2008 Edition.

[9] 吴建端.《航空法学》[M]. 北京:中国民航出版社,2005.

[10] 赵维田.《国际航空法》[M]. 北京:社会科学文献出版社,2000.

[11] 国际航空运输协会.《Cargo Agency Conference Resolutions Manual》. 29th Edition, 1 October 2006 - 30 September 2007.

[12] 国际航空运输协会.《The Air Cargo Tariff Manual》(TACT). 74th Edition, 1 October 2008.

[13] 国际航空运输协会.《Live Animals Regulations》(LAR). 30th Edition, 2003.

[14] 国际航空运输协会.《Dangerous Goods Regulations》(DGR). 49th Edition, 1 January 2007-31 December 2008.

[15] 总后勤部军队医药卫生标准化技术委员会.《放射性卫生防护法规标准手册》. 北京:中国标准出版社,1999.

[16] 国际航空运输协会.《ULD Technical Manual》. 19th Edition, 1 May 2004.

[17] 国际航空运输协会.《Airport Handling Manual》. 26th Edition, 1 January-31 December 2006.

[18] 国际航空运输协会.《Revenue Accounting Manual》,2008.

[19] 唐明毅、陈宇著.《国际航空法学》[M],北京:法律出版社,2004.

[20] 曹三明、夏兴华主编.《民用航空法释义》[M],沈阳:辽宁教育出版社,1996.